全球石墨烯产业研究报告

国家出版基金项目
NATIONAL PUBLICATION FOUNDATION

"十三五"国家重点
出版物出版规划项目

战略前沿新材料
——石墨烯出版工程
丛书总主编　刘忠范

李义春 主编
石墨烯产业技术创新战略联盟
China Innovation Alliance of
the Graphene Industry
(CGIA)

Global Graphene
Industry Research Report

GRAPHENE
20

華東理工大學出版社
EAST CHINA UNIVERSITY OF SCIENCE AND TECHNOLOGY PRESS
·上海·

上海高校服务国家重大战略出版工程资助项目

图书在版编目(CIP)数据

全球石墨烯产业研究报告 / 李义春主编. —上海：华东理工大学出版社，2021.7

战略前沿新材料——石墨烯出版工程 / 刘忠范总主编

ISBN 978-7-5628-6409-7

Ⅰ. ①全… Ⅱ. ①李… Ⅲ. ①石墨-纳米材料-高技术产业-研究报告-世界 Ⅳ. ①F416.75

中国版本图书馆 CIP 数据核字(2020)第 252756 号

内容提要

本书是石墨烯产业技术创新战略联盟(CGIA)协同行业/产业专家、企业家、科学家、政策专家、智库专家等倾力打造的面向产业一线、科研一线、决策一线等，覆盖全球石墨烯全产业链的产业研究报告。本书从世界相关国家的国家政策、产业发展态势与动态、区域发展特点、重点应用方向分析、产业发展瓶颈及对策等方面，客观分析全球石墨烯产业现状，为关心世界石墨烯产业发展的相关单位和科研人员提供重要的参考依据。本书的出版还将为中国石墨烯产业发展提供决策指导。

项目统筹 / 周永斌　马夫娇
责任编辑 / 李甜禄
装帧设计 / 周伟伟
出版发行 / 华东理工大学出版社有限公司
地址：上海市梅陇路 130 号，200237
电话：021-64250306
网址：www.ecustpress.cn
邮箱：zongbianban@ecustpress.cn
印　　刷 / 上海雅昌艺术印刷有限公司
开　　本 / 710 mm×1000 mm　1/16
印　　张 / 15.25
字　　数 / 237 千字
版　　次 / 2021 年 7 月第 1 版
印　　次 / 2021 年 7 月第 1 次
定　　价 / 218.00 元

战略前沿新材料 —— 石墨烯出版工程

丛书编委会

《全球石墨烯产业研究报告》

编委会

主　　编　李义春　石墨烯产业技术创新战略联盟

参编人员　（按姓氏拼音排序）

胡振鹏　石墨烯产业技术创新战略联盟

贾　艳　青岛华清思涵石墨烯产业研究院有限公司

雷　曼　西安丝路石墨烯创新中心有限公司

吴鸣鸣　石墨烯产业技术创新战略联盟

总序 一

2004年，英国曼彻斯特大学物理学家安德烈·海姆(Andre Geim)和康斯坦丁·诺沃肖洛夫(Konstantin Novoselov)用透明胶带剥离法成功地从石墨中剥离出石墨烯，并表征了它的性质。仅过了六年，这两位师徒科学家就因"研究二维材料石墨烯的开创性实验"荣摘2010年诺贝尔物理学奖，这在诺贝尔授奖史上是比较迅速的。他们向世界展示了量子物理学的奇妙，他们的研究成果不仅引发了一场电子材料革命，而且还将极大地促进汽车、飞机和航天工业等的发展。

从零维的富勒烯、一维的碳纳米管，到二维的石墨烯及三维的石墨和金刚石，石墨烯的发现使碳材料家族变得更趋完整。作为一种新型二维纳米碳材料，石墨烯自诞生之日起就备受瞩目，并迅速吸引了世界范围内的广泛关注，激发了广大科研人员的研究兴趣。被誉为"新材料之王"的石墨烯，是目前已知最薄、最坚硬、导电性和导热性最好的材料，其优异性能一方面激发人们的研究热情，另一方面也掀起了应用开发和产业化的浪潮。石墨烯在复合材料、储能、导电油墨、智能涂料、可穿戴设备、新能源汽车、橡胶和大健康产业等方面有着广泛的应用前景。在当前新一轮产业升级和科技革命大背景下，新材料产业必将成为未来高新技术产业发展的基石和先导，从而对全球经济、科技、环境等各个领域的发展产生深刻影响。中国是石墨资源大国，也是石墨烯研究和应用开发最活跃的国家，已成为全球石墨烯行业发展最强有力的推动力量，在全球石墨烯市场上占据主导地位。

作为21世纪的战略性前沿新材料，石墨烯在中国经过十余年的发展，无论在科学研究还是产业化方面都取得了可喜的成绩，但与此同时也面临一些瓶颈和挑战。如何实现石墨烯的可控、宏量制备，如何开发石墨烯的功能和拓展其应用领域，是我国石墨烯产业发展面临的共性问题和关键科学问题。在这一形势背景下，为了推动我国石墨烯新材料的理论基础研究和产业应用水平提升到一个新的高度，完善石墨烯产业发展体系及在多领域实现规模化应用，促进我国石墨烯科学技术领域研究体系建设、学科发展及专业人才队伍建设和人才培养，一套大部头的精品力作诞生了。北京石墨烯研究院院长、北京大学教授刘忠范院士领衔策划了这套“战略前沿新材料——石墨烯出版工程”，共22分册，从石墨烯的基本性质与表征技术、石墨烯的制备技术和计量标准、石墨烯的分类应用、石墨烯的发展现状报告和石墨烯科普知识等五大部分系统梳理石墨烯全产业链知识。丛书内容设置点面结合、布局合理，编写思路清晰、重点明确，以期探索石墨烯基础研究新高地、追踪石墨烯行业发展、反映石墨烯领域重大创新、展现石墨烯领域自主知识产权成果，为我国战略前沿新材料重大规划提供决策参考。

参与这套丛书策划及编写工作的专家、学者来自国内二十余所高校、科研院所及相关企业，他们站在国家高度和学术前沿，以严谨的治学精神对石墨烯研究成果进行整理、归纳、总结，以出版时代精品作为目标。丛书展示给读者完善的科学理论、精准的文献数据、丰富的实验案例，对石墨烯基础理论研究和产业技术升级具有重要指导意义，并引导广大科技工作者进一步探索、研究，突破更多石墨烯专业技术难题。相信，这套丛书必将成为石墨烯出版领域的标杆。

尤其让我感到欣慰和感激的是，这套丛书被列入“十三五”国家重点出版物出版规划，并得到了国家出版基金的大力支持，我要向参与丛书编写工作的所有同仁和华东理工大学出版社表示感谢，正是有了你们在各自专业领域中的倾情奉献和互相配合，才使得这套高水准的学术专著能够顺利出版问世。

最后，作为这套丛书的编委会顾问成员，我在此积极向广大读者推荐这套丛书。

中国科学院院士

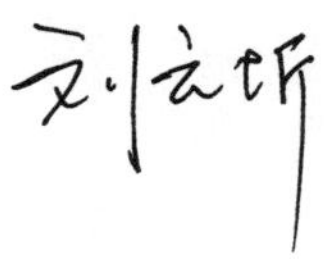

2020 年 4 月于中国科学院化学研究所

总序　二

“战略前沿新材料——石墨烯出版工程”：一套集石墨烯之大成的丛书

2010 年 10 月 5 日，我在宝岛台湾参加海峡两岸新型碳材料研讨会并作了“石墨烯的制备与应用探索”的大会邀请报告，数小时之后就收到了对每一位从事石墨烯研究与开发的工作者来说都十分激动的消息：2010 年度的诺贝尔物理学奖授予英国曼彻斯特大学的 Andre Geim 和 Konstantin Novoselov 教授，以表彰他们在石墨烯领域的开创性实验研究。

碳元素应该是人类已知的最神奇的元素了，我们每个人时时刻刻都离不开它：我们用的燃料全是含碳的物质，吃的多为碳水化合物，呼出的是二氧化碳。不仅如此，在自然界中纯碳主要以两种形式存在：石墨和金刚石，石墨成就了中国书法，而金刚石则是美好爱情与幸福婚姻的象征。自 20 世纪 80 年代初以来，碳一次又一次给人类带来惊喜：80 年代伊始，科学家们采用化学气相沉积方法在温和的条件下生长出金刚石单晶与薄膜；1985 年，英国萨塞克斯大学的 Kroto 与美国莱斯大学的 Smalley 和 Curl 合作，发现了具有完美结构的富勒烯，并于 1996 年获得了诺贝尔化学奖；1991 年，日本 NEC 公司的 Iijima 观察到由碳组成的管状纳米结构并正式提出了碳纳米管的概念，大大推动了纳米科技的发展，并于 2008 年获得了卡弗里纳米科学奖；2004 年，Geim 与当时他的博士研究生 Novoselov 等人采用粘胶带剥离石墨的方法获得了石墨烯材料，迅速激发了科学界的研究热情。事实上，人类对石墨烯结构并不陌生，石墨烯是由单层碳原子构成的二维蜂窝状结构，是构成其他维数形式碳材料的基本单元，因此关于石墨烯结构的工作可追溯到20世纪40年代的理论研究。1947年，Wallace首次计算了石墨烯的电子结构，并且发现其具有奇特的线性色散关系。自此，石墨烯作为理论模型，被广泛用于描述碳材料的结构与性能，但人们尚未把石墨烯本身也作为一种材料来进行研究与开发。

石墨烯材料甫一出现即备受各领域人士关注，迅速成为新材料、凝聚态物理等领域的“高富帅”，并超过了碳家族里已很活跃的两个明星材料——富勒烯和碳纳米管，这主要归因于以下三大理由。一是石墨烯的制备方法相对而言非常简单。Geim等人采用了一种简单、有效的机械剥离方法，用粘胶带撕裂即可从石墨晶体中分离出高质量的多层甚至单层石墨烯。随后科学家们采用类似原理发明了“自上而下”的剥离方法制备石墨烯及其衍生物，如氧化石墨烯；或采用类似制备碳纳米管的化学气相沉积方法“自下而上”生长出单层及多层石墨烯。二是石墨烯具有许多独特、优异的物理、化学性质，如无质量的狄拉克费米子、量子霍尔效应、双极性电场效应、极高的载流子浓度和迁移率、亚微米尺度的弹道输运特性，以及超大比表面积，极高的热导率、透光率、弹性模量和强度。最后，特别是由于石墨烯具有上述众多优异的性质，使它有潜力在信息、能源、航空、航天、可穿戴电子、智慧健康等许多领域获得重要应用，包括但不限于用于新型动力电池、高效散热膜、透明触摸屏、超灵敏传感器、智能玻璃、低损耗光纤、高频晶体管、防弹衣、轻质高强航空航天材料、可穿戴设备，等等。

因其最为简单和完美的二维晶体、无质量的费米子特性、优异的性能和广阔的应用前景，石墨烯给学术界和工业界带来了极大的想象空间，有可能催生许多技术领域的突破。世界主要国家均高度重视发展石墨烯，众多高校、科研机构和公司致力于石墨烯的基础研究及应用开发，期待取得重大的科学突破和市场价值。中国更是不甘人后，是世界上石墨烯研究和应用开发最为活跃的国家，拥有一支非常庞大的石墨烯研究与开发队伍，位居世界第一。有关统计数据显示，无论是正式发表的石墨烯相关学术论文的数量、中国申请和授权的石墨烯相关专利的数量，还是中国拥有的从事石墨烯相关的企业数量以及石墨烯产品的规模与种类，都远远超过其他任何一个国家。然而，尽管石墨烯的研究与开发已十六载，我们仍然面临着一系列重要挑战，特别是高质量石墨烯的可控规模制备与不可替代应用的开拓。

十六年来，全世界许多国家在石墨烯领域投入了巨大的人力、物力、财力进行研究、开发和产业化，在制备技术、物性调控、结构构建、应用开拓、分析检测、标准制定等诸多方面都取得了长足的进步，形成了丰富的知识宝库。虽有一些有关石墨烯的中文书籍陆续问世，但尚无人对这一知识宝库进行全面、系统的总结、分析并结集出版，以指导我国石墨烯研究与应用的可持续发展。为此，我国石墨烯研究领域的主要开拓者及我国石墨烯发展的重要推动者、北京大学教授、北京石墨烯研究院创院院长刘忠范院士亲自策划并担任总主编，主持编撰“战略前沿新材料——石墨烯出版工程”这套丛书，实为幸事。该丛书由石墨烯的基本性质与表征技术、石墨烯的制备技术和计量标准、石墨烯的分类应用、石墨烯的发展现状报告、石墨烯科普知识等五大部分共22分册构成，由刘忠范院士、张锦院士等一批在石墨烯研究、应用开发、检测与标准、平台建设、产业发展等方面的知名专家执笔撰写，对石墨烯进行了360°的全面检视，不仅很好地总结了石墨烯领域的国内外最新研究进展，包括作者们多年辛勤耕耘的研究积累与心得，系统介绍了石墨烯这一新材料的产业化现状与发展前景，而且还包括了全球石墨烯产业报告和中国石墨烯产业报告。特别是为了更好地让公众对石墨烯有正确的认识和理解，刘忠范院士还率先垂范，亲自撰写了《有问必答：石墨烯的魅力》这一科普分册，可谓匠心独具、运思良苦，成为该丛书的一大特色。我对他们在百忙之中能够完成这一巨制甚为敬佩，并相信他们的贡献必将对中国乃至世界石墨烯领域的发展起到重要推动作用。

刘忠范院士一直强调“制备决定石墨烯的未来”，我在此也呼应一下：“石墨烯的未来源于应用”。我衷心期望这套丛书能帮助我们发明、发展出高质量石墨烯的制备技术，帮助我们开拓出石墨烯的“杀手锏”应用领域，经过政产学研用的通力合作，使石墨烯这一结构最为简单但性能最为优异的碳家族的最新成员成为支撑人类发展的神奇材料。

中国科学院院士

成会明，2020 年 4 月于深圳

清华大学，清华－伯克利深圳学院，深圳

中国科学院金属研究所，沈阳材料科学国家研究中心，沈阳

丛书前言

石墨烯是碳的同素异形体大家族的又一个传奇，也是当今横跨学术界和产业界的超级明星，几乎到了家喻户晓、妇孺皆知的程度。当然，石墨烯是当之无愧的。作为由单层碳原子构成的蜂窝状二维原子晶体材料，石墨烯拥有无与伦比的特性。理论上讲，它是导电性和导热性最好的材料，也是理想的轻质高强材料。正因如此，一经问世便吸引了全球范围的关注。石墨烯有可能创造一个全新的产业，石墨烯产业将成为未来全球高科技产业竞争的高地，这一点已经成为国内外学术界和产业界的共识。

石墨烯的历史并不长。从 2004 年 10 月 22 日，安德烈・海姆和他的弟子康斯坦丁・诺沃肖洛夫在美国 *Science* 期刊上发表第一篇石墨烯热点文章至今，只有十六个年头。需要指出的是，关于石墨烯的前期研究积淀很多，时间跨度近六十年。因此不能简单地讲，石墨烯是 2004 年发现的、发现者是安德烈・海姆和康斯坦丁・诺沃肖洛夫。但是，两位科学家对“石墨烯热”的开创性贡献是毋庸置疑的，他们首次成功地研究了真正的“石墨烯材料”的独特性质，而且用的是简单的透明胶带剥离法。这种获取石墨烯的实验方法使得更多的科学家有机会开展相关研究，从而引发了持续至今的石墨烯研究热潮。2010 年 10 月 5 日，两位拓荒者荣获诺贝尔物理学奖，距离其发表的第一篇石墨烯论文仅仅六年时间。

“构成地球上所有已知生命基础的碳元素，又一次惊动了世界”，瑞典皇家科学院当年发表的诺贝尔奖新闻稿如是说。

从科学家手中的实验样品，到走进百姓生活的石墨烯商品，石墨烯新材料产业的前进步伐无疑是史上最快的。欧洲是石墨烯新材料的发源地，欧洲人也希望成为石墨烯新材料产业的领跑者。一个重要的举措是启动“欧盟石墨烯旗舰计划”，从 2013 年起，每年投资一亿欧元，连续十年，通过科学家、工程师和企业家的接力合作，加速石墨烯新材料的产业化进程。英国曼彻斯特大学是石墨烯新材料呱呱坠地的场所，也是世界上最早成立石墨烯专门研究机构的地方。2015 年 3 月，英国国家石墨烯研究院（NGI）在曼彻斯特大学启航；2018 年 12 月，曼彻斯特大学又成立了石墨烯工程创新中心（GEIC）。动作频频，基础与应用并举，矢志充当石墨烯产业的领头羊角色。当然，石墨烯新材料产业的竞争是激烈的，美国和日本不甘其后，韩国和新加坡也是志在必得。据不完全统计，全世界已有 179 个国家或地区加入了石墨烯研究和产业竞争之列。

中国的石墨烯研究起步很早，基本上与世界同步。全国拥有理工科院系的高等院校，绝大多数都或多或少地开展着石墨烯研究。作为科技创新的国家队，中国科学院所辖遍及全国的科研院所也是如此。凭借着全球最大规模的石墨烯研究队伍及其旺盛的创新活力，从 2011 年起，中国学者贡献的石墨烯相关学术论文总数就高居全球榜首，且呈遥遥领先之势。截至 2020 年 3 月，来自中国大陆的石墨烯论文总数为 101913 篇，全球占比达到 33.2%。需要强调的是，这种领先不仅仅体现在统计数字上，其中不乏创新性和引领性的成果，超洁净石墨烯、超级石墨烯玻璃、烯碳光纤就是典型的例子。

中国对石墨烯产业的关注完全与世界同步，行动上甚至更为迅速。统计数据显示，早在 2010 年，正式工商注册的开展石墨烯相关业务的企业就高达 1778 家。截至 2020 年 2 月，这个数字跃升到 12090 家。对石墨烯高新技术产业来说，知识产权的争夺自然是十分激烈的。进入 21 世纪以来，知识产权问题受到国人前所未有的重视，这一点在石墨烯新材料领域得到了充分的体现。截至 2018 年底，全球石墨烯相关的专利申请总数为 69315 件，其中来自中国大陆的专利高达 47397 件，占比 68.4%，可谓是独占鳌头。因此，从统计数据上看，中国的石墨烯研究与产业化进程无疑是引领世界的。当然，不可否认的是，统计数字只能反映一部分现实，也会掩盖一些重要的“真实”，当然这一点不仅仅限于石墨烯新材料领域。

中国的“石墨烯热”已经持续了近十年，甚至到了狂热的程度，这是全球其他国家和地区少见的。尤其在前几年的“石墨烯淘金热”巅峰时期，全国各地争相建设“石墨烯产业园”“石墨烯小镇”“石墨烯产业创新中心”，甚至在乡镇上都建起了石墨烯研究院，可谓是“烯流滚滚”，真有点像当年的“大炼钢铁运动”。客观地讲，中国的石墨烯产业推进速度是全球最快的，既有的产业大军规模也是全球最大的，甚至吸引了包括两位石墨烯诺贝尔奖得主在内的众多来自海外的“淘金者”。同样不可否认的是，中国的石墨烯产业发展也存在着一些不健康的因素，一哄而上，遍地开花，导致大量的简单重复建设和低水平竞争。以石墨烯材料生产为例，2018 年粉体材料年产能达到 5100 吨，CVD 薄膜年产能达到 650 万平方米，比其他国家和地区的总和还多，实际上已经出现了产能过剩问题。2017 年 1 月 30 日，笔者接受澎湃新闻采访时，明确表达了对中国石墨烯产业发展现状的担忧，随后很快得到习近平总书记的高度关注和批示。有关部门根据习总书记的指示，做了全国范围的石墨烯产业发展现状普查。三年后的现在，应该说情况有所改变，随着人们对石墨烯新材料的认识不断深入，以及从实验室到市场的产业化实践，中国的“石墨烯热”有所降温，人们也渐趋冷静下来。

这套大部头的石墨烯丛书就是在这样一个背景下诞生的。从 2004 年至今，已经有了近十六年的历史沉淀。无论是石墨烯的基础研究，还是石墨烯材料的产业化实践，人们都有了更多的一手材料，更有可能对石墨烯材料有一个全方位的、科学的、理性的认识。总结历史，是为了更好地走向未来。对于新兴的石墨烯产业来说，这套丛书出版的意义也是不言而喻的。事实上，国内外已经出版了数十部石墨烯相关书籍，其中不乏经典性著作。本丛书的定位有所不同，希望能够全面总结石墨烯相关的知识积累，反映石墨烯领域的国内外最新研究进展，展示石墨烯新材料的产业化现状与发展前景，尤其希望能够充分体现国人对石墨烯领域的贡献。本丛书从策划到完成前后花了近五年时间，堪称马拉松工程，如果没有华东理工大学出版社项目团队的创意、执着和巨大的耐心，这套丛书的问世是不可想象的。他们的不达目的决不罢休的坚持感动了笔者，让笔者承担起了这项光荣而艰巨的任务。而这种执着的精神也贯穿整个丛书编写的始终，融入每位作者的写作行动中，把好质量关，做出精品，留下精品。

本丛书共包括 22 分册，执笔作者 20 余位，都是石墨烯领域的权威人物、一线专家或从事石墨烯标准计量工作和产业分析的专家。因此，可以从源头上保障丛书的专业性和权威性。丛书分五大部分，囊括了从石墨烯的基本性质和表征技术，到石墨烯材料的制备方法及其在不同领域的应用，以及石墨烯产品的计量检测标准等全方位的知识总结。同时，两份最新的产业研究报告详细阐述了世界各国的石墨烯产业发展现状和未来发展趋势。除此之外，丛书还为广大石墨烯迷们提供了一份科普读物《有问必答：石墨烯的魅力》，针对广泛征集到的石墨烯相关问题答疑解惑，去伪求真。各分册具体内容和执笔分工如下：01 分册，石墨烯的结构与基本性质（刘开辉）；02 分册，石墨烯表征技术（张锦）；03 分册，石墨烯基材料的拉曼光谱研究（谭平恒）；04 分册，石墨烯制备技术（彭海琳）；05 分册，石墨烯的化学气相沉积生长方法（刘忠范）；06 分册，粉体石墨烯材料的制备方法（李永峰）；07 分册，石墨烯材料质量技术基础：计量（任玲玲）；08 分册，石墨烯电化学储能技术（杨全红）；09 分册，石墨烯超级电容器（阮殿波）；10 分册，石墨烯微电子与光电子器件（陈弘达）；11 分册，石墨烯透明导电薄膜与柔性光电器件（史浩飞）；12 分册，石墨烯膜材料与环保应用（朱宏伟）；13 分册，石墨烯基传感器件（孙立涛）；14 分册，石墨烯宏观材料及应用（高超）；15 分册，石墨烯复合材料（杨程）；16 分册，石墨烯生物技术（段小洁）；17 分册，石墨烯化学与组装技术（曲良体）；18 分册，功能化石墨烯材料及应用（智林杰）；19 分册，石墨烯粉体材料：从基础研究到工业应用（侯士峰）；20 分册，全球石墨烯产业研究报告

（李义春）；21 分册，中国石墨烯产业研究报告（周静）；22 分册，有问必答：石墨烯的魅力（刘忠范）。

本丛书的内容涵盖石墨烯新材料的方方面面，每个分册也相对独立，具有很强的系统性、知识性、专业性和即时性，凝聚着各位作者的研究心得、智慧和心血，供不同需求的广大读者参考使用。希望丛书的出版对中国的石墨烯研究和中国石墨烯产业的健康发展有所助益。借此丛书成稿付梓之际，对各位作者的辛勤付出表示真诚的感谢。同时，对华东理工大学出版社自始至终的全力投入表示崇高的敬意和诚挚的谢意。由于时间、水平等因素所限，丛书难免存在诸多不足，恳请广大读者批评指正。

刘忠范

2020 年 3 月于墨园

前 言

石墨烯材料具有高导电性、高强度和超轻薄等特性，在电子学、光学、磁学、生物医学、催化、储能和传感器等诸多领域具有巨大的应用潜力。石墨烯作为21世纪“材料皇冠”上最璀璨的明珠受到全球范围内的关注，很多国家纷纷从战略层面加快对石墨烯领域的布局，希望在新一轮的竞争中抢占产业发展的制高点。

我国政府高度重视石墨烯产业的创新发展，发布了一系列政策措施进行系统部署，并将石墨烯列入我国“十三五规划”的165项重大工程。我国作为全球制造业大国，不但在石墨烯研究、技术开发方面与国际并跑，而且在石墨烯应用方面拥有巨大的市场空间。发展石墨烯产业，对带动相关下游产业技术进步、提升创新能力、加快转型升级、激活潜在消费等，都有着重要的现实意义。

2015年11月，工业和信息化部、发展改革委、科技部三部门联合发布了《关于加快石墨烯产业创新发展的若干意见》(以下简称《意见》)。《意见》发布以来，我国石墨烯产业在推进规模化制备、支持新兴产业以及促进民生福祉改善、推动军民融合等方面取得一定进展，初步实现了预期目标。石墨烯产业技术创新战略联盟(China Innovation Alliance of the Graphene Industry，CGIA)组建产业研究中心(CGIA Research)，从2015年起，每年定期发布年度《全球石墨烯产业研究报告》(以下简称《报告》)。《报告》依托联盟数年来积累的大数据及行业资源，结合联盟开展实地调研、走访交流过程中所获得的第一手资料，并整合了国内外权威统计机构和相关行业组织提供的专业数据，经过深入研究分析、凝练、编撰而成，力图为关注石墨烯产业发展的科研院所、投资机构、企业、政府等相关单位了解全球石墨烯产业发展动态、把握企业定位和发展方向提供重要参考，为中国石墨烯产业的创新发展提供支撑。

2018年，我国石墨烯产业发展进入了新时代，国家层面的政策引导、系统规划明显加速，石墨烯"产学研"合作贯通产业链条；技术创新亮点频出，研发热点紧扣需求；产业发展势头迅猛，产业格局具备雏形；上市公司表现抢眼，企业动作连连；应用产品"烯味渐浓"，逐步"走进生活"；区域布局多点开花，集聚效应初步显现，中国正在领跑全球石墨烯产业。

同时，我们也应该清醒地认识到，当前石墨烯产业发展的炒作期已经过去，投资正逐步回归理性；市场竞争日趋激烈，行业面临洗牌，缺乏核心技术和产品的企业将被淘汰；石墨烯从实验室到市场端的跨越之路并非一帆风顺。可喜的是，目前国内有一些石墨烯企业一直在坚守着自己的战略定力和初心，勇于探索、不断创新，取得了良好业绩。只有耐得住寂寞，才能守得住繁华；经历风雨之后，才能见到彩虹。相信在"石墨烯人"的坚守和各方共同努力下，中国将在石墨烯产业取得喜人的成绩！

目 录

第1章

概　述

如果 20 世纪被称为硅的世纪，那么 21 世纪则被认为是碳的世纪。自 2004 年被发现以来，石墨烯引起了世界各国的高度关注和热烈追捧，被认为是未来开创超级计算机时代、改变世界的下一个万亿级产业。

1.1 石墨烯的定义

石墨烯是一个碳原子与周围三个近邻碳原子结合、以 sp^2 杂化方式形成蜂窝状结构的碳原子单层。石墨烯产业技术创新战略联盟在 2018 年发布的团体标准 T/CGIA001－2018《石墨烯材料的术语、定义和代号》中提到，石墨烯材料是由石墨烯单独或紧密堆垛而成、层数不超过 10 层的二维材料及其衍生物。包括单层石墨烯、双层石墨烯、多层石墨烯。层数超过 10 层的则为石墨。

1.2 石墨烯的性质

石墨烯是人类已知强度最高、韧性最好、质量最轻、透光率最高、导电性最佳的材料。单层的石墨烯是由一层密集的碳六元环构成，它的厚度在 0.335 nm 左右，是目前最薄的二维纳米碳材料。由于其结构的独特性，石墨烯的各类性质也非常优异(表 1－1)。

表 1－1 石墨烯的性质

性　能	指　标
最薄最轻	厚度最薄可达 0.335 nm，比表面积为 2 630 m^2/g
载流子迁移率最高	室温下为 2×10^5 $cm^2/(V\cdot s)$(硅的 100 倍)，理论值为 10^6 $cm^2/(V\cdot s)$以上

续 表

性 能	指 标
电流密度耐性最大	有望达到 2×10^{8} A/cm^{2}（铜的 1×10^{6} 倍）
强度最大最坚硬	破坏强度：42 N/m，杨氏模量与金刚石相当，可达 1 TPa
优良的透光性能	可达 97.4%的透光率
热导率最高	3 000～5 000 W/(m·K)（与碳纳米管相当）

由于其独特优异的物理化学性质，石墨烯被看作材料界一颗冉冉升起的新星。目前石墨烯行业的上中下游已经形成，但是产业链有待进一步完善。石墨烯产业链的上游主要为生产石墨烯所用的各种原料，如石墨、烃类物质等；中游主要为各类石墨烯材料制备，包括石墨烯薄膜、石墨烯粉体以及石墨烯浆料等；下游主要为石墨烯应用产品的开发和生产。石墨烯下游产业链将涵盖众多行业，主要包括新能源、大健康、电子信息、节能环保、化工新材料、航空航天等。

1.3 石墨烯应用情况

近年来，中国石墨烯产业化应用取得了许多成果：上下游产业链初步打通，下游应用领域不断拓展，产品标准和技术规范等逐步完善。据 CGIA Research 统计，石墨烯市场规模从 2015 年的 6 亿元、2016 年的 40 亿元、2017 年的 70 亿元，增长至 2018 年的 100 亿元，石墨烯产业逐步扩大。

当前石墨烯产业发展进入以产业化应用推进为核心的新阶段，在新能源、大健康、化工新材料、节能环保、电子信息等领域均实现了产业化应用，在电供暖、大健康、涂料、润滑油、锂离子电池等石墨烯应用产品的市场化取得了一定突破：如工业应用领域的石墨烯导电添加剂、石墨烯防腐涂料、石墨烯导静电轮胎、石墨烯润滑油、石墨烯触点材料等产品；民生消费领域的石墨烯智能可穿戴产品、石墨烯理疗发热器件、石墨烯手机散热、石墨烯散热 LED 照明产品、石墨烯复合纤维纺织产品、石墨烯电采暖产品、石墨烯环保内墙涂料等。

石墨烯在新能源行业的潜在应用主要集中在锂离子电池和超级电容器领

域，但是随着行业的发展，其下游领域不断拓宽，在推动传统产业升级方面的作用逐渐显现。石墨烯在铅酸蓄电池领域的应用，也成为近年来石墨烯在新能源领域的亮点。随着新能源汽车行业的发展，石墨烯在储能领域也将迎来新纪元，在锂电池、超级电容器、铅酸蓄电池、太阳能电池及其他电池中具有广阔的应用前景。其中青岛昊鑫新能源科技有限公司、鸿纳（东莞）新材料科技有限公司等都已经实现了向下游应用企业批量供应石墨烯导电浆料；宁波富锂锂电池有限公司也与知名汽车厂商开展合作；中车研发的石墨烯超级电容器获得工程院鉴定等。

石墨烯在大健康领域的发展是石墨烯与民用领域结合的重点方向之一，也是近年来石墨烯市场化表现活跃的领域之一。石墨烯在大健康领域已经实现产业化的应用主要在医疗器械、理疗（智能穿戴、智能家居、理疗护具）等方面。如烯旺科技推出的石墨烯理疗护具、智能服饰、石墨烯远红外能量房等系列产品已在市场规模化销售，其生产的石墨烯发热服成功用于2018年冬奥会《北京8分钟》节目的演员身上，确保他们在寒冷环境下能够顺利演出。

石墨烯在节能环保领域的主要应用产品为LED照明、石墨烯陶瓷、石墨烯发热地板、石墨烯基油水分离器、石墨烯基VOC吸附海绵、石墨烯基疏水活性炭、石墨烯吸油海绵以及石墨烯基防霾口罩等。在石墨烯节能照明方面，东旭光电生产的“超极灯”率先应用于北京城市副中心的28条道路上，石墨烯LED照明在辽、吉、豫、浙等多地的路灯改造项目中成功使用；在无锡鸿山物联网小镇、上海杨浦滨江也进行了石墨烯LED路灯物联网应用实践。

石墨烯材料在化工领域的应用主要集中于橡胶、塑料、涂料、润滑油、润滑脂等领域，目前石墨烯重防腐涂料在输电塔、海洋等重要工程领域已得到大规模应用，石墨烯润滑油、石墨烯轮胎也已实现规模化生产，同时石墨烯轻量化结构材料等研发项目也在大规模展开，石墨烯在化工领域的地位将会日益凸显。其中江苏道蓬科技有限公司的石墨烯防腐防锈涂料已用于如东海上风电场风电机组塔筒的防腐，山东欧铂新材料有限公司的创新型石墨烯分散液已成功应用于国内大型重型机械集团的储罐示范工程防腐涂料。

第 2 章

石墨烯相关政策解读

石墨烯凭借其特殊的结构和性能，将为汽车、建材、化工、新能源、电子信息、生物医药等产业带来革命性的技术进步，有望成为下一个万亿级产业。行业的发展离不开政策的支持，特别是在新兴产业发展的初期，政府的扶持尤为重要。作为当今备受关注的前沿新材料之一，国际上很多国家纷纷从战略层面对石墨烯进行部署。

2.1 国际石墨烯相关政策梳理

当前，各国政府高度重视石墨烯产业发展，提供了大量资金进行支持，发布了一系列相关政策对其进行系统布局，希望在新一轮的竞争中抢占产业发展制高点。全球石墨烯产业化主要集中在中国，高端领域研发分布在欧洲、美国与日韩等地区。

2.1.1 美国

自2008年起，美国开始在国家层面开展石墨烯的相关研究，投资力度相对较大。美国石墨烯领域的基础研究及相关产业化布局主要由国家科学基金(National Science Foundation，NSF)、美国能源部(United States Department of Energy，DOE)及美国国防部(United States Department of Defense，DOD)等政府机构进行，美国石墨烯的相关政策如表2-1所示。

据统计，2008—2014年，美国国家自然科学基金会资助的重点项目包括复合材料的研究(2 000万美元)，石墨烯电子器件开发(850万美元)，场效应晶体管、存储器件开发(170万美元)，石墨烯连续制备工艺(150万美元)，生物传感器

表2-1 美国石墨烯的相关政策

国家	政 策 (计 划)	年 份
美国	国家科学基金重点资助五大石墨烯项目	2008
	国防高级研究计划署资助碳电子射频应用项目	2008—2012
	国防部资助多学科大学创新研究计划	2012
	美国非营利性组织——石墨烯利益相关方联合会成立	2013
	与美国空军科研办公室开展石墨烯及相关二维材料基础研究	2014
	新兴前沿研究与创新中心-二维原子材料研究,基础研究计划	2014—2019
	美国太空总署发布 2018 财年 SBIR/STTR 计划	2018
	美国国防部发布 2019 财年多学科大学创新研究计划	2018
	美国太空总署戈达德太空飞行中心 2018 财年内部研究与发展计划	2018
	美国太空总署资助空间技术研究资助计划的 2019 年空间技术研究奖学金计划	2018
	美国能源部能源效率和可再生能源办公室发布 2018 财年太阳能技术办公室资助计划	2018

数据来源：CGIA Research 整理

(140 万美元)等。

2008—2012 年，国防高级研究计划署资助碳电子射频应用项目(Carbon Electronics for RF Application，CERA)，投入 2 200 万美元。2011 年，国际商业机器公司(International Business Machines Corporation，IBM)研究人员林宇明与费顿・艾文瑞斯开发的新款石墨烯晶体管，截止频率达 155 GHz，沟道长度约为 40 nm，超越 2010 年 2 月发现的截止频率达 100 GHz、沟道长度为 240 nm 的成果。该成就是美国国防部高级研究计划署赞助的碳电子射频应用项目取得的里程碑式进步，也是开发下一代通信设备工程的一个组成部分。

2009—2013 年，国防部资助的多学科大学创新研究计划(Multidisciplinary University Research Initiative，MURI)，投入 750 万美元。该计划包括美国空军石墨材料基础研究、功能石墨烯材料研究和器件概念项目(2009 年启动)、美国海军纳米结构石墨烯电子带隙裁剪(2009 年启动)和陆军的新型二维氧化物和氮化物(2011 年启动)等。

2013 年上半年，美国非营利性组织——石墨烯利益相关方联合会在纽约州布法罗成立。该协会旨在促进研究人员、大学、政府机构和企业等成员之间的教育培训、技术合作、科学交流以及商业化等，推动石墨烯及其相关技术的发展。

2014 年，NSF 投入 1 800 万美元、美国空军科研办公室投入 1 000 万美元对石墨烯及相关的二维材料开展基础研究。

2018 年 3 月，美国国防部发布 2019 财年多学科大学创新研究计划，提供 5 年总金额为 1.7 亿美元的拨款。美国太空总署（National Aeronautics and Space Administration，NASA）戈达德太空飞行中心（Goddard Space Flight Center）2018 财年内部研究与发展计划（Internal Research and Development，IRAD）设置奖金为 5 万～20 万美元。2018 年 10 月 23 日美国能源部宣布将为 53 个项目提供 5 300 万美元的资金。麻省理工学院近期从美国能源部获得 150 万美元资金，用于“通过石墨烯远程外延实现低成本、高效率Ⅲ～Ⅴ光伏发电项目”。

总体而言，美国石墨烯产业布局呈现多元化，从石墨烯制备及应用研究到石墨烯产品生产到最后石墨烯产品下游应用，已经形成了相对完整的产业链。同时，美国石墨烯领域相关研究资助力度较大，分布领域多，时间分布密集，整体上对石墨烯研发及产业化扶持力度较大，尤其在石墨烯产业化与实际应用上的推广与发展，比欧洲的力度更大。独具特色的是，美国是当前全球石墨烯领域唯一有军队、国防部高度支持研发与推广的国家。Freedonia 预计，到 2035 年美国将继续成为石墨烯的全球主要市场，这得益于高性能复合材料和储能设备中材料的日益普及，以及先进电子领域（如光电子和自旋电子学）的研发支出不断增加。

2.1.2 欧洲

欧洲是石墨烯的诞生地，十分注重在这一领域的前瞻布局。欧盟委员会认为，从长期看，石墨烯材料可能同钢铁、塑料一样重要，有可能代替硅成为信息技术的基础材料，还可能在能源、交通和医疗领域发挥重要的作用。

2.1.2.1 欧盟

目前欧盟范畴内的石墨烯相关政策和资金布局包括：“欧盟第七框架计划”、石墨烯旗舰计划等，主要由欧洲委员会、欧洲科学基金会、欧洲研究理事会等机构实施这些政策并提供资金支撑。欧盟石墨烯的相关政策见表 2-2。

表 2-2 欧盟石墨烯的相关政策

地区	政策或者资助	年份
欧盟	欧洲研究理事会资助石墨烯物理性能和应用研究项目	2007
	“欧盟第七框架计划”先后发布四大石墨烯资助方向	2008
	欧洲科学基金会启动欧洲石墨烯项目(EuroGRAPHENE)	2009
	欧洲委员会资助 POLARCLEAN 计划	2011—2013
	欧洲委员会资助 GRAFOL 计划	2011—2015
	欧洲委员会资助 NanoMaster 计划	2011—2015
	石墨烯“旗舰计划”第一阶段	2012—2016
	欧洲委员会资助 NANOQUESTFIT 纳米量子应用计划	2013—2015
	欧洲委员会资助成立曼彻斯特石墨烯研究中心	2014—2015
	石墨烯“旗舰计划”第二阶段	2016—2020
	欧洲研究理事会 2018 资助计划“StG”	2018
	欧盟委员会通过欧洲地平线(2021—2027)资助计划[Horizon Europe (2021—2027)]	2018

数据来源：CGIA Research 整理

1. 欧盟石墨烯“旗舰计划”

欧盟石墨烯“旗舰计划”初始由 23 个国家的 150 多个学术和工业研究团体组成。此外，该计划还把 60 个相关成员纳入第二阶段(2016 年 4 月 1 日至 2020 年 3 月 31 日)的科技工作中。旗下成员单位主要集中在英国、意大利、西班牙、德国、法国等国家。石墨烯旗舰计划的预算总计 10 亿欧元，它代表了联合研究的一种全新形式，是欧洲最大的研究计划。石墨烯“旗舰计划”第一阶段(2012—2016 年)，前期在“欧盟第七框架计划”项目下，前 30 个月由欧洲委员会(European Community，EC)投资 5 400 万欧元；石墨烯“旗舰计划”第二阶段(2016—2020 年)，在欧盟“地平线 2020”计划下，欧洲委员会每年保持 5 000 万欧元的平稳投资。

2. 欧盟第七框架计划

第七框架计划(Seventh Framework Programme，FP7)先后发布石墨烯基纳米电子器件项目(239 万欧元)、悬浮石墨烯纳米结构项目(389 万欧元)、石墨烯的纳米级应用项目(505 万欧元)和用于超级电容的石墨烯电极项目(494 万欧元)。

3. 欧盟环境创新计划

环境创新计划(Eco-Innovation)于 2008 年创建,属于欧盟"企业家精神与创新计划",用于扶持中小型创新科技企业发展和促进其良性竞争。2008—2013 年,环境创新计划共提供约 2 亿欧元来资助各类环境环保项目,包含部分石墨烯应用在环境环保领域的研发。国际货币基金组织及经济合作与发展组织估计,环境创新计划旗下提供的服务与产品价值已占欧洲总 GDP 的 2.5%。

4. PolyGraph 项目

PolyGraph(用于复合材料、涂层和黏合剂应用的石墨烯增强热固性聚合物的规模化生产)项目是这些先锋企业中的特色项目,它是"欧盟第七框架计划"的一个子项目。该项目得到了"欧盟第七框架计划"的拨款,其他合作伙伴包括意大利帕多瓦大学、英国 HMG 涂料公司、法国赛龙通信技术有限公司及英国职业医学研究所等。

PolyGraph 项目于 2017 年 10 月结束,在欧洲有 14 个合作伙伴: 7 家中小型企业,4 家公司,2 所大学和 1 个研究中心。他们共同开发了两款石墨烯示范装置,这些装置有助于减轻车辆和飞机部件的质量,从而实现更好的燃油经济性和更低的有害物质排放。"欧盟第七框架计划"中 PolyGraph 项目经过四年的发展,已经确定了最适合生产石墨烯基涂料、黏合剂和复合材料的生产技术。

2.1.2.2 英国

英国作为石墨烯的发现地,在政策及资金投入上力度很大,政策分布密集,其研究布局从理论研究到下游应用均有涉及。英国脱欧前,其石墨烯研发不但能得到国内的相关政策扶持,且同时享受欧盟的支持,因此其一直在石墨烯高端领域保持引领势头。英国石墨烯的相关政策如表 2-3 所示。

表 2-3　英国石墨烯的相关政策

地区	政策或者资助	年份
英国	英国政府在《促进增长的创新与发展战略》中把纳米技术作为该国未来 4 个重点发展方向之一，石墨烯是其中的重要领域之一	2011
	英国工程和自然科学研究委员会、英国技术战略委员会共建创新中心	
	英国财政部及工程与自然科学研究理事会投入石墨烯商业化研究	2012
	英国财政大臣宣布将投资设立“石墨烯创新中心”	2014
	英国技术战略委员会投资石墨烯应用	2014
	英国工艺创新中心 CPI 打造石墨烯应用市场	2014
	英国宣布将在曼彻斯特大学建设“石墨烯工程创新中心”	2014

数据来源：CGIA Research 整理

2011 年，英国政府在《促进增长的创新与发展战略》中把纳米技术作为四大关键技术领域之一进行重点支持，石墨烯是纳米技术的重要领域。同年，英国工程和自然科学研究委员会、英国技术战略委员会投入约 1 000 万英镑，建立一个以开发、应用、探索新的石墨烯技术为核心的创新中心。

2012 年年末，英国财政部将 5 000 万英镑的剩余部分以及工程与自然科学研究理事会的 1 000 万英镑（即共计 2 200 万英镑）用于石墨烯的商业化研究。此外，空中客车公司、英国宇航系统公司、劳斯莱斯汽车公司、戴森和飞利浦等企业还将为该投资额外匹配 1 200 万英镑。

2013 年年初，曼彻斯特大学化学院彼得·巴德教授率领的研究小组获得该研究理事会 350 万英镑的经费，用于石墨烯膜研究。这些膜可用于生物燃料、燃料电池组件、食品包装、人类疾病和农业害虫检测传感器等方面。

英国财政大臣乔治·奥斯本在 2014 年 3 月公布的政府预算中宣布，将在未来 5 年投资设立 3 个研究所/中心，其中之一即为投入 1 900 万英镑的“石墨烯创新中心”，并将此作为英国孵化器网的一部分。

2014 年 9 月 10 日，奥斯本宣布将在曼彻斯特大学投资 6 000 万英镑（其中，英格兰高等教育基金会下属的英国研究伙伴投资基金 1 500 万英镑、技术战略委员会投资 500 万英镑、阿拉伯联合酋长国清洁及可再生能源企业马斯达尔投资 3 000 万英镑，其他由该校从欧洲地区发展基金会等获得）建设“石墨烯工程创新中心”，加速石墨烯产品从实验室走向市场的进程。同年，英国技术战略委员会拨出 250 万英镑投资石墨烯应用；英国工艺创新中心追加 1 400 万欧元在英格兰东北部打造石墨烯应用市场。

2.1.2.3 德国

德国作为欧洲传统工业大国，一直力图在高端产业特别是在新兴材料上，赶超英美。在石墨烯领域，尤其是在石墨烯材料基础与理论研究上投入较大，而产业化及下游领域扶持力度相对较小。德国石墨烯的扶持政策见表 2-4。

表 2-4 德国石墨烯的扶持政策

地区	政策或者资助	年份
德国	德国科学基金会开展了石墨烯新兴前沿研究	2009—2015
	德国科学基金会启动优先研究项目——石墨烯(SPP 1459)	2010—2014
	德国巴斯夫集团与马普学会高分子研究所共同成立碳材料创新中心	2012
	德国科学基金会“无线通信系统高频柔性可弯曲电子设备”项目(FFlexCom SPP 1796)(2018—2021)	2018

数据来源：CGIA Research 整理

2009—2015 年，德国科学基金会开展了石墨烯新兴前沿研究项目，历时六年，该项目旨在更好地理解和调控石墨烯性能，制造出新型石墨烯基电子产品。2010—2014 年，德国科学基金会又启动了优先研究项目——石墨烯(SPP 1459)，包括 38 个研究项目，前 3 年的预算经费为 1 060 万欧元。2012 年 9 月，德国巴斯夫集团与马普学会高分子研究所共同投资 1 000 万欧元成立碳材料创新中心，开展包括石墨烯在内的碳材料的合成与表征研究，以及能源和电子应用的潜力评估等。

2.1.3 亚洲

2.1.3.1 日本

2007—2018 年，日本石墨烯的相关政策如表 2-5 所示。2007 年，文部科学省下属的日本科学技术振兴机构针对硅基石墨烯材料/器件技术开发开展进行项目资助，日本东北大学承担相关研究工作。该项目拟在硅基石墨烯材料工艺技术的基础上，开发先进的辅助开关器件和等离子共振赫兹器件等，实现超高速的电荷传输以及大规模的集成器件技术等。日本科学技术振兴机构和产业综合技术研究所还对绝缘体基板表面石墨烯吸附机理项目进行资助。

表 2-5 日本石墨烯的相关政策

地区	政策或者资助	年份
日本	日本科学技术振兴机构针对硅基石墨烯材料/器件技术开发开展项目资助	2007
	经济产业省实施低碳社会实现之超轻、高轻度创新融合材料项目	2011—2016
	日本内阁通过《第五期科学技术基本计划(2016—2020)》	2016
	日本综合科学技术创新会议发布第 2 期战略性创新推进计划	2018
	日本科学技术振兴机构“PRESTO”计划对高速和硅片上石墨烯黑体发射器用于光通信的集成光发射器开展研发项目资助	2018

数据来源：CGIA Research 整理

2011—2016 年，经济产业省实施低碳社会实现之超轻、高轻度创新融合材料项目，重点支持碳纳米管和石墨烯的批量合成技术，计划投入 9 亿日元。2016 年，日本内阁会议于 2016 年 1 月 22 日审议通过《第五期科学技术基本计划(2016—2020)》，指出必须加强服务平台基础技术的研发，特别是纳米技术、机器人技术、传感器技术等核心优势基础技术。

2.1.3.2 韩国

2007—2009 年，教育科学技术部等资助石墨烯项目达 90 项，投入达到 1 870 万美元。2012—2018 年，原知识经济部预计将向石墨烯领域提供 2.5 亿美元的资助，其中 1.24 亿美元用于石墨烯技术研发，1.26 亿美元用于石墨烯商业化应用研究。

2013 年 5 月，韩国产业通商资源部计划未来 6 年投入约 4 200 万美元，通过联合该国的研究机构与企业，推动石墨烯相关技术的商业化。近 50 家研究机构和企业组成石墨烯联盟，开展重点领域项目研究，如触摸面板(三星)、有机发光二极管面板(韩国电子通信研究院)、复合薄膜(韩国常宝集团)、电磁屏蔽涂层(韩国昌星)和防腐涂层(韩国浦项制铁公司)等。

2014 年年初，韩国发布《第二期国家纳米技术路线图(2014—2025)》，将石墨烯作为中长期突破之一。2016 年，韩国政府公布名为“韩国 ICT 2020”（K－ICT 2020）的五年战略规划，旨在将韩国打造成为全球信息安全行业的领导者。战略指出，政府计划推动 ICT 初创企业发展，并加强国际合作，将信息安全相关程序和设备的出口额从目前的 1.6 万亿韩元（约合 13 亿美元）扩大至 2020 年的 4.5 万亿韩元（约合 36 亿美元）。其中，ICT 参与资助了部分三星石墨烯项目。韩国石墨烯的相关政策见表 2－6。

表 2－6 韩国石墨烯的相关政策

地区	政策或者资助	年份
韩国	教育科学技术部等资助约 90 项石墨烯项目	2007—2009
	原知识经济部支持石墨烯研发与商业化应用	2012—2018
	韩国产业通商资源部资助推动石墨烯商业化	2013
	韩国发布《第二期国家纳米技术路线图（2014—2025）》	2014
	韩国政府公布“韩国 ICT 2020”（K－ICT 2020）的五年战略规划	2016
	韩国科学技术信息通信部等部门发布《第三期国家纳米技术路线图（2018—2027）》	2018

数据来源：CGIA Research 整理

2.1.3.3 新加坡

2010 年，新加坡国立大学投资 40 万美元设立石墨烯研究中心。2011 年，新加坡国家研究基金会（National Research Foundation，NRF）针对石墨烯在内的二维晶体的研究和商业化项目投入 1 000 万美元，针对基于二维晶体新的光伏发电系统投入 5 000 万美元。2012 年，新加坡国立大学投资 243 万美元设立石墨烯研究中心微纳米加工实验室。2014 年，新加坡国立大学宣布将设立一个新的研究中心，主要集中在二维材料，在 10 年内将获得由国家研究基金会提供的 4 000 万美元的资助。

2.1.3.4 马来西亚

2013 年 12 月，石墨烯纳米化学公司与马来西亚国家创新机构合作创办马来西亚国家石墨烯中心。2014 年，马来西亚政府启动“2020 国家石墨烯行动计划——石墨烯战略和风险评估计划”。该计划由 2011 年政府成立的纳米-马来西亚机构负责，主要包括意识创建，促进项目，获得石墨烯供应商，研究与开发，保护知识产权，获得专家帮助，加大支持、协调和监控七大任务。

2.2 国内石墨烯相关政策梳理

我国政府高度重视石墨烯产业的发展，发布了一系列相关政策进行系统布局，并将石墨烯列入我国“十三五规划”的165项重大工程之一。相关政策的实施对推动技术创新、支撑战略性新兴产业发展、加快走中国特色新型工业化道路具有重要的战略意义。

2.2.1 国家层面石墨烯相关政策

2.2.1.1 政策梳理

从2012年工业和信息化部（简称“工信部”）发布的《新材料产业“十二五”发展规划》中首次提出支持石墨烯产业发展以来，我国政府相继采取相关措施，逐步推进石墨烯产业的创新发展。CGIA Research梳理了从2012年到2017年年底的有关石墨烯产业发展的相关政策，并对重要政策进行了详细的解读。国家层面石墨烯的相关政策如表2-7所示。

表2-7 国家层面石墨烯的相关政策

发布单位	文件名称	石墨烯相关内容	发布时间
工信部	《新材料产业“十二五”发展规划》	积极开发纳米粉体、纳米碳管、富勒烯、石墨烯等材料，推进纳米材料在新能源、节能减排、环境治理、电子信息和生物医用等领域的研究应用	2012年2月
发改委、财政部、工信部	《关于印发关键材料升级换代工程实施方案的通知》	支持高性能低成本石墨烯粉体及高性能薄膜实现规模稳定生产，在新型显示、先进电池等领域实现应用示范	2014年10月
国务院	《中国制造2025》	高度关注颠覆性新材料对传统材料的影响，做好超导材料、纳米材料、石墨烯等战略前沿材料的提前布局和研制	2015年5月

续 表

发布单位	文件名称	石墨烯相关内容	发布时间
发改委、科技部、中华人民共和国人力资源和社会保障部（简称人社部）、中科院	《关于促进东北老工业基地创新创业发展打造竞争新优势的实施意见》	发展高纯石墨、石墨烯等高端产品，在鸡西、鹤岗等地建设石墨精深加工产业集群	2015年6月
国家制造强国建设战略咨询委员会	《〈中国制造2025〉重点领域技术路线图(2015版)》	新材料领域之前沿材料发展重点包括海洋工程用石墨烯基防腐涂料、柔性电子用石墨烯薄膜、电动汽车锂电池用石墨烯基电极材料	2015年9月
工信部、发改委、科技部	《工业和信息化部 发展改革委 科技部 关于加快石墨烯产业创新发展的若干意见》	提出抓住机遇培育壮大石墨烯产业，把石墨烯产业打造成先导产业，创新石墨烯材料产业化应用关键技术，壮大石墨烯材料制造业规模	2015年11月
工信部、发改委、科技部、财政部	《关于加快新材料产业创新发展的指导意见》	积极开发前沿材料，包括石墨烯、增材制造材料、智能材料、超材料等基础研究与技术积累	2016年2月
国务院	《国民经济和社会发展第十三个五年规划纲要》	大力发展形状记忆合金、自修复材料等智能材料，石墨烯、超材料等纳米功能材料	2016年3月
工信部	《建材工业鼓励推广应用的技术和产品目录(2016—2017年本)》	鼓励石墨烯粉体、石墨烯重防腐涂料等产品的推广应用	2016年3月
发改委、工信部	《国家发展改革委 工业和信息化部关于实施制造业升级改造重大工程包的通知》	围绕新材料技术与信息技术、纳米技术等融合趋势，重点发展石墨烯、超材料等前沿材料，加快创新成果转化与典型应用	2016年5月
国务院	《国家创新驱动发展战略纲要》	前瞻布局新兴产业前沿技术研发，发挥纳米、石墨烯等技术对新材料产业发展的引领作用	2016年5月
国务院	《北京加强全国科技创新中心建设总体方案》	重点突破高性能计算、石墨烯材料、智能机器人等一批关键共性技术，培育先导产业和支柱产业	2016年9月
工信部	《石化和化学工业发展规划(2016—2020年)》	加快开发高性能碳纤维及复合材料、特种橡胶、石墨烯等高端产品，加强应用研究	2016年10月
发改委	《能源发展"十三五"规划》	示范试验石墨烯储能器件、光伏电池材料等一批有一定技术积累的技术	2016年12月
国务院	《"十三五"国家战略性新兴产业发展规划》	突破石墨烯产业化应用技术，做好增材制造材料、稀土功能材料、石墨烯材料标准布局	2016年12月
发改委、国家海洋局	《全国海水利用"十三五"规划》	开展正渗透、电容去离子、膜蒸馏、石墨烯膜制备等海水淡化技术研发	2016年12月
工信部、发改委、科技部、财政部	《新材料产业发展指南》	以石墨烯、金属及高分子增材制造材料、智能仿生与超材料等为重点，加强基础研究与技术积累，注重原始创新，加快在前沿领域实现突破	2017年1月

续 表

发布单位	文件名称	石墨烯相关内容	发布时间
工信部	《产业用纺织品行业"十三五"发展指导意见》	拓展高性能纤维、生物基纤维、产业用专用纤维，以及石墨烯等功能新材料的应用	2017年1月
科技部	《"十三五"材料领域科技创新专项规划》	提出重点发展单层薄层石墨烯粉体、高品质大面积石墨烯薄膜工业制备技术，柔性电子器件大面积制备技术，石墨烯粉体高效分散、复合与应用技术	2017年4月
工信部	《重点新材料首批次应用示范指导目录（2017年版）》	将石墨烯薄膜、石墨烯改性防腐涂料、石墨烯导电发热纤维及石墨烯发热织物、石墨烯导静电轮胎、石墨烯增强银基电接触功能复合材料纳入指导目录	2017年9月
中共中央、国务院	《中共中央　国务院关于开展质量提升行动的指导意见》	加强石墨烯、智能仿生材料等前沿新材料布局，逐步进入全球高端制造业采购体系	2017年9月
国家标准委、工信部	《国家工业基础标准体系建设指南》	开展非金属矿物材料、工业陶瓷、石墨烯及制品等产品性能与检验方法标准研制	2017年11月
发改委	《增强制造业核心竞争力三年行动计划（2018—2020年）》	重点发展汽车用超高强钢板、新型稀有稀贵金属材料、石墨烯等产品	2017年11月
工信部、科技部	《国家鼓励发展的重大环保技术装备目录（2017年版）》	将石墨烯/高分子复合材料透水膜浓缩装备、氧化石墨烯复合碳膜等重大环保技术装备列入目录	2017年12月
国家质量监督检验检疫总局、工信部、发改委、科技部、国防科技工业局、中国科学院、中国工程院、国家认证认可监督管理委员会、国家标准委	《新材料标准领航行动计划(2018—2020年)》	制定石墨烯材料术语和代号、含有石墨烯材料的产品命名方法等国家标准。开展石墨烯材料相关新产品设计、研发、制备、包装储运、应用、消费等全产业链标准化研究。研究制定石墨烯物化特征和性能表征与评价方法标准，共同提出石墨烯国际标准提案	2018年3月
工信部	《建材工业鼓励推广应用的技术和产品目录（2018—2019年本）》	石墨烯改性导静电轮胎是工信部鼓励推广应用的产品之一，该产品基于开发适用于橡胶改性的石墨烯和石墨烯/胶料复合技术，生产石墨烯改性导静电轮胎，所产轮胎导静电性好，抗湿滑性能提升，滚动阻力下降	2018年6月
工信部	《2017年重点新材料首批次应用保险补偿试点工作拟补助项目公示》	本次重点新材料应用保险补偿项目中有2家石墨烯企业（宁波中科建华新材料有限公司和深圳市烯世传奇科技有限公司）生产的石墨烯改性防腐涂料入围，分别被衢州建华东旭助剂有限公司、恒河材料科技股份有限公司、宁波市镇海城博高空防腐保洁有限公司和北京博瑞豪电力科技有限公司共4家企业使用	2018年7月

续 表

发布单位	文件名称	石墨烯相关内容	发布时间
工信部	《重点新材料首批次应用示范指导目录(2018版)》	重点新材料首批次应用保险补偿机制(以下简称"首批次")试点工作中重点强调石墨烯改性防腐涂料、石墨烯薄膜、石墨烯润滑油在内的9种新材料	2018年9月
工信部、科技部、商务部、市场监管总局	《原材料工业质量提升三年行动方案(2018—2020年)》	将石墨烯材料归到建材行业,并提出工作目标:石墨烯材料生产达国际先进水平,先进无机非金属材料保障能力明显提升。建材部品化加速推进,水泥、平板玻璃质量保障能力大幅提升,矿物功能材料品种日益丰富,绿色建材在新建建筑中应用比重达到40%	2018年10月
工信部	《产业转移指导目录(2018年本)》	全国各省份优先承接发展的产业中,吉林、北京、江苏、浙江等多省份涉及石墨烯优先发展内容	2018年11月
工信部、发改委、财政部、国务院国有资产监督管理委员会	《促进大中小企业融通发展三年行动计划》	鼓励中小企业参与"一带一路"投资贸易合作,围绕新材料等重点领域开展国际经济技术交流和跨境撮合,推动龙头企业延伸产业链,带动专精特新"小巨人"企业融入全球价值链	2018年11月
国家统计局	《战略性新兴产业分类(2018)》	战略性新兴产业分类名称"碳基纳米材料制造"中,3091 * "石墨及碳素制品制造"重点产品和服务包括石墨烯粉体、石墨烯薄膜等	2018年11月

数据来源:CGIA Research 整理

1. 首次提出支持石墨烯产业发展

2012年2月,工信部发布了《新材料产业"十二五"发展规划》,首次提出支持石墨烯产业发展。

2. 正式进入支持层面

2014年9月,科学技术部(简称"科技部")"863计划"纳米材料专项,提出将石墨烯研发作为重点支持内容,石墨烯研发正式进入国家支持层面。

3. 列入重点布局行列

2015年5月,《中国制造2025》提出高度关注颠覆性新材料对传统材料的影响，做好石墨烯等战略前沿材料的提前布局和研制。

4. 打造石墨烯产业为先导产业

2015 年 11 月，工信部、发展和改革委员会（简称“发改委”）、科技部三部委联合发布《关于加快石墨烯产业创新发展的若干意见》，明确提出打造石墨烯产业为先导产业，而且提出未来石墨烯产业发展应呈现“1344”的总体格局。

5. 列入“十三五”规划重大工程

2016 年 3 月《国民经济和社会发展第十三个五年规划纲要》发布，将石墨烯产业列入 165 项重大工程。

6. 大力发展石墨烯产业

2016 年 3 月，工信部、发改委、科技部、财政部发布了《关于加快新材料产业创新发展的指导意见》，提出大力发展石墨烯产业。

7. 国家标准意见征集

2016 年 4 月，中国国家标准化管理委员公布《石墨烯材料的术语、定义及代号》国家标准（征求意见稿），针对石墨烯及其相关材料术语等进行了详细的界定。

8. 确立石墨烯产业发展战略地位

2016 年 5 月，国务院印发《国家创新驱动发展战略纲要》，强调突出石墨烯等技术对新材料产业发展的引领作用，确立石墨烯产业发展的战略地位。

9. 制造业重点发展前沿材料

2016 年 5 月，国家发改委、工信部组织实施《制造业升级改造重大工程包》，其中涉及重点发展石墨烯等前沿材料，加快创新成果转化与典型应用；工信部网站公布《建材工业鼓励推广应用的技术和产品目录（2016—2017）》，其中 2 项涉及石墨烯，分别为石墨烯粉体、石墨烯重防腐涂料。

10. 列入科技部重点专项

2016 年 6 月，科技部公示国家质量基础的共性技术研究与应用重点专项拟进入审核环节的 2016 年年度项目信息，石墨烯等碳基纳米材料国家质量基础设施技术研究集成与应用项目在列其中。同年 7 月，科技部发布“纳米科技”重点专项，2016 年共涉及 43 个项目，支持 6 亿元资金。其中与石墨烯、二维材料以及纳米碳材料直接相关的项目共有 6 个。

11. 成立新材料产业发展领导小组

为进一步加强组织协调新材料产业的发展，2016 年 12 月，国家新材料产业发展领导小组成立，组长由时任国务院副总理马凯担任，石墨烯产业技术创新战略联盟(CGIA)秘书长李义春博士入选国家新材料产业发展专家咨询委员会委员，负责石墨烯方向。

12. 列入前沿新材料先导工程

2017 年 1 月，工信部、发改委、科技部、财政部联合发布《新材料产业发展指南》，引导“十三五”期间新材料产业健康有序发展。将石墨烯列入前沿新材料先导工程、新材料创新能力建设工程、产业标准体系建设工程三大工程。

13. 列入“十三五”材料领域重点发展方向

2017 年 4 月，科技部发布《“十三五”材料领域科技创新专项规划》，提出重点发展单层薄层石墨烯粉体、高品质大面积石墨烯薄膜工业制备技术、柔性电子器件大面积制备技术以及石墨烯粉体的高效分散、复合与应用技术。

14. 建立应用保险补偿机制

为突破新材料应用的初期市场瓶颈，打破市场规模小、发展资金不足、新材料首批次应用示范的风险等问题，2017 年 9 月，工信部、财政部、中国保险监督管理委员会(简称保监会)发布了《工业和信息化部财政部保监会关于开展重点新材料首批次应用保险补偿机制试点工作的通知》，大力提倡建立重点新材料首批次应用保险补偿机制，以加快新材料创新成果转化和应用，提升我国新材料产业的整体发展水平。同月，工信部发布了《重点新材料首批次应用示范指导目录（2017 年版）》，将石墨烯及制品等产品纳入目录，开展试点工作。

15. 加入质量提升行动方案

2017 年 9 月 5 日，《中共中央　国务院关于开展质量提升行动的指导意见》发布，提出加强石墨烯、智能仿生材料等前沿新材料布局，逐步进入全球高端制造业采购体系。

16. 开展石墨烯及制品等产品性能与检验方法标准研制

2017 年 11 月，国家标准化管理委员会（以下简称“标准委”）、工信部联合发布了《国家工业基础标准体系建设指南》，提出开展石墨烯及制品等产品性能与检验方法标准的研制。

17. 列入增强制造业核心竞争力三年行动计划

2017 年 11 月，发改委发布了《增强制造业核心竞争力三年行动计划（2018—2020 年）》，强调在重点领域组织实施关键技术产业化专项。提出加快发展包括汽车用超高强钢板、新型稀有贵金属材料、石墨烯等先进金属及非金属关键材料产业化等重点任务。

18. 列入重大环保技术装备目录（2017 年版）

2017 年 12 月，工信部、科技部联合发布《国家鼓励发展的重大环保技术装备目录（2017 年版）》，将石墨烯/高分子复合材料透水膜浓缩装备、氧化石墨烯复合碳膜等重大环保技术装备列入目录。

2.2.1.2　重点政策解读

1.《关于加快石墨烯产业创新发展的若干意见》

2015 年 11 月，为引导石墨烯产业创新发展、助推传统产业转型升级、支撑新兴产业培育壮大、带动材料产业升级换代，工信部、发改委、科技部三部门联合印发《关于加快石墨烯产业创新发展的若干意见》(以下简称《意见》)。

(1) 主要内容

《意见》提出：到2018年，石墨烯材料制备、应用开发、终端应用等关键环节良性互动的产业体系基本建立，产品标准和技术规范基本完善，开发出百余项实用技术和样品，推动一批产业示范项目，实现石墨烯材料稳定生产，在部分工业产品和民生消费品上实现产业化应用。到2020年，形成完善的石墨烯产业体系，实现石墨烯材料标准化、系列化和低成本化，建立若干具有石墨烯特色的创新平台，掌握一批核心应用技术，在多领域实现规模化应用。形成若干家具有核心竞争力的石墨烯企业，建成以石墨烯为特色的新型工业化产业示范基地。

《意见》指出未来石墨烯产业发展应呈现“1344”的总体格局，即一个目标、三大原则、四个推进、四项措施。一个目标即实现培育和壮大石墨烯产业；三大原则即坚持企业主体、政策引导，坚持创新驱动、典型示范，坚持需求牵引、技术推动；四个推进即推进产业发展关键技术创新，推进首批次产业应用示范，推进产业绿色、循环、低碳发展，推进拓展应用领域；四项措施即加大政策扶持，加强投融资引导，完善标准规范体系，加强行业管理和服务。

《意见》提出推进石墨烯首批次产业应用示范。一是提高石墨烯的市场活跃度和认可度。通过大力推广现有石墨烯产品，让更多生产企业和消费市场接受石墨烯产品，促进石墨烯在创新链、产业链、市场链中的活跃度。二是充分挖掘市场对石墨烯的相关需求。通过市场的反馈，及时调整战略布局，形成以市场需求为导向的石墨烯产品。三是有利于石墨烯共性关键技术的突破，为后续产业化领域提供技术支持。

《意见》指出要“坚持走绿色、循环、低碳发展之路”，重视资源的高效利用和环境友好，以新的发展理念引领产业发展。《意见》对石墨烯生产线的规模、技术、生产选址、环保等都提出了严格的要求。其中，石墨烯的生产工艺和设备要符合1级能效或节能产品推广目录；生产过程要采用清洁生产技术、推行循环性生产方式；建议采用智能化生产，以实现污染物排放和能耗、物耗的有效管理；提出要建立生产过程污染物的标准规范。

（2）重要意义

《意见》是我国第一部针对石墨烯产业发展的国家层面的专项政策，也是地方政府布局石墨烯产业的重要依据。《意见》的联合发布为新技术、新业态和新商业模式在石墨烯领域的协同创新发展提供了政策支撑，为激发市场主体创新活力，积极引导、协助上下游企业打通产业链，开展知识产权建设、保护和运用工作，促进石墨烯产业持续健康发展提供了强有力的保障，有助于实现壮大产业规模、完善产业链、打造核心竞争力的目标。

2.《新材料产业发展指南》

2017 年 1 月，发改委、工信部、科技部、财政部联合发布了《新材料产业发展指南》。《新材料产业发展指南》（以下简称《指南》）是落实《中国制造 2025》的重要文件，是“十三五”期间指导我国新材料产业发展的顶层设计，为引导“十三五”期间新材料产业健康有序发展，加快发展新材料，推动技术创新，支撑产业升级而制定的。

（1）主要内容

《指南》提出了三大重点发展方向，分别是先进基础材料、关键战略材料、前沿新材料。其中前沿新材料以石墨烯、金属及高分子增材制造材料，形状记忆合金，自修复材料，智能仿生与超材料等为重点。

《指南》以布局一批前沿新材料、强化新材料产业协同创新体系建设、加快重点新材料初期市场培育、促进新材料产业特色集聚发展为重点任务，并将石墨烯列入前沿新材料先导工程、新材料创新能力建设工程、产业标准体系建设工程等三大工程。

前沿新材料先导工程中针对石墨烯部分，强调突破石墨烯材料规模化制备和微纳结构测量表征等共性关键技术，开发大型石墨烯薄膜制备设备及石墨烯材料专用计量、检测仪器，实现对石墨烯层数、尺寸等关键参数的有效控制。同时围绕防腐涂料、复合材料、触摸屏等应用领域，重点发展利用石墨烯改性的储能器件、功能涂料、改性橡胶、热工产品以及特种功能产品，基于石墨烯材料的传感器、触控器件、电子元器件等，构建若干石墨烯产业链，形成一批产业集聚区。

《指南》还提出围绕防腐涂料、复合材料、触摸屏等应用领域，重点发展利用石墨烯改性的储能器件、功能涂料、改性橡胶、热工产品以及特种功能产品，集中优势力量构建石墨烯产业链，形成一批产业集聚区、石墨烯等新材料制造业创新中心，强化新材料产业协同创新发展。

（2）重要意义

近年来，我国在新材料技术研究方面投入较大，在石墨烯、超材料、超导材料等前沿新材料领域具备较好的发展基础，部分领域甚至处于世界先进水平。《指南》的发布为建成具有较为完善的新材料标准体系，形成多部门共同推进、国家与地方协调发展的新材料产业发展格局，为培育一批有国际影响力的新材料企业提供了强有力的指引。《指南》对推动我国新材料产业及下游应用行业健康持续发展、技术创新、支撑产业转型升级、保障重大工程实施、提升制造业核心竞争力、建设制造强国具有重要战略意义。

3.《关于开展重点新材料首批次应用保险补偿机制试点工作的通知》

为贯彻落实《新材料产业发展指南》，做好重点新材料首批次应用保险补偿机制试点工作，2017 年 9 月，工信部、财政部、保监会联合发布了《关于开展重点新材料首批次应用保险补偿机制试点工作的通知》。

（1）主要内容

重点新材料首批次应用保险补偿机制提出了试点对象和范围以及保险险种、保障范围（表 2-8）。首批次新材料是用户在首年度内购买使用《新材料首批次应用示范指导目录(2017 年版)》(以下简称《目录》)内的同品种、同技术规格参数的新材料产品。用户在《目录》有效期内首次购买新材料产品的时间为计算首年度的起始时间。生产首批次新材料的企业是保险补偿的对象，使用首批次新材料的企业是保险的受益方，保监会针对新材料推广应用中存在的特殊风险，指导保险公司提供定制化的新材料产品质量安全责任保险产品，承保新材料质量风险、责任风险。

表2-8 《新材料首批次应用示范指导目录（2017年版）》中与石墨烯相关的重点新材料

序号	材料名称	性能要求	应用领域
1	石墨烯薄膜	可见光区平均透过率优于85%，面电阻值＜10 Ω，面电阻稳定且分布均匀；具有弯曲性能，在ITO膜失效的情况下，可以承受超过10 000次的循环弯曲实验	微电子、新能源
2	石墨烯改性防腐涂料	附着力1级，耐盐雾≥2 500 h，耐盐水≥2 000 h，耐水≥2 000 h	电力装备、海工、石化
3	石墨烯导电发热纤维及石墨烯发热织物	纤维性能：电阻率＜1 000 Ω·cm，断裂强度＞3 cN/tex，干摩擦色牢度＞3，熔点＞250℃。织物性能：电热辐射转换效率＞68%，表面温度不均匀度＜±5℃	电子信息、汽车
4	石墨烯导静电轮胎	电导率为5～10 S/m；普通轿车轮胎胎面复合石墨烯后，抗撕裂强度提升50%，模量提升50%以上；湿地制动距离缩短1.82 m；滚阻降低6%；使用里程增加1.5倍以上	汽车
5	石墨烯增强银基电接触功能复合材料	镉含量＜0.01%；电阻率≤1.8 μΩ·cm；断后延伸率：退火态≥20%；抗拉强度≥180 MPa；硬度≥70 HV；静态接触电阻≤25 mΩ；电寿命＞40万次；材料损失率≤0.005 g	电力电器

（2）重要意义

新材料的初期市场培育是新材料推广应用的关键环节。新材料推广应用困难是制约我国新材料技术创新成果产业化的关键瓶颈。在上下游合作机制的经验基础上，重点新材料首批次应用示范指导目录选择一些重点领域材料，对材料的性能要求及应用领域做出安排，支持生产企业和下游用户联合建立一批生产应用示范平台，实施“重点新材料首批次示范推广工程”。重点新材料首批次应用保险补偿机制有助于防范化解新材料首批次使用风险，加快开展应用示范工作，进一步推动产用结合，有效地激活和释放下游行业对新材料产品的有效需求，推动下游行业积极使用新材料。

新材料是先进制造业的支撑和基础，其性能、技术、工艺等直接影响电子信息、高端装备等下游领域的产品质量和生产安全。新材料进入市场初期，需要经过长期的应用考核与大量的资金投入，下游用户首次使用存在一定风险，客观上导致了“有材不好用，好材不敢用”、生产与应用脱节、创新产品推广应用困难等问题。建立新材料首批次保险机制，坚持“政府引导、市场运作”的原则，旨在运用市场化手段，对新材料应用示范的风险控制和分担做出制度性安排，突破新材料应用的初期市场瓶颈，激活和释放下游行业对新材料产品的有效需求，对于加快新材料创新成果转化和应用，促进传统材料工业供给侧结构性改革，提升我国新材料产业整体发展水平具有重要意义。

4.《增强制造业核心竞争力三年行动计划（2018—2020年）》

制造业是实体经济的主体，是推动经济发展、改善人民生活、参与国际竞争和保障国家安全的根本所在。为全面贯彻落实党的十九大精神，加快发展先进制造业，推动互联网、大数据、人工智能和实体经济深度融合，突破制造业重点领域关键技术实现产业化，2017年11月，发改委制定了《增强制造业核心竞争力三年行动计划(2018—2020年)》(以下简称《行动计划》)。

(1) 主要内容

《行动计划》提出到“十三五”末，在轨道交通装备、高端船舶和海洋工程装备、智能机器人、智能汽车、现代农业机械、高端医疗器械和药品、新材料、制造业智能化、重大技术装备等制造业重点领域实现突破一批重大关键技术实现产业化，形成一批具有国际影响力的领军企业，打造一批中国制造的知名品牌，创建一批国际公认的中国标准，制造业创新能力明显提升、产品质量大幅提高、综合素质显著增强等总体目标。《行动计划》以3年为一个周期滚动实施，并根据经济社会发展需要和环境条件变化，动态调整重点领域和主要任务。为确保《行动计划》顺利实施、有序推进，国家制定出台了各重点领域突破关键技术实现产业化的实施方案。

新材料产业是国民经济发展的重要基础，为促进产业转型升级，保障重大工程实施，提升制造业核心竞争力，《行动计划》将新材料领域实施关键技术产业化作为重点突破领域之一。其中新材料领域把加快石墨烯等非金属关键材料产业化作为重点任务之一，并在《新材料关键技术产业化实施方案》中强调在先进能源、航空航天、传感器件、节能环保等高端应用领域实现石墨烯产业化项目。

产业化项目组织形式主要依托基础设施条件好、产品开发能力强、生产管理水平高的骨干企业实施。支持相关企业、科研院所、高等院校等开展技术合作或组建联合体共同合作建设生产线。鼓励通过并购、合资合作等形式，引进先进技术。

（2）重要意义

制造业是实体经济的主体，是推动经济发展、改善人民生活、参与国际竞争和保障国家安全的根本所在。《行动计划》为我国制造业培育竞争新优势，积蓄发展新动能提供了政策支撑，对加快我国推进制造业智能化、绿色化、服务化，切实增强制造业核心竞争力，推动我国制造业加快迈向全球价值链中高端环节有重要的意义。

5.《“十三五”材料领域科技创新专项规划》

为贯彻落实《国家创新驱动发展战略纲要》《国家中长期科学和技术发展规划纲要（2006—2020 年）》《“十三五”国家科技创新规划》和《中国制造 2025》，推动我国材料领域科技创新和产业化发展，明确“十三五”时期材料领域科技创新的思路目标、任务布局和重点方向，规范和指导其后五年国家材料科技的发展，科技部制定了《“十三五”材料领域科技创新专项规划》（以下简称《专项规划》）。

（1）主要内容

《专项规划》从四个层面部署了材料领域的发展目标。发挥材料的基础性和支撑性特征，大力推进量大面广的传统（基础）材料技术提升，满足国家建设需求、实现节能减排；发挥材料的先导性特征，重点发展战略性电子材料、先进结构材料、新型功能与智能材料，满足战略性新兴产业的发展需求；发展前瞻性材料技术，突破纳米材料技术、材料基因工程技术，形成新的技术和经济增长点；加强材料基地与人才队伍建设，增强材料领域的持续创新能力。

针对国际发展趋势、国内基础和面临的挑战，紧密结合经济社会发展和国防建设的重大需求，重点凝练重点基础材料、战略性先进电子材料、材料基因工程关键技术与支撑平台、纳米材料与器件、先进结构与复合材料、新型功能与智能材料、材料人才队伍建设七个任务方向。其中，纳米材料与器件注重研发新型纳米功能材料、纳米光电器件及集成系统、纳米生物医用材料、纳米药物、纳米能源材料与器件、纳米环境材料、纳米安全与检测技术等，强调突破纳米材料宏量制备及器件加工的关键技术与标准，加强示范应用。对于石墨烯碳材料技术，注重发展单层薄层石墨烯粉体、高品质大面积石墨烯薄膜工业制备技术，柔性电子器件大面积制备技术，石墨烯粉体高效分散、复合与应用技术，高催化活性纳米碳基材料与应用技术。

(2) 重要意义

材料服务于国民经济、社会发展、国防建设和人民生活的各个领域，成为经济建设、社会进步和国家安全的物质基础和先导，支撑了整个社会的经济发展和国防建设。新材料技术是世界各国必争的战略性新兴产业，是当前最重要、发展最快的科学技术领域之一。发展材料技术既可促进我国战略性新兴产业的形成与发展，又能带动传统产业和支柱产业的技术提升和产品的更新换代。

2.2.2 地方层面石墨烯相关政策

2.2.2.1 政策梳理

为贯彻落实三部委《关于加快石墨烯产业创新发展的若干意见》文件的精神、培育壮大石墨烯产业、加快石墨烯材料规模化生产和产业化应用，继国家政府出台利好政策之后，各地政府积极出台相关政策和措施，制定石墨烯产业发展规划、建立石墨烯产业示范基地及石墨烯研究院、设立石墨烯产业发展基金，抢占石墨烯产业发展先机。黑龙江省、福建省、四川省、北京市等多个省、区、市发布了石墨烯专项政策。此外，20 多个省、区、市在“十三五”规划等文件中对石墨烯产业进行布局。地方层面石墨烯专项政策见表 2-9。

表 2-9 地方层面石墨烯专项政策

地区	政策名称	重点内容	发布时间
无锡市	《无锡市石墨烯产业发展规划纲要（2013—2020 年）》	突破石墨烯关键技术和设备研发，引进和培育石墨烯产业链相关企业，建设石墨烯公共技术服务、质量监督检验等平台	2013 年 12 月
无锡市	《关于促进无锡石墨烯产业发展的政策意见》	加大财政资金扶持力度。重点用于突破石墨烯关键技术和设备研发，引进和培育石墨烯产业链相关企业，建设石墨烯公共技术服务、质量监督检验等平台	2014 年 1 月

续　表

地区	政策名称	重点内容	发布时间
常州市	《加快先进碳材料产业发展的若干政策》	设立3年不低于2亿元的“碳材料产业科技创新专项资金”以及总规模不少于20亿元的创业投资基金，其中优先支持注册在西太湖科技产业园实施石墨烯产业链内项目的企业	2014年5月
宁波市	《宁波市石墨烯技术创新和产业发展中长期规划》	加快石墨烯基础制备技术突破，开展石墨烯上下游应用技术研发与应用产品示范推广	2014年5月
青岛市	《青岛市十大新兴产业发展总体规划》	突破以石墨烯为代表的碳材料、硅晶片等关键技术，重点发展先进储能材料、半导体材料、新型显示材料等清洁能源新材料	2014年7月
德阳市	《德阳市人民政府关于加快推进德阳市石墨烯产业发展的实施意见》	统筹安排各类发展资金支持石墨烯产业发展，通过专项补助、以奖代补、贷款贴息等多种方式，重点支持突破石墨烯关键技术和设备研发的项目	2016年6月
黑龙江	《黑龙江省石墨烯产业三年专项行动计划(2016—2018年)》	将石墨烯绿色制备项目、石墨烯散热项目、石墨烯吸波项目作为重点产业化项目	2016年6月
北京市	《北京市石墨烯科技创新专项(2016年—2025年)》	将石墨烯薄膜、粉体规模化绿色化制备及石墨烯材料应用技术、装备与检测等方面布局重点工作任务	2016年8月
宁波市	《宁波市石墨烯产业三年攻坚行动计划(2017—2019年)》	提出突破共性关键技术、布局重大应用项目、加快重点企业培育、加快石墨烯创新中心建设、推进石墨烯产业园区建设等主要任务	2017年3月
四川省	《四川省石墨烯等先进碳材料产业发展指南(2017—2025)》	重点发展石墨烯新材料、石墨烯复合材料、石墨烯新能源储能材料、石墨烯防护材料、石墨烯导热导电材料、石墨烯电子元器件材料等	2017年4月
常州市	《关于加快石墨烯产业创新发展的实施意见》	发展一批具有核心竞争力的石墨烯产品和项目，催生石墨烯新型应用，大力促进创新驱动发展，推动石墨烯技术原创及产业化、石墨烯领域的高端创业和石墨烯材料的示范应用	2017年4月
福建省	《福建省人民政府办公厅关于加快石墨烯产业发展六条措施的通知》	组织实施省级石墨烯重大科技、技术研发和产业发展专项，重点支持我省石墨烯产业关键技术攻关和产业项目落地	2017年7月
福建省	《福建省石墨烯产业发展规划(2017—2025年)》	将石墨烯关键技术和重点产品研发工程、石墨烯首批示范推广工程、产业布局优化工程、石墨烯服务支撑体系建设工程作为重点任务	2017年7月
泉州市	《关于加快石墨烯产业发展六条措施》	设立石墨烯产业专项资金；支持企业用地及购租闲置厂房用于实施石墨烯项目；支持企业开展石墨烯研究及应用开发；制定石墨烯材料首批次应用保险补偿机制等	2018年1月
山东省	《山东省新材料产业“1351”工程实施方案(2018—2020年)》	石墨烯特色产业基地。以青岛国际石墨烯创新中心和石墨烯产业技术创新战略联盟为依托，以济宁、济南等一批石墨烯产业先行区和示范区为载体，建立“区域合作、地区联动、协同发展”机制，进一步完善石墨烯技术创新体系和产业集群，鼓励支持生产企业、研发机构和应用企业联合承担研发项目和科技成果转化项目，突破制备、应用和产业化技术瓶颈，加快科技成果转化，推动全省石墨烯产业快速健康发展，打造具有鲜明特色的国家石墨烯技术研发及产业应用创新示范基地	2018年1月

续 表

地区	政策名称	重点内容	发布时间
山东省	《山东省新旧动能转换重大工程实施规划》	推进石墨烯特色资源高质化利用，加强专用工艺和技术研发，打造济南、青岛、潍坊、济宁、威海、菏泽等石墨烯研发生产基地	2018年2月
广西壮族自治区	《关于印发贯彻落实创新驱动发展战略打造广西九张创新名片工作方案（2018—2020年）的通知》	推广石墨烯新材料应用，推动终端产品创新。围绕石墨烯新材料的技术发展趋势，紧密跟踪前沿研究团队的突破性成果，结合我区特色产业开发石墨烯新材料终端应用产品	2018年2月
河北省	《河北省2018年冬季清洁取暖工作方案》	积极开展新型取暖试点，在石家庄市、张家口市等试点推进聚能电暖器和石墨烯电暖器1.28万户	2018年7月
广西壮族自治区	《广西工业高质量发展行动计划（2018—2020年）》	新材料产业，突破一批重大关键共性技术，重点发展绿色环保、性能优良、市场需求量大的有色金属功能材料、石墨烯材料、稀土功能材料、新型轻合金材料、锰盐新材料、新型建筑材料、纳米粉体材料、先进储能材料等新型材料。到2020年，实现总产值1 000亿元	2018年7月
	《关于印发推进柳州市工业高质量发展建设现代制造城实施方案（2018—2022年）的通知》	加强科技创新，支持企业与科研院所共建产学研战略联盟，力争在汽车整车可靠性及控制系统、高性能金属材料、高可靠性智能控制、新能源汽车、智能电网、机器人、铝深加工、石墨烯等领域取得重大突破	2018年8月
厦门市	《厦门火炬高新区关于促进石墨烯等先进碳材料产业发展的若干政策》	将高新区打造成国内领先的石墨烯等先进碳材料创新中心和产业集聚高地，结合高新区实际，制定本政策；高新区管委会每年安排专项资金，用于支持高新区的石墨烯等先进碳材料产业的发展	2018年9月
永安市	《关于加快永安市高端石墨和石墨烯产业集聚发展的若干意见》	力争到2020年，引进和培育年产值超10亿元的企业1～2家，年产值超亿元的企业5家以上，高端石墨和石墨烯及相关产品产值突破60亿元，为福建省动力电池和稀土石墨烯新材料千亿产业集群、三明市“一十百千万”工程贡献力量；力争到2025年，高端石墨和石墨烯及其相关产品产值突破200亿元	2018年10月
泉州市	《泉州市石墨烯产业发展路线图（2018—2025年）》	综合考虑石墨烯产业在新材料、热管理、新能源、环保健康和半导体等领域的最新进展和大规模应用前景，泉州市应坚持“三个三”阶段性发展重点任务：一是将石墨烯防腐蚀涂料、石墨烯EVA发泡材料、石墨烯复合导热/发热膜作为2018—2020年短期重点突破领域；二是将石墨烯功能纺织纤维、石墨烯复合材料半透膜、石墨烯复合材料二次电池作为2021—2023年中期重点培育领域；三是将石墨烯超级电容/电池、石墨烯光电器件、石墨烯量子点作为2024—2025年长期重点攻关领域	2018年10月
北京市	《关于开展质量提升行动的实施意见》	加快低维材料、高性能纳米材料、光电子材料、新型超导材料等的原始创新和颠覆性技术突破，形成一批具有全球影响力的创新成果和核心专利。突破石墨烯材料规模化制备共性关键技术，实现标准化、系列化和低成本化。支持利用石墨烯、气凝胶等新材料提升传统材料性能。稳步推进重点新材料首批次应用保险试点工作	2018年10月

续 表

地 区	政 策 名 称	重 点 内 容	发布时间
山东省	《山东省新材料产业发展专项规划(2018—2022年)》	重点发展石墨烯粉体、石墨烯薄膜等规模化制备技术,实现对石墨烯层数、尺寸等关键参数的有效控制,提高石墨烯基础材料的产业规模和产品稳定性;加强石墨烯储能材料、防护涂料、复合材料等开发,促进其在超级电容器、锂离子电池、防腐涂料、导电油墨、导热散热器件、轮胎、纺织品、高端环境处理材料、石墨烯润滑油等产品中的应用,拉长石墨烯产业链,壮大产业集聚区	2018年10月
广西壮族自治区	《广西石墨烯产业发展工作方案》	到2021年,初步形成具有广西特色,集产品研发、推广应用、技术服务于一体的石墨烯产业体系,石墨烯技术应用能力及产业化发展能力不断增强,产业集聚集约发展区域格局初步显现,力争广西石墨烯产业创新发展达到全国先进水平	2018年10月
	《广西科技创新支撑产业高质量发展三年行动方案(2018—2020年)》	新能源领域中通过在金属基新材料、石墨烯材料、润滑剂、稀土功能材料、动力电池材料、碳酸钙材料、重钙固体废弃物资源化利用、高性能橡胶沥青等方面开展16项技术攻关,破解产业转型瓶颈制约问题	2018年11月
西安市	《关于印发西安市特色小镇总体规划(2018—2021年)的通知》	先进制造类发展规划中,在新材料行业类型中明确提出要加快发展高性能玻璃纤维、碳纤维、石墨烯、纳米材料等新型无机非金属材料	2018年12月

数据来源:CGIA Research 整理

2.2.2.2 重点政策解读

1.《无锡市石墨烯产业发展规划纲要(2013—2020年)》

无锡石墨烯产业发展在全国有一定的先发优势,为进一步明确石墨烯产业发展的方向、目标任务和发展重点,抢占战略性新兴产业发展的制高点,结合国家《新材料产业"十二五"规划》,根据无锡市委市政府《关于建设"三地三中心"加快推进产业转型升级的意见》制定了《无锡市石墨烯产业发展规划纲要(2013—2020年)》(以下简称《纲要》)。无锡是国内首个提出石墨烯产业发展规划的城市,无锡石墨烯产业发展示范区是联盟在国内支持成立的首个石墨烯技术研发及产业应用创新示范基地,在引领国内企业向石墨烯领域进军方面起到积极作用。

(1) 主要内容

《纲要》主要目标为:加强规划引导,完善产业发展环境,发挥相关核心企业的影响力和带动力,推动石墨烯产业成为无锡经济发展的战略先导产业和特色产业,将无锡建设成为石墨烯技术创新引领区、应用示范先导市。力争通过5～7

年的发展，在无锡建成具有“科研集中、产业集聚、技术创新、带动辐射”等功能的省内领先、国内一流、国际具有一定影响力的石墨烯产业技术研发和应用示范基地。

《纲要》以搭建1个石墨烯产业体系、开展3项关键技术攻关、培育3类创新型企业、实施5大领域应用示范、建设4个公共服务平台为主要任务。《纲要》还提出，无锡石墨烯产业将重点发展微电子、超级电容器、透明导电薄膜、导热材料、复合材料、超级催化剂、高端电线电缆以及环保产业等领域的研发和应用推广。

此外，《纲要》还提出了几大重点应用示范工程，包括石墨烯宏量制备及应用示范项目、石墨烯新型显示应用示范项目、石墨烯导热膜应用示范项目、石墨烯复合材料应用示范项目、石墨烯环保吸附材料应用示范项目等。

（2）意义

《纲要》是无锡石墨烯产业发展的纲领性文件，对推广石墨烯新型应用，促进和带动相关产业快速发展，推动传统产业优化升级、培育新的经济增长点具有重要的意义。近年来，无锡一直保持强劲的发展势头，产业链配套相对完善，拥有首个国家级石墨烯检测服务平台，致力于打造公共技术服务、检验检测认证、应用推广展示、人才培训、政策保障、金融支撑以及一站式配套的七大公共服务平台。

2.《黑龙江省石墨烯产业三年专项行动计划（2016—2018年）》

黑龙江省拥有全国最丰富的石墨矿资源，其储量居全国之首，约占全国石墨储量的53%，产能产值占全国总量的70%左右。作为全国石墨资源最丰富的地区，在发展石墨烯产业方面有着得天独厚的地域优势。为加快推进黑龙江“千户科技型企业三年行动计划”，抢占石墨烯产业创新链及价值链高端，培育一批石墨烯创新团队和优势企业，实现战略性新兴产业重点领域突破，黑龙江结合实际情况制定了《黑龙江省石墨烯产业三年专项行动计划(2016—2018年)》(以下简称《行动计划》)。

（1）主要内容

《行动计划》提出，到2018年实现培育10个创新团队，构建相应的“技术研发、成果转化及产业化”创新链及技术平台，筛选产业化前景明确的30个成果，培育和支持10家具有一定规模的石墨烯高新技术企业，总产值突破10亿元，带动百亿产业链发展的总体目标。《行动计划》以梳理石墨烯产业创新团队及成果、推动科技成果技术开发及产业化进程、培育做强企业、搭建技术服务与产业化平台为主要任务，以石墨烯绿色制备项目、石墨烯散热项目、石墨烯吸波项目为重点产业化项目，以石墨烯超材料和结构、大面积石墨烯薄膜制备、石墨烯超灵敏传感器为技术攻关项目。《行动计划》还提出通过建立石墨烯技术创新平台、服务平台和产业化平台，鼓励科技人员、社会资本创办石墨烯企业、引进国内外优势企业、推动石墨烯优势企业上市等举措培育做强石墨烯企业。

（2）意义

《行动计划》是我国第一部石墨烯产业行动计划，该计划在梳理适合黑龙江省发展石墨烯产业链的基础上，指明了产业的发展方向，对培育创新团队、发展优势企业、搭建石墨烯产业公共技术服务平台，在黑龙江省形成石墨—石墨烯—石墨烯终端产品的产业链闭环，实现创新链、产业链与服务链的有效融合有重要的意义。

3.《宁波市石墨烯产业三年攻坚行动计划（2017—2019年）》

为贯彻落实《“中国制造2025”宁波行动纲要》《宁波市建设“中国制造2025”试点示范城市实施方案》等文件精神，加快培育发展石墨烯产业，明确目标、方向和推进举措，宁波市推进“中国制造2025”工作领导小组办公室、宁波市经济和信息化委员会共同制订了《宁波市石墨烯产业三年攻坚行动计划（2017—2019年）》（以下简称《计划》）。

（1）主要内容

《计划》提出年度目标为：2018年，石墨烯原材料销售突破5 000万元，形成石墨烯应用新产品10项以上，石墨烯及下游相关产业规模突破10亿元。2019年，石墨烯原材料销售突破亿元，形成石墨烯应用新产品50项以上，石墨烯及下游相关产业规模突破100亿元。《计划》以突破共性关键技术、布局重大应用项目、加快重点企业培育、加快石墨烯创新中心建设、推进石墨烯产业园区建设为主要任务。

《计划》重点支持石墨烯原材料产品和包括先进电池/超级电容器、改性塑料/橡胶、功能涂层涂料、导热散热材料和柔性电子器件等五大领域的石墨烯改性材料及元器件，以及基于石墨烯透明导电膜的柔性显示器件，石墨烯功能复合材料的绿色家电产品，石墨烯薄膜的透明加热膜，石墨烯动力电池的长续航电动汽车，石墨烯超级电容器的城市电车和应用石墨烯重防腐涂料的电力设施、油料储罐、船舶岛礁等石墨烯终端产品。解决石墨烯改性材料与终端产品开发所需的技术难题，形成具有自主知识产权的系统性石墨烯应用解决方案。

（2）意义

宁波是国内较早开展石墨烯研发和产业化的地区之一，《计划》为加快石墨烯材料上下游应用技术研发、促进商业化应用与新产品示范推广，将宁波打造成为全国石墨烯技术研发与产业化应用的重要基地和创新示范区提供了行动依据。如今，宁波在石墨烯制备和应用技术上走在了全国前列，浙江省石墨烯制造业创新中心正式获批挂牌。石墨烯产业将成为宁波新兴产业发展的新引擎。

4.《常州市关于加快石墨烯产业创新发展的实施意见》

为加快实施创新驱动发展战略，贯彻执行《中国制造 2025》《关于加快石墨烯产业创新发展的若干意见》《江苏省“十三五”科技创新规划》《常州市“十三五”科技创新规划》等文件精神，引导常州市抓住石墨烯产业发展机遇，将石墨烯产业打造成为国际一流的石墨烯技术创新高地、人才集聚高地和产业发展高地，助推传统产业改造提升、支撑新兴产业培育壮大、促进常州市产业转型升级，常州市委市政府制定了《常州市关于加快石墨烯产业创新发展的实施意见》（以下简称《实施意见》）。

（1）主要内容

《实施意见》提出到2020年，实现石墨烯产业产值达到300亿元以上，有力带动配套生产性服务业发展壮大。集聚石墨烯相关企业 300 家以上，石墨烯人才团队 100 个以上，实现石墨烯相关上市（挂牌）企业 10 家以上。重点发展石墨烯原材料制备、光电产品、新能源、功能复合材料、微电子器件、环保等领域产品的应用和推广，形成以常州西太湖科技产业园为核心，各辖市区、园区为支撑的常州石墨烯产业空间布局。

《实施意见》以启动石墨烯小镇建设、加快石墨烯创新中心建设、推动产业发展关键技术创新、开展产业化应用示范为主要任务，重点发展利用石墨烯改性的储能器件、功能涂料、改性橡胶、热工产品以及用于环境治理及医疗领域功能材料的生产应用技术，基于石墨烯材料的传感器、触控器件、电子元器件等产品的制备技术。示范推广利用石墨烯生产的储能材料、导电材料、导热材料、功能涂料、复合材料、光电子微电子材料以及环境治理与医疗诊疗用新材料。

《实施意见》还提出加大石墨烯材料在国防科技领域的应用推广力度，开展军民两用技术交流对接，带动提升石墨烯产业军民融合水平。此外，《实施意见》大力支持创新发展金融服务，对种子期、初创期小微石墨烯企业进行直接投资或通过阶段参股的方式设立市场化运作的石墨烯产业投资基金，借力做大做强石墨烯产业。

（2）意义

《实施意见》对推动石墨烯技术原创及产业化、石墨烯领域的高端创业和石墨烯材料示范应用，优化产业布局、加强对外合作，发展一批具有核心竞争力的石墨烯产品和项目提供了指导意见，为营造良好的协作环境，形成石墨烯产业集聚效应提供了政策支撑。常州石墨烯科技产业园是石墨烯产业技术创新战略联盟（CGIA）和西太湖科技产业园管理委员会联合共建的国家级石墨烯产业创新应用示范基地。目前，园区已经集聚石墨烯相关企业 130 多家，培育了第六元素、二维碳素等一批行业领军企业，建成了国家级石墨烯新材料产业化基地。

5.《福建省石墨烯产业发展规划（2017—2025 年）》

为贯彻落实《“十三五”国家战略性新兴产业发展规划》《新材料产业发展指南》和《福建省“十三五”战略性新兴产业发展专项规划》的部署和要求，福建省人民政府发布了《福建省石墨烯产业发展规划（2017—2025 年）》。

（1）主要内容

规划以建立技术创新体系、构建产业发展体系、搭建服务支撑体系、前瞻布局标准体系、加强区域交流等为重点任务，并将石墨烯关键技术和重点产品研发工程、石墨烯首批示范推广工程、石墨烯产业布局优化工程、石墨烯服务支撑体系建设工程作为重点发展工程。石墨烯关键技术和重点产品研发工程强调突破石墨烯及其他二维材料、石墨烯复合材料、石墨烯电子信息应用、石墨烯能源材料、石墨烯热管理、石墨烯环保健康应用等关键技术和相关产品的研发。石墨烯首批示范推广工程将石墨烯改性防腐涂料应用示范项目、石墨烯光电散热产品应用示范项目、石墨烯复合材料应用示范项目、“互联网+”石墨烯应用示范项目作为重点项目。此外，该规划还强调加大对重大项目、平台建设、人才引进、自主知识产权保护、标准制定等方面的资金支持力度。推动银行业金融机构与石墨烯产业开展银企对接，支持石墨烯重点企业通过到境内外交易市场上市、挂牌、发行债券等方式拓宽融资渠道。

（2）意义

《福建省石墨烯产业发展规划（2017—2025年）》是我国第一部省级石墨烯产业发展规划，该规划为加快打造福建省经济发展新动能、新引擎，努力营造市场、政府“双轮驱动”的产业发展格局奠定了基础。指明了福建省石墨烯产业发展方向，对福建省成为全国石墨烯技术创新先导区、国际合作引领区、产业应用示范区有着重要意义。当前福建省石墨烯产业发展已实现了从无到有，并且在不断壮大，在资源储备、产业培育、技术进步等方面取得一定进展，有力推动了当地产业转型升级和新兴产业发展。

2.2.2.3 政策区域布局特点

地方政府以石墨烯作为产业转型升级的重要切入点，发布相关政策支持石墨烯产业创新发展。各地方政府在创新平台、研发、示范基地、人才、金融等方面出台了配套政策，并开展了许多卓有成效的创新实践，主要有以下几个方面。

出台规划、行动计划等专项政策。近年来，全国20多个省、区、市在“十三五”规划等文件中对石墨烯产业进行战略布局，黑龙江省、福建省、四川省、北京市等多个省、区、市发布了石墨烯专项政策，这些区域专项政策重点支持石墨烯关键技术攻关，部分支持石墨烯产业应用推广，系统规划石墨烯产业，合力推进石墨烯产业发展。

构建区域创新中心等创新平台。地方政府为创新发展石墨烯产业，积极搭建石墨烯创新中心、研究院等创新平台，优化基础研究、应用技术研究，促进产业链上下游协同发展。CGIA Research 统计国内石墨烯产业园、创新中心及研究院的数量共有 50 多个。

推进标准、检测、认证等体系建设。检测、认证平台对强化质量标准品牌工作，进一步引导石墨烯产业规范有序发展，打造一批具有国际竞争力的石墨烯企业和产品有着重要的意义。目前有国家石墨烯产品质量监督检验中心（江苏）、国家石墨烯产品质量监督检验中心（广东）和国际石墨烯产品认证中心共 3 家石墨烯标准、检测、认证平台（表 2－10）。

表 2－10 石墨烯标准、检测、认证平台

平　台	介　绍	进　展
国家石墨烯产品质量监督检验中心(江苏)	国内首个经行政许可建设，可提供第三方材料类检验、检测服务的国家级技术服务平台，是国家标准委员会指定的石墨烯国家检测标准组长单位，江苏省石墨烯标准化技术委员会和江苏省石墨烯检测标准化技术委员会主任单位	中心于 2014 年发布了 13 项石墨烯检测标准，填补了我国当时在石墨烯检测标准领域的空白。目前，中心正在积极开展多项石墨烯国家与地方标准的制定工作
国家石墨烯产品质量监督检验中心(广东)	于 2016 年年底批准建设，该中心将围绕广东石墨烯产业发展的需求，有针对性地研发石墨烯产品检验、检测新技术，以技术创新来推动国家及行业标准的建立，推进成果转化和实际应用，为广东省以及全国石墨烯产业的发展与转型升级方面发挥技术支撑和引领作用。同时，通过其辐射带动作用和集聚吸引作用实现以珠江三角洲地区为中心的产业集群发展，形成产业经济规模化效应，进而推动区域经济的快速发展	
国际石墨烯产品认证中心(International Graphene Product Certification Center，IGCC)	IGCC 是国际上首家全球化的独立第三方石墨烯产品认证机构，专注于向全球石墨烯及其应用产品的生产企业提供权威第三方产品认证服务。IGCC 总部设在德国，并在亚洲(中国)和美洲(美国)设有代表处。IGCC 的成立得到 CGIA、欧洲著名石墨烯平台机构 Phantoms Foundation 等相关组织的大力支持。IGCC 依托于全球各石墨烯产业平台的资源优势，采用先进标准作为认证准则，整合顶尖检测资源，为全球客户提供专业、优质的认证服务，为行业维护契约精神、为市场建立信任平台	2018 年 6 月 28 日在德国德累斯顿举行的“Graphene 2018”全球石墨烯春季大会上，受山东利特纳米技术有限公司委托，中国科学院院士刘忠范代表山东利特纳米技术有限公司领取了“国际石墨烯产品认证中心”颁发的全球首张 IGCC“石墨烯材料”产品认证证书。证书由 IGCC 专家委员会主任、国际电工标准委员会(IEC/TC113)秘书长，欧盟石墨烯旗舰计划标准负责人 Norbert 亲自签发

数据来源：CGIA Research 整理

出台地区具体优惠政策。地方政府为进一步促进石墨烯产业发展，出台了许多优惠政策扶持石墨烯企业发展（表 2 - 11），如 2014 年无锡出台了《关于促进无锡石墨烯产业发展的政策意见》，重点用于突破石墨烯关键技术和设备研发，引进和培育石墨烯产业链相关企业，开展产品市场推广应用，建设石墨烯公共技术服务、质量监督检验等平台；2017 年常州出台《关于进一步加快先进碳材料产业创新发展的若干意见》，在创业平台建设、研发机构建设、人才引进、企业发展等方面实施一系列优惠政策并给予一定的奖励。同年福建省出台了《关于加快石墨烯产业发展六条措施》，提出对市、县（区）政府和有关单位在推动石墨烯创新平台、专业园区、重大产业项目建设等方面成效显著的，给予不低于 100 万元的前期工作经费奖励等相关措施。

表2 - 11 地方政府扶持石墨烯企业发展的优惠政策

地　区	支　持　措　施
无锡市	前 30 个入驻石墨烯园区的企业将获得最大额度 80 万元的资金扶持；入驻园区后，企业所需的相关设备，将由政府购买、租赁或者免费提供给企业；政府将无偿提供给企业所需的研发场所，期限最长为 3 年
常州市	1. 支持成立了江南石墨烯研究院，2015 年年底获批科技部科技服务业行业试点单位。 2. 对科技型中小型企业发展工作领导小组批准引进的创新创业领军人才，一次性资助 20 万～100 万元项目启动费和 50 万元安家费
青岛市	梳理与石墨烯产业密切相关的税收优惠政策，其中企业所得税优惠政策 23 项，个人所得税优惠政策 8 项，房产税和城镇土地使用税优惠政策 11 项，其他税种优惠政策 18 项，并将梳理完的优惠政策制成《政策汇编》在每月定期开展的政策宣传沙龙中发放到企业手中，让企业既能充分享受国家利好政策，又能规避涉税风险
宁波市	六大扶持政策推动石墨烯产业发展
重庆市	1. 市、区两级财政每年会拿出不少于 3 000 万元的产业扶持资金对石墨烯材料入驻企业给予补贴，而且厂房也会优先为这些企业预留。 2. 2015 年 4 月 28 日印发《2015 年重庆市五大功能区域发展战略重点专项》，将石墨烯和纳米新材料列为重点推进重大专项
厦门市	1. 2015 年、2016 年连续两年将石墨烯写进政府工作报告，提出大力发展新技术，抓紧布局石墨烯等产业。 2. 邀请康斯坦丁·诺沃肖洛夫任厦门大学荣誉教授，成为厦门大学石墨烯工业技术研究院的“智库”。 3. 成立由厦门大学、英国曼彻斯特大学和英国 BGT Materials 共同合作的石墨烯工业技术研究院
江苏省	“江苏省科技成果转化专项资金省地联合招标项目”中单列石墨烯项目
深圳市	1. 成立深圳市先进石墨烯应用技术研究院暨深圳石墨烯协会。深圳先进石墨烯应用技术研究院系贝特瑞联合北大深圳研究院、南方科技大学、清华深圳研究院、深圳新材料行业协会、惠科电子等国内著名高校院所及企业共同发起成立。 2. 将石墨烯高导热材料应用研究工程实验室列入深圳市新能源产业发展专项资金 2015 年第一批扶持计划

数据来源：CGIA Research 整理

2.2.3 国内政策发展特点

随着产业的发展,国家政策以市场为导向,逐步进行调整,多部门合力推进,支持力度不断加大。据 CGIA Research 统计,近 5 年来,我国发布了 160 余条相关政策扶持石墨烯产业。从近几年的政策来看,国家对石墨烯这一战略新兴产业的重视程度逐步加深,对石墨烯的发展指导作用逐步加强。

政府支持力度不断加大。我国政府高度重视石墨烯产业发展,发布了一系列相关政策并进行系统布局,在新一轮的竞争中抢占石墨烯产业发展制高点。据 CGIA Research 统计,2012—2017 年,国家层面相关政策数量达 20 多条,地方层面相关政策数量达 140 余条。结合图 2－1 和图 2－2,可以看出 2012 至 2015 年只发布了少数支持石墨烯产业发展的相关政策,政策数量零星分散。

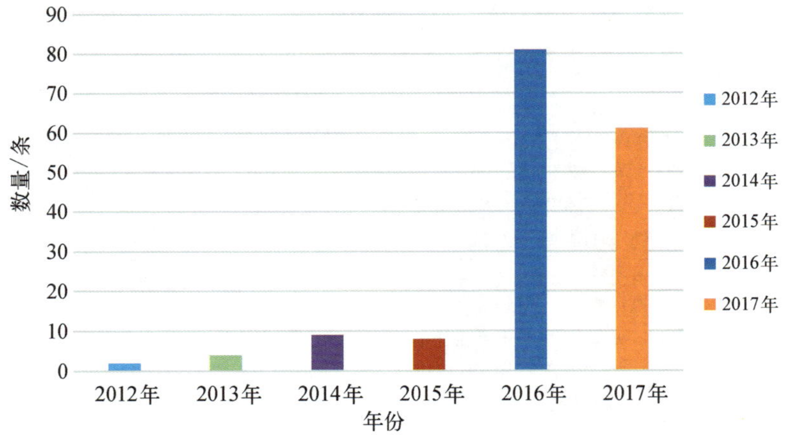

(数据来源: CGIA Research 整理)

图 2－1 2012
2017 年来我国
府发布的石墨烯
关政策数量

自 2015 年 12 月《关于加快石墨烯产业创新发展的若干意见》发布以来,各地政府竞相出台政策支持石墨烯发展。2016 年,我国扶持石墨烯产业的政策约为 81 条,占比约为 49.09%,可以看出我国地方政府已将石墨烯产业的发展提上日程,纷纷加入布局石墨烯产业发展的大潮中。2017 年,我国政府发布的石墨烯相

图 2－2　2012—2017 年石墨烯相关政策数量百分比

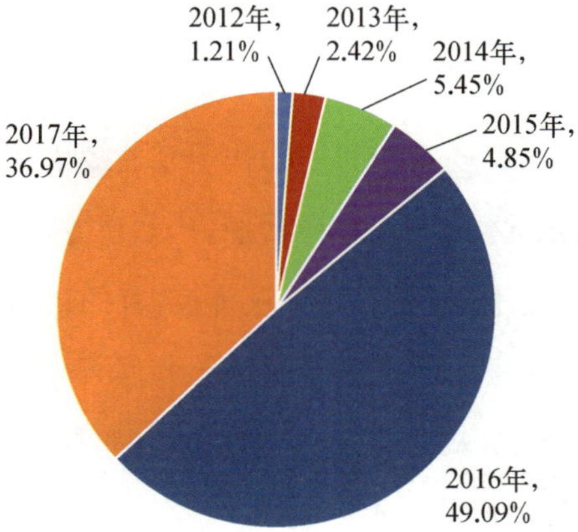

（数据来源：CGIA Research 整理）

关政策约为 61 条，占比约为 36.97%，可以看出我国政府仍持续为石墨烯产业发展保驾护航。

政策方向逐步调整。国家根据市场导向及时调整方向，对新产业加大扶持力度，第一阶段，我国发布的石墨烯政策主要注重顶层设计、战略研究、前瞻布局，重点支持石墨烯基础研发，部分支持应用推广。第二阶段，政策方向逐渐调整为注重统筹衔接，支持共性关键技术攻关、产业示范工程实施、服务平台搭建、标准体系建设。政策推进方式从“产业政策”单项推进向政策组合协同转变；从“政府导向型”向“政府导向”和“市场调节”协同型转变。政策支持部门最初由工信部支持，发展到由工信部、发改委、科技部、财政部联合支持，再发展到人社部、中科院、国家制造强国建设战略咨询委员会、国家海洋局等各部委多级联合支持推动石墨烯产业发展。

以示范应用培育市场。石墨烯的初期市场培育是推广应用的关键环节。为突破新材料推广应用困难的瓶颈，激发市场主体创新活力，积极引导、协助上下游企业打通产业链，促进石墨烯产业持续健康发展，工信部、发改委、科技部等部委大力提倡以示范应用培育市场，工业和信息化部、发展和改革委员会、科技部印发的《关于加快石墨烯产业创新发展的若干意见》提倡推进首批次产业化应用示范，强调开展终端应用产品示范推广，构建石墨烯制品示范应用推广链，促进石墨烯材料的研制生产、应用开发及性能评测等环节互动，提升性价比，示范推广利用石墨烯生产的储能材料、导电材料、导热材料、功能涂料、复合材料、光电子微电子材料以及环境治理与医疗诊疗用新材料。工信部、发改委、科技部、财政部联合发布《新材料产业发展指南》提出组织实施“重点新材料首批次示范推广工程”，加强新材料产业供需对接。工业和信息化部、财政部、保监会《关于开展重点新材料首批次应用保险补偿机制试点工作的通知》提倡建立新材料应用示范保险补偿机制，建设一批生产应用示范平台，开展应用示范等工作，进一步推动产用结合，激活和释放下游行业对新材料产品的有效需求，加快新材料创新成果转化和应用，提升我国新材料产业的整体发展水平。

各地区围绕区域特点各有侧重。我国有20多个省（区、市）出台了石墨烯政策，但具体布局和着重点略有不同。有的结合本地石墨矿产资源，比如黑龙江、青岛，对传统产业进行升级，拓宽石墨下游应用范围，提升产业价值；有的以高校、科研院所研究为基础，比如宁波、深圳，利用石墨烯前沿研究成果布局石墨烯产业，带动城市发展；有的以石墨烯产业为契机，提前进行战略布局，比如常州、无锡，发展石墨烯特色产业园，为我国石墨烯产业发展夯实基础。

2.3 中外政策对比分析及启示

通过总结和梳理国内外石墨烯产业技术发展政策，总结出各国石墨烯产业发展的政策特点（表2-12）。

表2-12 各国石墨烯产业发展的政策特点

国家(地区)	政　策　特　点
欧洲	国家资助力度较大，分布领域多，时间分布密集，重点在高技术研发的电子信息、生物医药领域。目前欧盟范畴内的石墨烯相关政策和资金布局包括：第七框架计划、地平线2020计划、石墨烯旗舰计划、PolyGraph计划、欧洲环境创新计划等
美国	石墨烯领域研究相关资助力度较大，分布领域多，时间分布密集，整体对石墨烯研发及产业化扶持力度较大，尤其在石墨烯产业化与实际应用上的推广与发展，相对欧洲力度更大。独具特色的是，美国是当前全球石墨烯领域唯一有军队、国防部高程度支持研发与推广的国家
日本	石墨烯相关领域的扶持与资助以政府为主导，但相比世界各大强国显得心有余而力不足，但其科研能力仍不可轻视，尤其是企业研发能力。除了日本政府的相关投入外，日本众多企业，如日立、索尼、东芝等投入了大量资金和人力从事石墨烯的基础研究以及应用开发，并取得了显著进展
韩国	产学研紧密结合，国家集中力量支持三星集团等龙头企业，促进产业发展。研究方向主要集中在CVD石墨烯薄膜的规模化及其在半导体、触摸屏、柔性显示、可穿戴设备等领域的应用开发
中国	自下而上，着重促进传统产业转型升级，地方政府支持力度较大，资金投入以民间为主，以示范应用培育市场

通过对比国内外的石墨烯政策，可发现国内外石墨烯产业发展路线有较大不同，海外石墨烯产业发展模式是自上而下，对高端应用领域进行布局，资金投

入以国家为主，投入的周期长且稳定。其中，欧美国家对石墨烯产业的资助力度较大，分布领域广，时间分布密集，重点布局电子信息、生物医药等高技术研发领域；韩国集中力量支持三星、LG 集团等龙头企业，资金投入时间长且稳定；英国则注重产学研紧密结合，支持创新中心建设，在研发方面的投入较大，重点布局高技术领域。中国石墨烯产业发展模式是自下而上，聚焦传统产业提升，着重促进传统产业转型升级，石墨烯产业得到的地方政府支持力度较大，产业的投入资金主要来自民间及地方政府。

第 3 章

石墨的行业发展态势

3.1 概述

石墨是我国重要的大宗优势非金属矿产，具有非金属矿物的一般性能，又兼有金属和有机塑料的某些特性，被广泛用于耐火材料、钢铁冶金、机械设备、铸造、化工等传统工业中。随着社会工业化的快速发展，石墨材料逐渐应用在电子信息、节能环保、信息技术、生物医药、高端装备制造等高新技术产业，已成为我国战略性新兴产业的重要原材料。

3.1.1 石墨的性质

石墨是碳元素的一种同素异形体，碳质元素结晶矿物，它的晶体结构为六边形层状结构，属于导电体。石墨质软，黑灰色，有油腻感，自然界中没有纯净的石墨，常混有 SiO_2、Al_2O_3、FeO、CaO、P_2O_5、气体等杂质。石墨的主要特性及应用领域如表 3-1 所示。

表 3-1 石墨的主要特性及应用领域

主要特性	应用行业	用途
耐高温	冶金工业	用于制造坩埚、冶金炉的内衬
	钢铁工业	用于耐火材料、钢铁增碳剂
	航天工业	用作火箭发动机尾喷管喉衬，火箭、导弹的隔热、耐热材料
导电性	电气工业	用于生产石墨电极、电池、电极炭棒、石墨乳，可用作电视机显像管涂料，制成的碳素制品可用于发动机、电动机、通信器材
	航天工业	人造卫星上的无线电连接和导电结构材料
	新能源	石墨负极材料可用于太阳能电池、锂离子电池、超级电容器等
润滑性	机械工业	用作飞机、轮船、火车等高速运转机械的润滑剂，石墨摩擦材料用作汽车制动衬垫
化学稳定性	原子能工业	用作原子弹反应堆中的中子减速剂和防护材料
	国防工业	制造固体燃料火箭的喷嘴、导弹的鼻锥、宇宙航行设备的零件、隔热材料、防射线材料
	石油化学工业	用于制造各种抗腐蚀器皿和设备，石墨切割垫片被广泛用于管道、阀门、泵、压力容器、热交换器、冷凝器、发电机、空气压缩机、排气管、制冷机等

续 表

主要特性	应用行业	用　　途
导热性	机械工业	导热石墨片、石墨坩埚用于有色金属熔炼
可塑性	机械工业	各种模具及复杂形状的制品
涂敷性	轻工业	用于制作铅笔、油墨、墨汁、颜料，涂敷在固体物质表面形成保护薄膜
其　他	节能环保	石墨过滤、吸附材料用于污水处理等环保用途
	新材料	纳米石墨、石墨烯
	电子信息	用于计算机芯片、电子元件

数据来源：CGIA Research 整理

3.1.2　石墨的分类

根据石墨的外貌形状、晶体排列及其品位等特点，可大致分为致密晶体状石墨、鳞片石墨和隐晶质石墨。

1. 致密晶体状石墨

即块状石墨，颗粒直径≥0.1 mm，晶体排列杂乱无章，呈致密块状。这种石墨品位很高，一般含碳量为60%～65%，有时达80%～98%，但其可塑性和油腻性不如鳞片石墨好。

2. 鳞片石墨

石墨晶体呈鳞片状，这是在高强度的压力下变质而成的，有大鳞片和细鳞片之分。此类石墨矿石的特点是品位不高，含碳量一般为2%～3%或10%～25%，是自然界中可浮性最好的矿石之一，经过多磨多选可得高品位石墨精矿。这类石墨的可浮性、润滑性、可塑性均比其他类型石墨优越，因此它的工业价值最大。

3. 隐晶质石墨

又称非晶质石墨或土状石墨，这种石墨的晶体直径一般小于1 μm，比表面积集中在1～5 m^2/g，是微晶石墨的集合体，只有在电子显微镜下才能见到晶形。此类石墨的特点是表面呈土状，缺乏光泽，润滑性也差，品位较高，含碳量一般为

60%～80%，少数高达 90%以上，矿石可选性较差。

3.2 石墨资源的分布与产量

3.2.1 世界石墨资源

1. 世界石墨资源分布

据美国国家地质局（USGS）发布的 *Mineral Commodity Summaries 2018* 显示，2017 年，全球天然石墨累计探明储量为 27 000 万吨，比 2016 年增长 8%，全球储量的 97%集中分布在土耳其（9 000 万吨）、巴西（7 000 万吨）、中国（5 500 万吨）、莫桑比克（1 700 万吨）、坦桑尼亚（1 700 万吨）、印度（800 万吨）、墨西哥（310 万吨）和马达加斯加（160 万吨）。除了上述国家和地区外，俄罗斯、加拿大、澳大利亚、朝鲜、马来西亚、挪威等国家也有分布。晶质石墨主要分布在中国、乌克兰、马达加斯加、斯里兰卡等国家，隐晶质石墨主要分布在韩国、印度、墨西哥等国家。图 3－1 为 2017 年全球石墨资源的储量分布。

图 3－1　2017 年全球石墨资源的储量分布

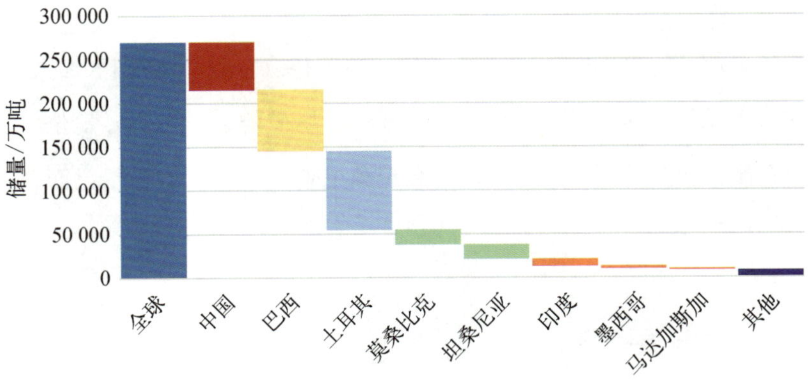

（数据来源：CGIA Research 整理）

2. 世界石墨产量

1998 年以来，中国石墨产量一直位居世界前列，世界石墨生产国的前三名一直为中国、印度、巴西。据 CGIA Research 统计，2009 年至 2017 年，世界石墨产量近 1 018.5 万吨，2017 年全球天然石墨产量近 120 万吨，其中中国生产量为 78 万吨、印度为 15 万吨、巴西为 9.5 万吨、加拿大为 3 万吨、莫桑比克为 2.3 万吨、俄罗斯为 1.9 万吨、乌克兰为 1.5 万吨、巴基斯坦为 1.4 万吨。中国、印度、巴西的产量总和占全球产量的 87.46%。2017 年世界天然石墨产量分布图如图 3－2 所示。

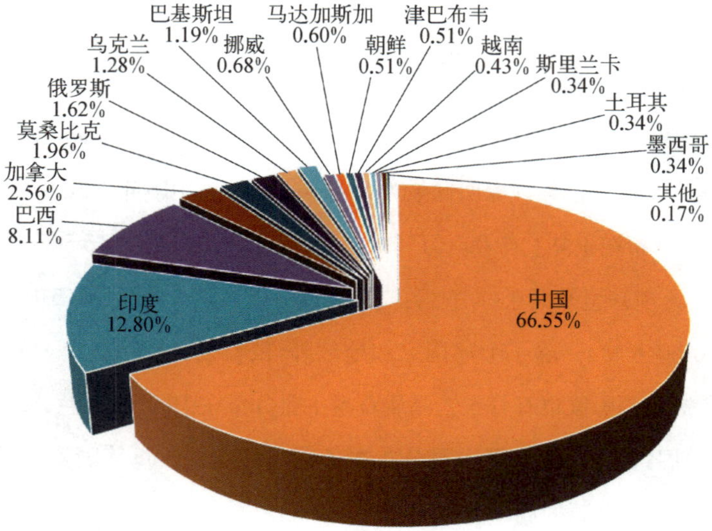

（数据来源：CGIA Research 整理）

图 3－2　2017 年世界天然石墨产量分布

近年来，石墨在战略新兴产业中的应用热度持续上升，许多国家加大了石墨的勘探力度，新增了很多勘探项目，其中鳞片石墨矿的数量占主导地位，主要热点地区在澳大利亚、加拿大、莫桑比克和坦桑尼亚。其他国家包括巴西、马达加斯加、瑞典和美国。

3.2.2　中国石墨资源

3.2.2.1　中国石墨资源分布

我国石墨资源丰富，全球近 67%的天然石墨资源由中国生产（USGS，2018），石墨资源分布在全国 25 个省、区、市，170 个矿区。近年来，我国石墨勘查取得了重大进展。2017 年据中国矿产资源报统计，2016 年我国石墨储量为 7 321.5 万吨（表 3－2），比上年增长 32.72%，新发现石墨矿产地 5 处，主要分布于内蒙古、黑龙江等地，新增查明资源储量超过 500 万吨的矿区有 2 个，均位于内蒙古。

表 3－2　2003—2016 年我国石墨储量

年　份	石墨储量/万吨	晶质石墨查明资源储量/亿吨
2003	5 235.40	*
2004	5 277.40	*
2005	3 881.74	*
2006	5 394.89	1.64
2007	5 480.59	1.84
2008	5 748.88	1.96
2009	5 432.00	1.85
2010	5 412.30	1.85
2011	6 229.90	1.9
2012	4 879.39	1.9
2013	5 347.72	2.2
2014	4 128.95	2.2
2015	5 516.40	2.6
2016	7 321.51	3.0

数据来源：CGIA Research 整理

结合图 3－3，可以看出我国加大了晶质石墨的勘查力度，晶质石墨查明资源储量不断上升，2016 年查明的晶质石墨资源储量达 3.0 亿吨，比上年增长15.4%，

图 3－3　2006—2016 年我国历年晶质石墨查明资源储量

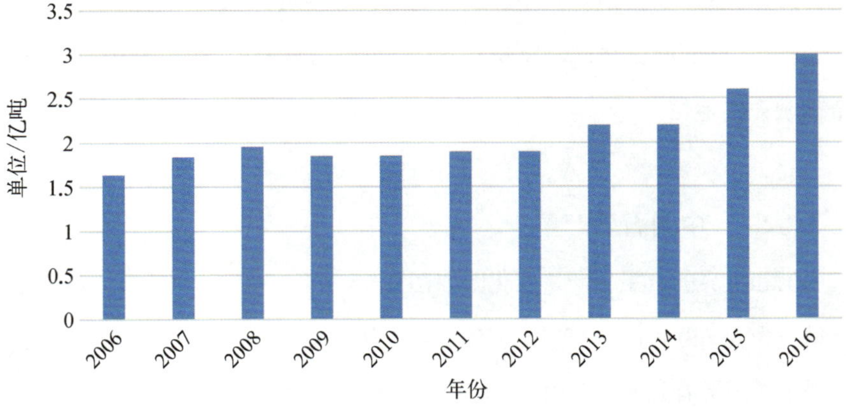

（数据来源：CGIA Research 整理）

晶质石墨查明新增资源储量为 3 666.30 万吨。

近年来我国石墨矿产勘查社会投入不断加大，促进了我国石墨矿产资源的开发突破，在黑龙江萝北云山石墨矿、鸡西柳毛石墨矿均有重大找矿进展，新近在内蒙古发现了查汗木胡鲁特大型的优质石墨矿，在辽宁锦州市北镇发现了杜屯大型石墨矿，在四川米仓山地区也发现特大型晶质鳞片石墨。2002—2016 年我国石墨储量如图 3-4 所示。

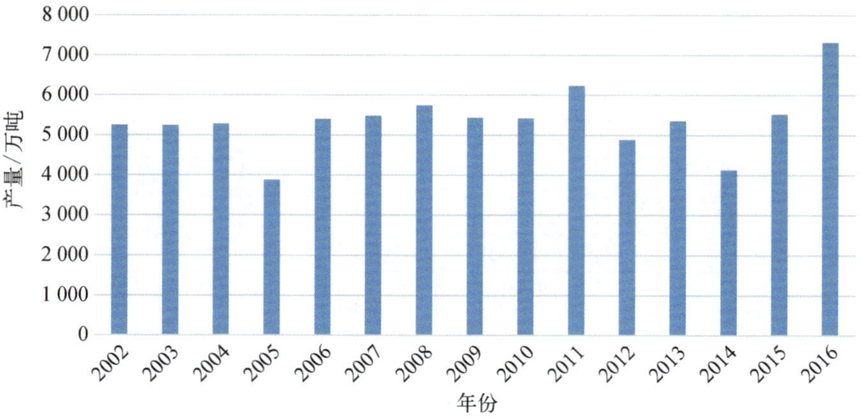

（数据来源：CGIA Research 整理）

图 3-4 2002—2016 年我国石墨储量

据中国矿业报资料，2017 年，在内蒙古浩尧尔忽洞新发现大乌淀大型晶质石墨矿，累计探明资源量超 1 775 万吨；在新疆奇台县黄羊山石墨勘查取得重大突破，资源潜力超 6 000 万吨，有望形成新的晶质石墨资源基地；黑龙江鸡西石墨资源储量扩大，已探明石墨矿物总量达 5 000 万吨，进一步稳固了我国石墨资源储量全球领先的地位。

3.2.2.2 中国石墨产量

中国和世界的石墨生产量变化图如图 3-5 所示，2009—2017 年，我国累计石墨产量约为 687 万吨，其中 2017 年石墨产量为 78 万吨，占世界产量的 66.6%。晶质石墨主要产地有黑龙江鸡西、黑龙江萝北、山东平度、内蒙古兴和等，隐晶质石墨主要产地有湖南郴州、吉林磐石等，已形成六大石墨生产加工基地。经过长期高强

图 3-5 中国和世界的石墨生产量变化图

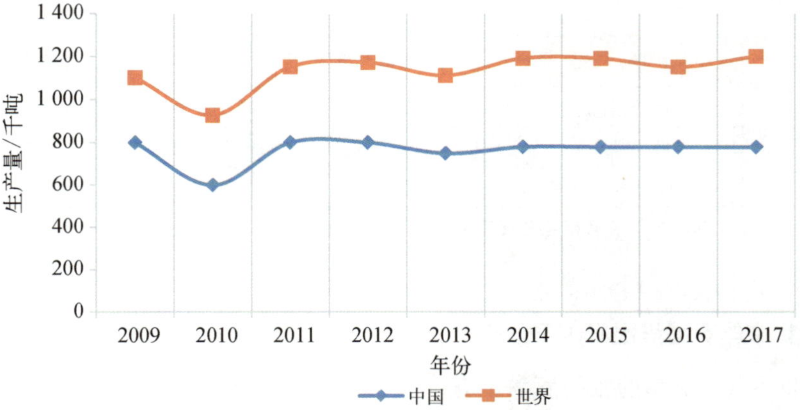

（数据来源：CGIA Research 整理）

度开采，晶质石墨资源被大量消耗，2016 年晶质石墨储量比 2001 年下降了 62.3%。

2013—2017 年，我国石墨产量大多在 75 万～80 万吨的区间波动，主要应用于钢铁和铸造业、耐火材料、导电材料、铅笔、化工及汽车制造、密封材料、锂电池负极材料等。

3.2.2.3 中国石墨进出口

目前，我国石墨储量、产量及出口量均位居世界前列，石墨进出口数量对于全球石墨资源储量、国际市场石墨贸易价格及勘探战略布局有着重要影响。

据中国海关数据统计，2017 年，我国天然石墨出口量达 344 345 710 千克，较上年增长 44.34%；全年出口金额达 266 837 088 美元，同比增长 17.19%，出口金额增长速率不及出口量增长速率。我国天然石墨进口量达 145 912 363 千克，较上年增长 195.88%；进口金额达 29 242 559 美元，同比增长 59.62%，进口量增速远超进口金额增速。2016—2018 年我国天然石墨进出口总量值如表 3-3 所示。

表 3-3 2016—2018 年我国天然石墨进出口总量值

	项 目	2018 年 1 月	2017 年	2016 年
进口	数量/千克	44 160 753	145 912 363	49 314 846
	金额/美元	6 779 157	29 242 559	18 320 619
	单价/(美元/千克)	0.15	0.20	0.37

续 表

	项　目	2018 年 1 月	2017 年	2016 年
出口	数量/千克	41 384 364	344 345 710	238 568 899
	金额/美元	32 293 612	266 837 088	227 688 776
	单价/(美元/千克)	0.78	0.77	0.95

数据来源：根据国际贸易研究与决策支持系统与 CGIA Research 数据整理。

1. 中国石墨进出口国家分布

世界天然石墨的主要贸易国有中国、美国、日本、加拿大、德国、巴西等。中国和巴西等发展中国家主要出口初级石墨产品，进口深加工产品；美国和日本等发达国家出于资源储量及战略性储备等考虑，主要将进口的初级产品深加工后进行出口和自用。

从表 3－4 可以看出，2017 年，中国天然石墨主要出口国家(地区)为日本、韩国、印度、美国、德国、荷兰、孟加拉国等，我国向出口量排在前 10 的国家(地区)出口天然石墨量达 297 622 538 千克，占我国出口总量的 86.43%，出口金额达 233 773 114 美元，其中日本是我国出口天然石墨数量最多的国家(地区)，数量达 131 233 647 千克，金额达 108 531 031 美元。

表 3－4　2017 年中国天然石墨主要出口国家（地区）

国家(地区)	数量/千克	金额/美元	出口价格/(美元/千克)
日　本	131 233 647	108 531 031	0.83
韩　国	45 933 176	56 427 972	1.23
印　度	28 398 600	12 738 631	0.45
美　国	22 909 191	19 038 417	0.83
德　国	17 090 031	12 494 788	0.73
荷　兰	13 063 150	4 677 658	0.36
孟加拉国	12 781 535	1 583 851	0.12
中国台湾	10 035 149	4 090 904	0.41
土耳其	9 070 558	5 275 805	0.58
波　兰	7 107 501	8 914 057	1.25
伊　朗	5 923 875	3 196 949	0.54
印度尼西亚	5 405 723	869 167	0.16
西班牙	4 443 950	2 726 822	0.61

续 表

国家(地区)	数量/千克	金额/美元	出口价格/(美元/千克)
比利时	4 304 011	2 412 389	0.56
巴基斯坦	3 876 425	1 488 915	0.38
加拿大	3 673 783	1 498 190	0.41
斯洛文尼亚	3 154 280	2 150 236	0.68
意大利	2 854 840	1 490 275	0.52
巴　西	1 756 007	1 188 976	0.68
马来西亚	1 662 765	9 518 230	5.72

数据来源：根据国际贸易研究与决策支持系统与 CGIA Research 数据整理。

据海关网统计，2017 年，中国天然石墨主要进口国家为朝鲜、马达加斯加、日本、坦桑尼亚、德国、韩国、美国、英国、澳大利亚、巴西等(表 3－5)，我国从上述 10 个国家进口的天然石墨量达 145 619 245 千克，占我国进口总量的 99.80%，进口金额为 28 170 358 美元。朝鲜是我国进口天然石墨数量最多的国家，数量达 140 008 415 千克，金额达 13 907 915 美元，平均价格为 0.10 美元/千克，属初级天然石墨产品。除朝鲜外，2017 年中国从其他国家进口的天然石墨大多是具有高附加值的石墨深加工产品。

表 3－5　2017 年中国天然石墨主要进口国家

国　家	数量/千克	金额/美元	进口价格/(美元/千克)
朝　鲜	140 008 415	13 907 915	0.10
马达加斯加	3 007 395	1 167 791	0.39
日　本	920 216	8 022 741	8.72
坦桑尼亚	473 559	33 739	0.07
德　国	418 362	1 283 209	3.07
韩　国	359 938	1 998 151	5.55
美　国	217 246	973 611	4.48
英　国	117 407	356 758	3.04
澳大利亚	48 507	9 344	0.19
巴　西	48 200	417 099	8.65
斯里兰卡	38 920	122 322	3.14
瑞　士	38 189	175 112	4.59
加拿大	31 588	45 678	1.45

续　表

国　家	数量/千克	金额/美元	进口价格/(美元/千克)
越　南	28 000	6 800	0.24
挪　威	20 100	23 970	1.19
法　国	11 428	39 765	3.48
蒙　古	9 036	4 602	0.51
奥地利	7 440	43 395	5.83
津巴布韦	5 000	23 129	4.63

数据来源：根据国际贸易研究与决策支持系统与 CGIA Research 数据整理。

综上，可以看出我国石墨出口数量及金额均大于进口，出口主要是初级加工产品，进口则为高端产品。高端产品，如柔性石墨、氯化石墨等，被少数发达国家垄断，目前美国、日本、韩国等国家已经停止本国石墨矿的开发，转而从中国进口廉价原材料，加工成具有高附加值的石墨深加工产品再高价卖回中国。

2. 中国石墨进出口量省份分布

我国天然石墨主要分布在黑龙江、山东、内蒙古、湖南等地，根据全国矿产资源储量通报(2015 年)，我国晶质石墨的查明资源储量由多到少分布顺序排列如下：黑龙江、内蒙古、四川、山西、山东、河南、陕西、湖北、江西、云南、吉林、青海、福建、甘肃、辽宁、海南、河北、广东、新疆和安徽。隐晶质石墨的查明资源储量按由多到少顺序排列如下：北京、内蒙古、辽宁、吉林、安徽、福建、山东、湖南、广东和广西。

分地区来看，2017 年全国天然石墨出口量前十的省、区、市分别是山东、湖南、黑龙江、辽宁、广东、内蒙古、上海、河南、江苏和天津，占全国天然石墨出口量的 99.17%(表 3－6)。其中，山东天然石墨出口量位居榜首，2017 年，山东天然石墨出口量为 130 987 639 千克，占全国的 38.04%，山东全年天然石墨出口金额为 138 031 859 美元。

表 3－6　2017 年我国天然石墨出口量排名

地　区	数量/千克	金额/美元	价格/(美元/千克)
山　东	130 987 639	138 031 859	1.05
湖　南	89 231 723	22 897 923	0.26
黑龙江	53 544 324	29 141 439	0.54

续 表

地　　区	数量/千克	金额/美元	价格/(美元/千克)
辽　宁	40 831 950	7 550 566	0.18
广　东	9 494 099	55 135 473	5.81
内蒙古	8 443 630	6 197 531	0.73
上　海	3 702 131	1 522 710	0.41
河　南	1 958 383	2 662 181	1.36
江　苏	1 798 320	784 252	0.44
天　津	1 505 187	1 466 908	0.97
河　北	933 305	333 905	0.36
江　西	616 841	291 204	0.47
浙　江	334 540	226 383	0.68
宁　夏	275 000	157 200	0.57
湖　北	192 515	108 581	0.56
福　建	147 220	78 228	0.53
四　川	142 000	96 808	0.68
山　西	70 001	37 245	0.53
北　京	65 172	45 250	0.69
重　庆	27 000	46 440	1.72

数据来源：根据国际贸易研究与决策支持系统与 CGIA Research 数据整理。

2017 年，我国天然石墨进口量前十的省、区、市分别是辽宁、山东、黑龙江、陕西、江苏、天津、上海、广东、吉林、浙江，占全国天然石墨进口量的 99.87%，其中辽宁天然石墨进口量达 129 017 207 千克，占全国的 88.42%，位居全国榜首(表 3 - 7)。

表 3 - 7　2017 年我国天然石墨进口量排名

省　份	数量/千克	金额/美元	价格/(美元/千克)
辽　宁	129 017 207	13 623 148	0.11
山　东	14 263 102	2 475 539	0.17
黑龙江	539 000	249 483	0.46
陕　西	443 299	4 155 960	9.38
江　苏	429 894	2 158 846	5.02
天　津	297 064	2 935 585	9.88
上　海	246 890	1 304 867	5.29

续 表

省 份	数量/千克	金额/美元	价格/(美元/千克)
广 东	194 265	1 032 020	5.31
吉 林	184 040	79 906	0.43
浙 江	103 363	770 736	7.46
河 北	59 034	136 485	2.31
湖 北	30 915	58 115	1.88
福 建	22 000	76 766	3.49
河 南	20 321	16 696	0.82
江 西	20 000	40 000	2.00
宁 夏	20 000	23 861	1.19
北 京	13 839	100 575	7.27
内蒙古	7 890	298	0.04
湖 南	140	835	5.96
广 西	100	2 389	23.89

数据来源：根据国际贸易研究与决策支持系统与 CGIA Research 数据整理。

3.2.2.4 中国主要石墨企业生产简况

中国石墨矿山企业近 200 家，多以小型矿山企业为主，分布在内蒙古、黑龙江、山东、辽宁、吉林、陕西、山西、湖南、河北、河南、湖北、四川等地。选矿、加工及制品等石墨企业有四五百家，主要生产低中高碳石墨、高纯石墨、微粉石墨、膨胀石墨、石墨纸(板)、球形石墨、石墨负极材料等产品。据《重要矿产资源开发利用水平通报》，2017 年，石墨主产区是黑龙江、内蒙古、山东，其石墨产量占全国的 90.07%。

3.3 天然石墨对制备石墨烯的影响

2014 年以来，石墨价格大幅下滑，石墨产品的价格也严重下跌，如石墨电极出现超过 10%的跌幅(图 3－6)，外忧内患下行业资源整合和企业转型发展迫在眉睫。向石墨深加工领域，尤其是高附加值的石墨烯领域转型，成为众多石墨生

图 3-6 2014—2015 年石墨电极价格变化

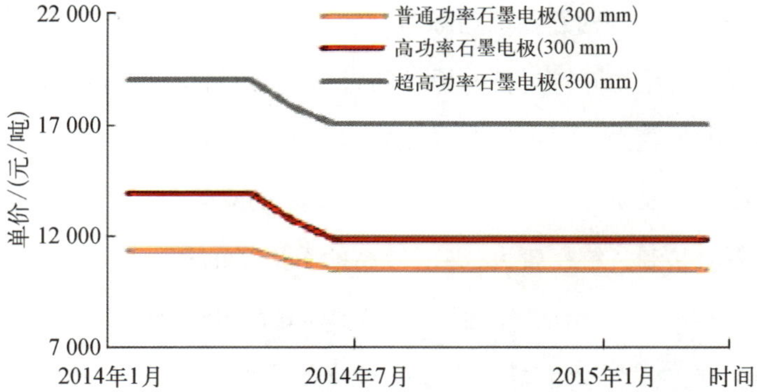

产企业的发展目标。

石墨和石墨烯的共同点是它们都是由碳元素组成的。不同之处是石墨是碳元素的一种同素异形体，排列方式呈蜂巢式多个六边形，每层间有微弱的范德瓦耳斯力；石墨烯由一个碳原子与周围三个近邻碳原子结合以 sp^2 杂化方式形成蜂窝状结构的碳原子单层。

石墨是由一层层以蜂窝状有序排列的平面碳原子堆叠而形成的，石墨的层间作用力较弱，很容易互相剥离，形成薄薄的石墨片。石墨烯是石墨的极限形式，通俗来讲，石墨片剥离成一个碳原子厚度的单片层时，即为石墨烯。但又不能将石墨烯简单地理解为“被减薄的石墨”，从石墨到石墨烯，是一个“量变引起质变的过程”。石墨是制备石墨烯的一种原料，石墨烯是石墨的一种深加工产品，石墨烯生产线的引进顺应了石墨企业的转型升级需求，同时也为石墨企业融资提供了更多机会，为石墨企业发展带来了广阔前景。

天然石墨是大自然馈赠给人类的宝贵资源，是批量制备石墨烯的首选原料。而要制备出较好的石墨烯或研发石墨烯材料所需的石墨烯，最关键的是选择合适的石墨原料。目前，石墨烯产业正处于“概念导入期、产业化突破前期”，石墨烯产业化的瓶颈问题除了要考虑技术、经济、政策、市场四大因素，还需要特别重视天然石墨资源晶体化学特征对石墨烯的影响。

天然石墨分为鳞片石墨(结晶鳞片状石墨)，块状石墨(脉型石墨)和土状石墨(稳晶质石墨、隐晶质石墨、无定形石墨)，不同种类的石墨原材料制备石墨烯的难易程度不同，并且所制备出的石墨烯层数、比表面积等也千差万别。

1. 天然石墨种类对石墨烯的影响

在以天然石墨为原料制备石墨烯的过程中，如何得到纯度较高的单层石墨烯成为重要的难题。对制备石墨烯原料天然石墨的选择，采用 Hummers 法，经过晶质石墨和隐晶质土状石墨制备的石墨烯对比试验，得出如下结论。

鳞片石墨是制备粒径较大、纯度较高的石墨烯的最佳选择。鳞片石墨粒径 200～300 目（48～75 μm）最佳，但不能小于 300 目（48 μm）；粒径太大，影响制备过程中的反应充分性，进而导致石墨烯纯度的降低、产率降低和缺陷度的增大；粒径太小，会导致制备出的石墨烯粒径较小、缺陷度增大。

以晶质石墨为原料制备的石墨烯比以微晶石墨制备的石墨烯的电阻率与结构缺陷含量更低。在相同的氧化—热剥离还原条件下，以晶质石墨为原料制备的石墨烯材料的超级电容性能略优于以微晶石墨为原料制备的石墨烯的超级电容性。在相同的温度条件下，晶质石墨制备的石墨烯的吸附性小于微晶石墨制备的石墨烯。

2. 天然石墨晶体纯度对石墨烯的影响

鳞片石墨根据固定碳含量分为高纯石墨（固定碳含量大于或等于 99.9%）、高碳石墨（固定碳含量为 94%～99.9%）、中碳石墨（固定碳含量为 80%～94%）及低碳石墨（固定碳含量为 50%～80%）。

孙丽娟等[①]分别以不同纯度的天然磷片石墨为原料，通过改进的 Hummers 法制备出氧化石墨烯，结果表明：天然石墨的纯度越高越容易被氧化剂插层氧化，氧化程度越大，层间距越大；拉曼光谱表明天然石墨的纯度越高，其制备出的氧化石墨烯的 D 峰和 G 峰的强度比（I_D/I_G）值越低，即氧化石墨烯的完整性越好；天然石墨纯度越低其制备出的氧化石墨烯热失重越明显。

3. 天然石墨尺寸对石墨烯的影响

晶质石墨矿石中石墨鳞片片径多为 0.05～1.5 mm，有的可达 5～10 mm，总

① 孙丽娟，杨程.原料纯度对氧化石墨烯性能的影响[J].材料导报，2015，29(S2)：321－324.

体以中等鳞片居多。鳞片石墨根据鳞片片径大小可分为：大鳞片石墨（+100目、0.147 mm），中等鳞片石墨（+200目、0.074 mm），细小鳞片石墨（0.074～0.01 mm）。

赵天宇①等分别以不同尺寸的天然鳞片石墨（30目、200目、400目、900目、1 600目）为原料，通过Hummers法制备出氧化石墨和氧化石墨烯，结果表明：天然石墨尺寸越小，氧化程度越大，氧化石墨的层间距越大；氧化石墨的D峰和G峰的强度比（I_D/I_G）与天然石墨尺寸大小成正比；与同尺寸的氧化石墨相比，石墨烯的I_D/I_G值比氧化石墨的大。

天然石墨的种类、晶体纯度和晶体尺寸对所制备出的石墨烯纯度、层数、比表面积、粒径等有着很大影响，决定着石墨烯的性能和下游应用方向。因此，以石墨为原料制备石墨烯时，对石墨原材料的选择非常重要。

3.4 中国石墨资源开发利用建议

作为石墨资源大国，建议我国在以下方面开展工作加强石墨资源的开发利用。

一是加强优质石墨的综合调查评价，有效引导商业性矿产勘查，形成一批资源勘查示范基地。

二是加强政策引导和开发秩序监管，统筹规划石墨产业布局和资源开发，将石墨资源优势转化为经济优势。

三是坚持科技创新，加快石墨提纯及深加工技术研发，加快石墨产业转型升级，率先实现石墨烯技术的突破。

① 赵天宇，杨程，宋洪松.原料尺寸对氧化石墨与石墨烯性能的影响[J].材料工程，2014(09)：76－82.

第 4 章

石墨烯技术发展态势

4.1 石墨烯相关专利分析

1. 申请数量逐年增加

2010 年以后，石墨烯材料引发了全球范围内的研究热潮，石墨烯相关专利数量迅速增加，至今热度不减。

通过汤森路透集团的权威专利数据库德温特创新索引（Derwent Innovations Index，DII）进行检索，共检索到石墨烯相关专利 63 630 件（检索日期为 2018 年 5 月 17 日）。图 4－1 为全球石墨烯专利申请数量的年度分布，对其进行分析发现，2004 年至 2008 年发展相对缓慢，2009 年增长开始加快，2010 年后进入快速发展的活跃期。2016 年全球石墨烯相关专利申请数量为 10 180 件，同比增长 51%。2017 年为 13 339 件，申请量再创新高。石墨烯产业技术仍在快速发展中，专利申请量将保持上升态势。

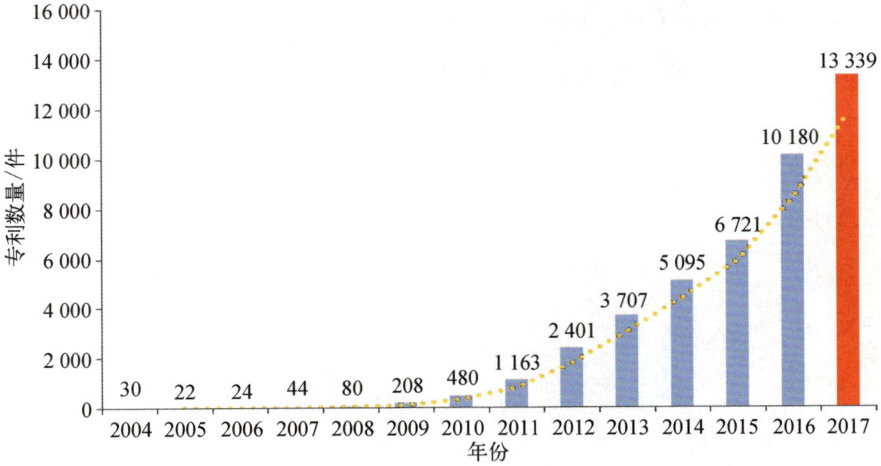

图 4－1 全球石墨烯专利申请数量年度分布

（数据来源：DII 数据库，CGIA Research 整理）

通过对石墨烯中国专利进行检索，共检索到 43 988 件中国石墨烯专利申请。图 4－2 为我国公开（基于公开/公告年）的石墨烯专利申请数量的年度分布情况。可以看出，我国石墨烯专利的申请与受理始于 21 世纪初，从 2009 年开始，我国石墨烯

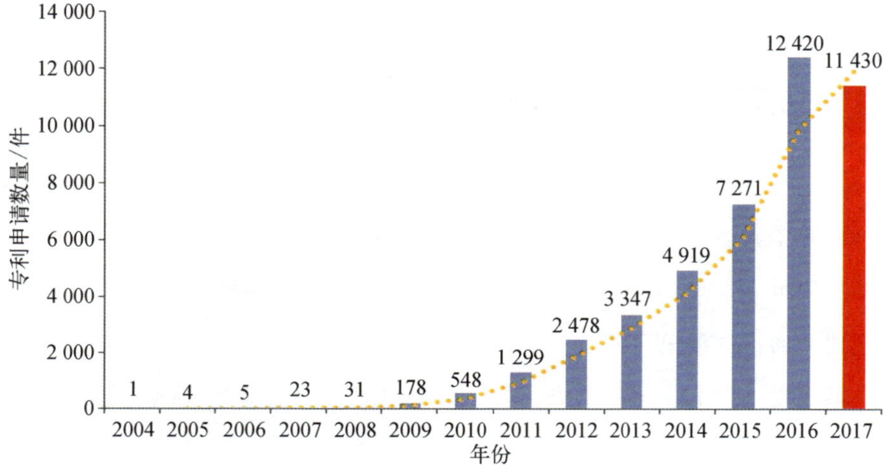

（数据来源：WIPS Global 专利数据库，CGIA Research 整理）

图 4-2 我国公开（基于公开/公告年）石墨烯专利申请数量的年度分布

专利申请数量一直处于快速增长阶段。中国政府、科研机构以及相关企业对石墨烯相关技术一直保持高度重视，国内石墨烯研发的高潮持续不减。2016 年石墨烯专利申请数量已达到 12 420 件。2017 年石墨烯专利申请数量略有减少，为 11 430 件。

2. 申请人集中在中韩美三国

从图 4-3 可以看出，石墨烯专利申请人数量与专利申请数量呈线性函数关系。从 2008 年开始，全球每年投入石墨烯研究中的研究人员、机构和企业数量

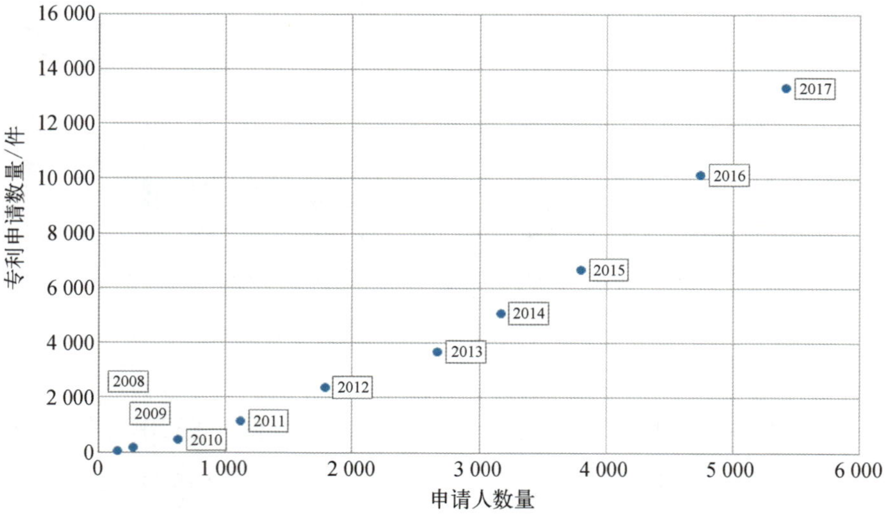

（数据来源：DII 数据库，CGIA Research 整理）

图 4-3 全球石墨烯专利申请人数量的年度分布

都在增加，同时石墨烯相关专利申请数量也在逐步增加。2008 年至 2009 年，石墨烯相关研究处于起步阶段，申请专利人数为 141 人和 271 人，专利数量为 80 件和 208 件。2010 年石墨烯专利申请人数激增到 623 人。从 2011 年开始，专利申请人数量开始迅速增加，同时石墨烯专利申请数量也有较大增长。

对全球石墨烯专利申请人进行统计，全球石墨烯专利技术 TOP20 的专利申请人(图4－4)中有 13 个来自中国，5 个来自韩国，1 个来自美国，1 个来自日本。申请数量排在前五位的申请人为：三星(725 件)、Lee YT(个人，661 件)、IBM(370 件)、浙江大学(342 件)、哈尔滨工业大学(318 件)。三星集团共申请 725 件石墨烯相关专利，是全世界石墨烯专利申请数量最多的专利权人，比前一年统计数据增长 24%左右。Lee YT 个人石墨烯专利数量与前一年统计数量相当，位居第二。IBM 公司以 370 件石墨烯专利位居第三，2014 年 IBM 推出了世界首个多级石墨烯射频接收器。13 个来自中国的申请人中，有 10 个为科研院所，3 个为企业。海洋王照明科技股份有限公司(以下简称“海洋王”)是中国申请石墨烯专利最多的企业，成都新柯力化工科技有限公司以较快的专利增长率进入全球石墨烯技术专利申请人 TOP20 行列。

图4－4 全球石墨烯技术 TOP20 专利申请人

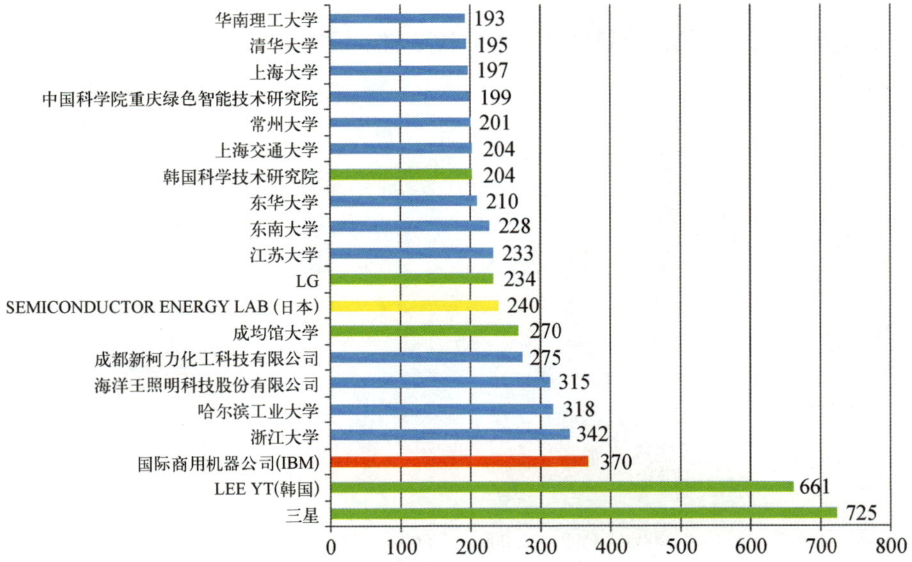

(数据来源：DII 数据库，CGIA Research 整理)

3. 申请数量中国居首位，多来源于科研院所

专利申请数量排在前三名的国家为中国(54.14%)、美国(11.53%)、韩国(10.54%)(图 4-5)其中，中国是全球石墨烯专利申请数量最大的国家，累计申请量达 34 450 件，远远超过美国(7 334 件)和韩国(6 707 件)。全球石墨烯专利申请数量的提升，与主要国家/地区对石墨烯研究的项目投入和战略部署息息相关。中国作为专利申请大国，其专利申请数量占全球石墨烯专利总数量的 54.14%，中国石墨烯专利技术布局非常活跃。

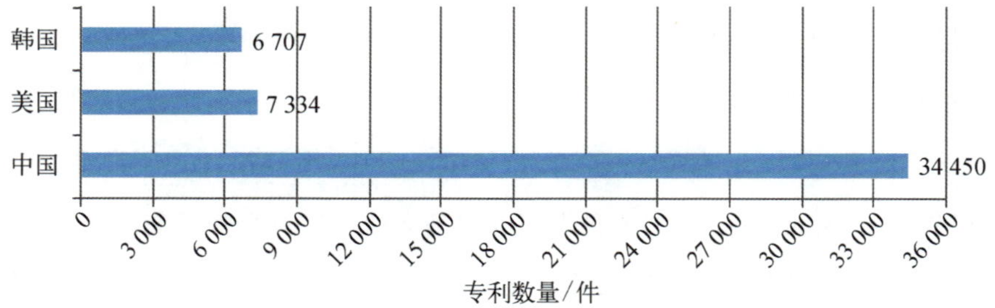

（数据来源：DII 数据库，CGIA Research 整理）

图 4-5 全球石墨烯专利申请数量 TOP3 国家

图 4-6 给出了我国石墨烯专利申请人数量的年度分布，从中可以看出，从 2008 年至 2017 年，我国石墨烯专利申请人数量和专利申请数量均呈现快速增长态势。从 2012 年开始，专利申请人数量和专利申请数量几乎以相同的速率在增

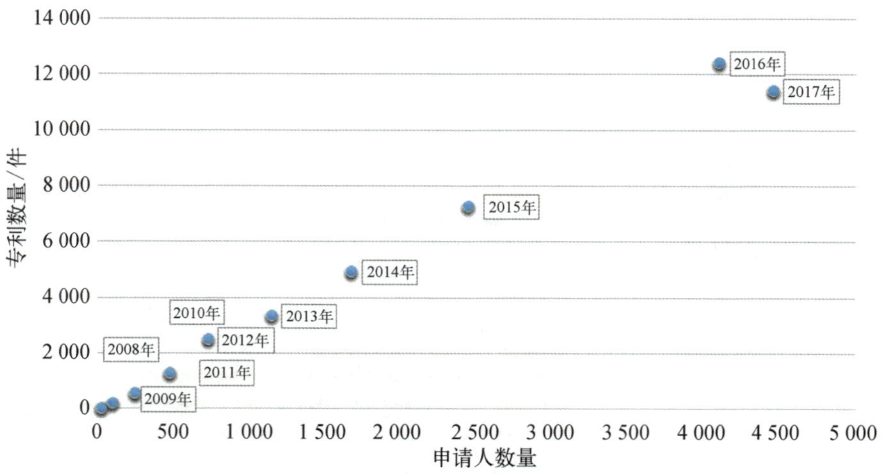

（数据来源：WIPS Global 专利数据库，CGIA Research 整理）

图 4-6 我国石墨烯专利申请人数量年度分布

长，到 2016 年，石墨烯专利共计 12 420 件，共有 4 103 个申请人。这与我国对石墨烯的政策扶持以及对石墨烯进行战略前沿材料的前瞻布局有着密切关系。

对我国石墨烯的专利申请人进行统计，中国石墨烯技术专利 TOP20 的申请人(图 4－7)中有 17 个来自高校和科研院所，3 个来自企业。

图 4－7 中国石墨烯技术 TOP20 专利申请人

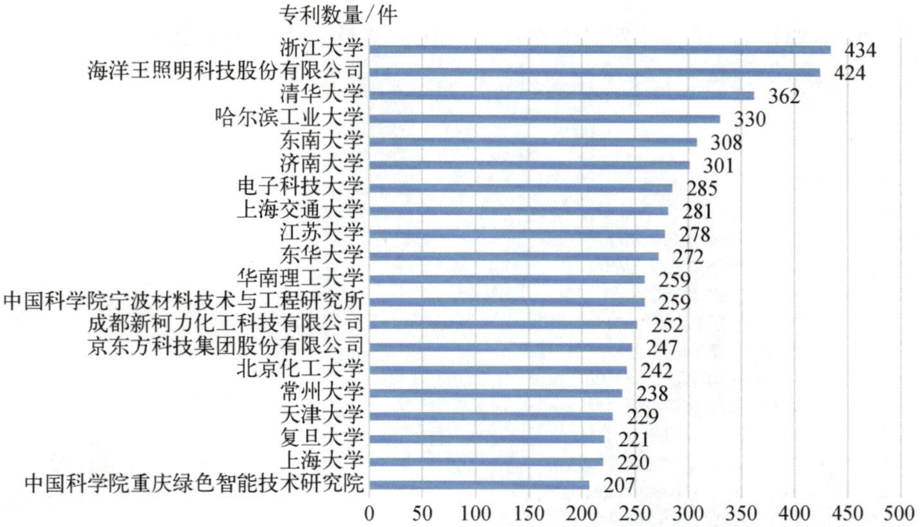

（数据来源：WIPS Global 专利数据库，CGIA Research 整理）

海洋王、京东方、成都新柯化工是中国石墨烯专利 TOP20 申请人中的企业代表。海洋王照明从 2012 年开始在石墨烯制备、掺杂技术、复合材料及超级电容器等应用领域展开布局；京东方在传感器、显示装置、有机电致发光器件、晶体管等石墨烯高端应用领域展开布局；成都新柯化工主要生产石墨烯微片，用于增强增韧材料、导电导热材料等。三家企业生产研发不同的石墨烯产品，在不同的石墨烯应用领域已展开布局。

4. 技术领域集中于材料制备、新能源、涂料等

图 4－8 给出了全球石墨烯专利申请量 TOP20 的 IPC 分类号，表 4－1 对部分 IPC 分类号进行了注释。全球石墨烯专利申请主要集中于 C01B－031/04，C08K－003/04，B82Y－030/00，C01B－031/02，B82Y－040/00 等 20 个方向，其

中数量最多的为 C01B－031/04，为 5 946 条，说明石墨法是制备石墨烯的主要方法，并且技术研发活跃性最高。对全球石墨烯研发专利技术领域布局进行分析可知，目前石墨烯专利申请技术方向主要集中在：(1) 以石墨为原料制备石墨烯的技术及工艺；(2) 石墨烯在储能、涂料、传感器等领域的应用；(3) CVD 制备石墨烯及其转移技术；(4) CVD 的石墨烯在透明导电薄膜、触摸屏、晶体管/集成电路、光纤、通信、高性能计算机等领域的应用。中科院宁波材料技术与工程研究所绘制的石墨烯专利技术总体研发布局如图 4－9 所示。

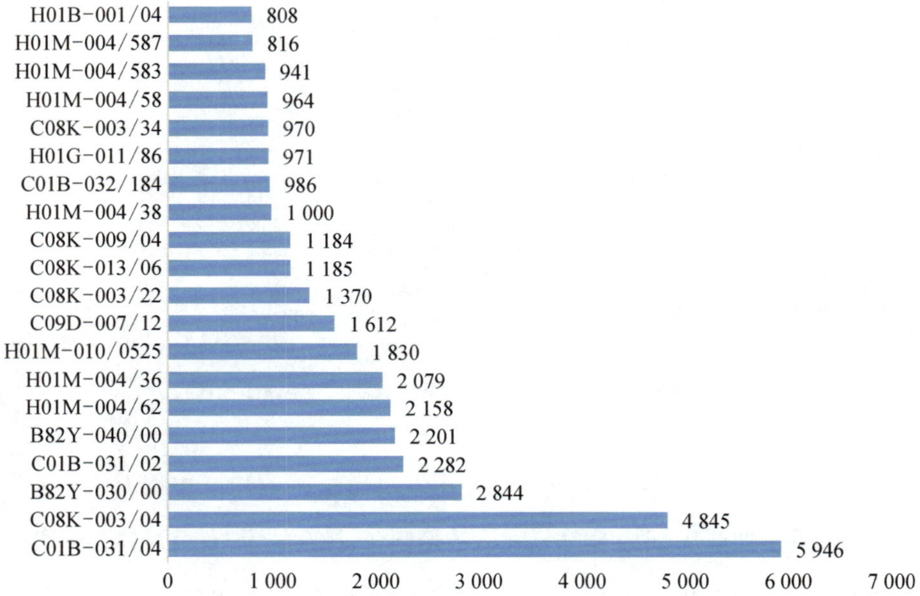

[数据来源：DII 数据库（截至 2018 年 5 月），CGIA Research 整理]

图 4－8 全球石墨烯专利申请量 TOP20的分类号

表 4－1 IPC 分类号注释

IPC 分类号	小 类 含 义
C01B－031/04、C01B－031/02、C01B－032/184	C01B 非金属元素；其化合物（制备元素或二氧化碳以外无机化合物的发酵或用酶工艺入 C12P3/00；用电解法或电泳法生产非金属元素或无机化合物入 C25B）
C08K－003/04、C08K－003/22、C08K－009/04、C08K－013/06、C08K－003/34	C08K 使用无机物或非高分子有机物作为配料（涂料、油墨、清漆、染料、抛光剂、黏合剂入 C09）〔2〕
B82Y－030/00、B82Y－040/00	B82Y 纳米结构的特定用途或应用；纳米结构的测量或分析；纳米结构的制造或处理〔2011.01〕

续 表

IPC 分类号	小　类　含　义
H01M-004/62、H01M-004/36、H01M-010/0525、H01M-004/38、H01M-004/58、H01M-004/583、H01M-004/587	H01M 用于直接转变化学能为电能的方法或装置，例如电池组(一般电化学的方法或装置入 C25；用于转变光或热为电能的半导体或其他固态器件入 H01L，例如 H01L 31/00，H01L 35/00，H01L 37/00)〔2〕
C09D-007/12	C09D 涂料组合物，例如色漆、清漆或天然漆；填充浆料；化学涂料或油墨的去除剂；油墨；改正液；木材着色剂；用于着色或印刷的浆料或固体；原料为此的应用(化妆品入 A61K，一般将液体或其他流动物料涂到表面上的方法入 B05D；木材着色入 B27K5/02；釉料或搪瓷釉入 C03C；有机高分子化合物入 C08)
H01G-011/86	H01G 电容器；电解型的电容器、整流器、检波器、开关器件、光敏器件或热敏器件(电介质专用材料的选择入 H01B 3/00；电位跃迁或表面阻挡层的电容器入 H01L 29/00)
H01B-001/04	H01B 电缆；导体；绝缘体；导电、绝缘或介电材料的选择(磁性材料的选择入 H01F 1/00；波导管入 H01P；电缆或线路，或光电组合电缆或线路的安装入 H02G)

图4-9 石墨烯专利技术总体研发布局

（数据来源：2017 石墨烯技术专利分析报告，CGIA Research 整理）

5. 大部分核心专利源于美国

图 4-10 为全球专利引用频次 TOP20 及专利权拥有人，可以看出，在 TOP20 高被引专利中，美国所拥有的专利最多，占 13 个，其中引用频次最高的专利 “*Nano-scaled graphene plate material used for composite material, comprises nanometer-scaled plate(s) comprising sheet(s) of graphite plane, and length,*

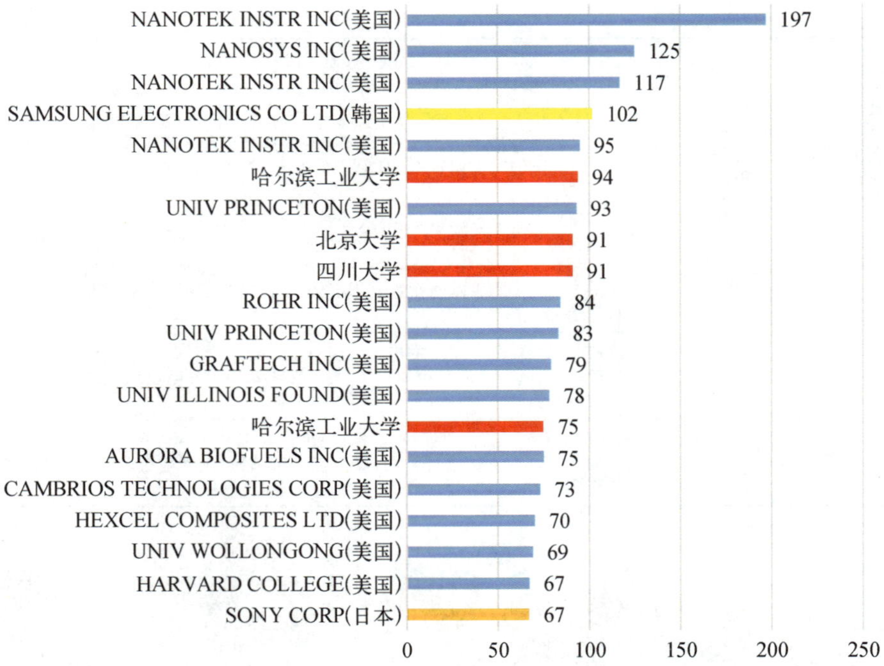

（数据来源： DII 数据库，CGIA Research 整理）

图 4－10　全球专利引用频次 TOP20 及专利权拥有人

width and thickness of nanometer scaled plates are specified"(石墨烯树脂复合材料的制备)，引用频次为 197 次，专利权人为美国纳米技术仪器公司。美国纳米技术仪器公司在专利引用频次 TOP20 的专利权人中占了三席。美国 13 个高频次被引专利中有 9 个来自企业。

通过分析中国专利影响力情况，在 TOP20 高被引专利名单中，中国仅占了 4 席，专利权人分别为哈尔滨工业大学(2 个)、北京大学、四川大学，并且全部为高校，这说明中国大部分核心专利掌握在高校。而日本、韩国主要集中在索尼、三星等大型跨国企业。

6. 中国有效专利占比不高

CGIA Research 分析了中国石墨烯申请专利的类型和法律状态(图 4－11 和图 4－12)，发明申请专利占大部分，比例为 87.97%，其中发明授权专利比例为 23.01%。

在法律状态分析中，有效专利占比为 32.6%。同其他领域相比较(图 4－13)，

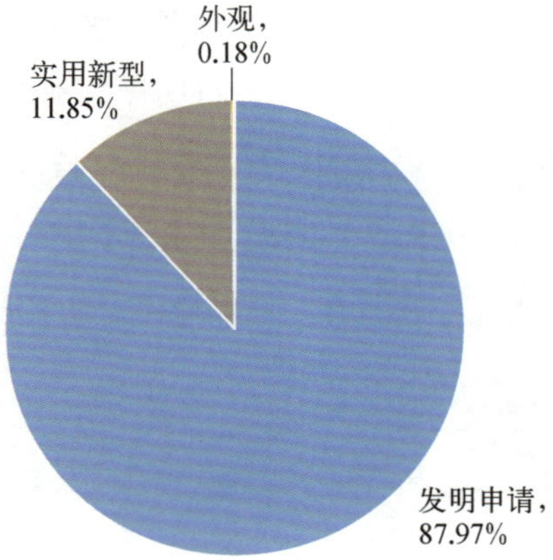

图 4－11　中国石墨烯申请专利类型占比

（数据来源：WIPS Global 专利数据库，CGIA Research 整理）

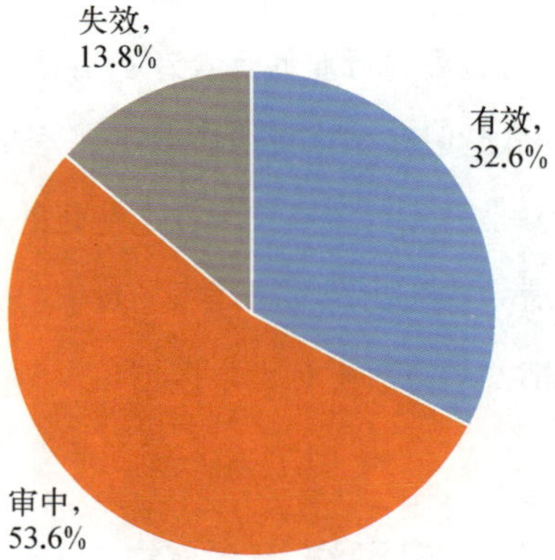

图 4－12　中国石墨烯申请专利法律状态

（数据来源：WIPS Global 专利数据库，CGIA Research 整理）

图 4－13　各领域有效专利占比

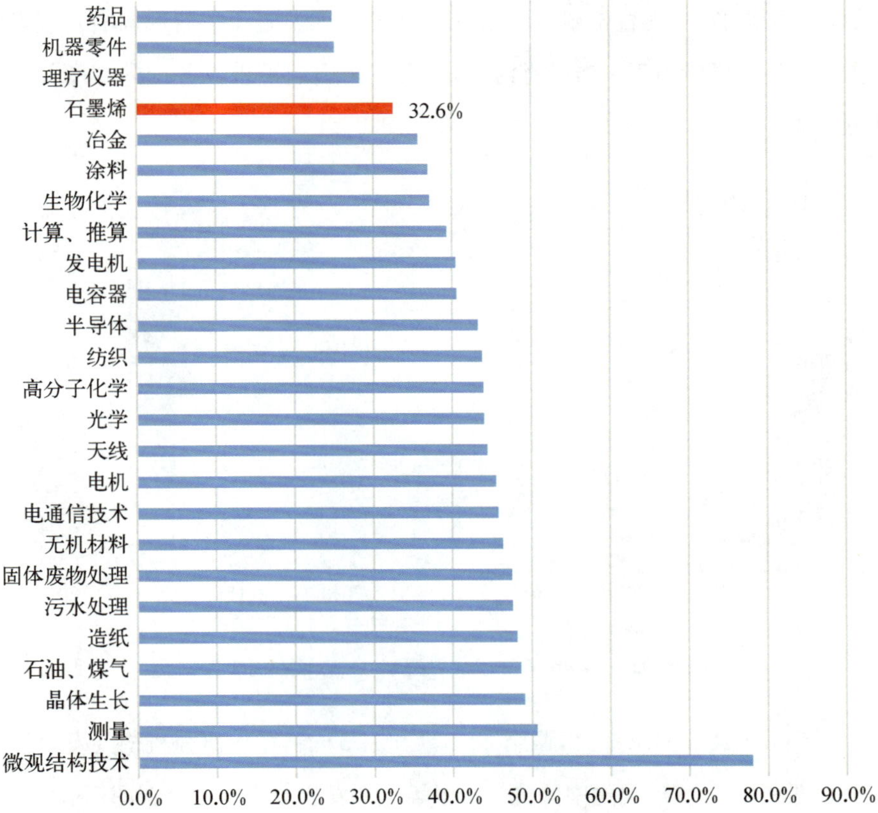

（数据来源：WIPS Global 专利数据库，CGIA Research 整理）

纺织，高分子化学，石油、煤气等相对成熟的行业的专利有效率占据了较高的比例，而石墨烯行业的有效专利占比并不高。这说明中国虽然为石墨烯专利申请量大国，但存在重量轻质现象。另外，专利法律状态分析中，失效专利占 13.8%，主要是因为石墨烯技术在产业化的过程中，市场方向并不明朗，新技术的产生和发展导致某些专利缺乏市场价值，从而促使相关专利持有人选择撤回专利，不再交纳专利费对专利进行保护。

4.2 石墨烯相关论文分析

1. 论文发表数量增速趋于稳定

从全球石墨烯论文发表数量年度分布(图 4－14)上看，近几年石墨烯相关论文数量急剧增长，这得益于 2010 年的诺贝尔物理学奖授予了石墨烯的发现者安德烈・海姆和康斯坦丁・诺沃肖洛夫，使石墨烯引起了世界各国的高度关注和热烈追捧。

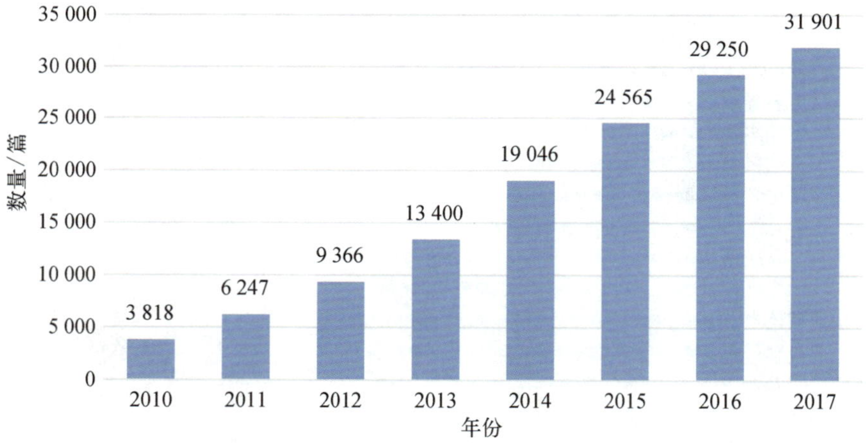

（数据来源：Web of Science 数据库，CGIA Research 整理）

图 4－14 全球石墨烯论文发表数量年度分布

据 CGIA Research 统计，截至 2018 年 1 月 31 日，中国研究机构共发表石墨烯相关论文 6 万余篇，通过中国机构石墨烯论文发表数量年度分布图(图 4－15)可以看出，自 2010 年以来，中国石墨烯相关研究论文数量呈现指数级增长。表

图 4 - 15　中国机构石墨烯论文发表数量年度分布

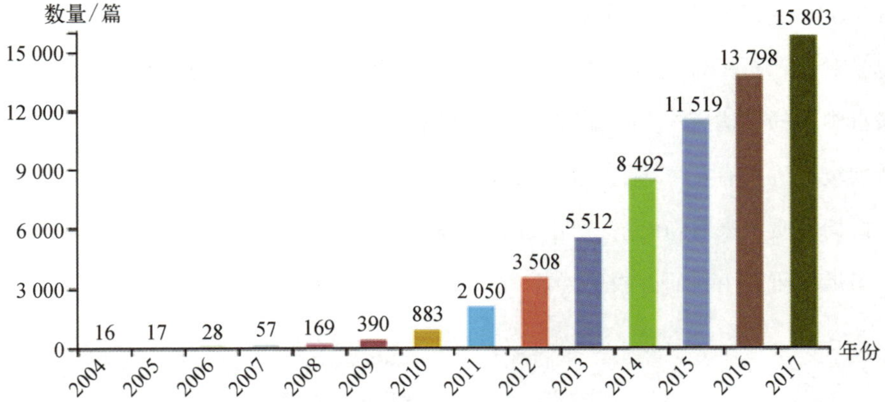

（数据来源：Web of Science 数据库，CGIA Research 整理）

明越来越多研究人员投入石墨烯领域的研究中。

2. 石墨烯论文来源相对集中

从全球石墨烯论文产出排名前 18 的国家(地区)分布(图 4 - 16)上看，中国产出的论文在总数上遥遥领先，美国产出论文总数位列第二。2010 年美国论文产出量居于榜首，2011 年被中国反超后，增长速度趋于平稳。韩国在 2011 年反超日本，产出趋于稳定增长状态，目前论文总数位居第三。此外，论文产出量排名前 3 的国家论文数量之和占全球论文总数的 63.6%。

图 4 - 16　全球石墨烯论文产出排名前 18 的国家（地区）

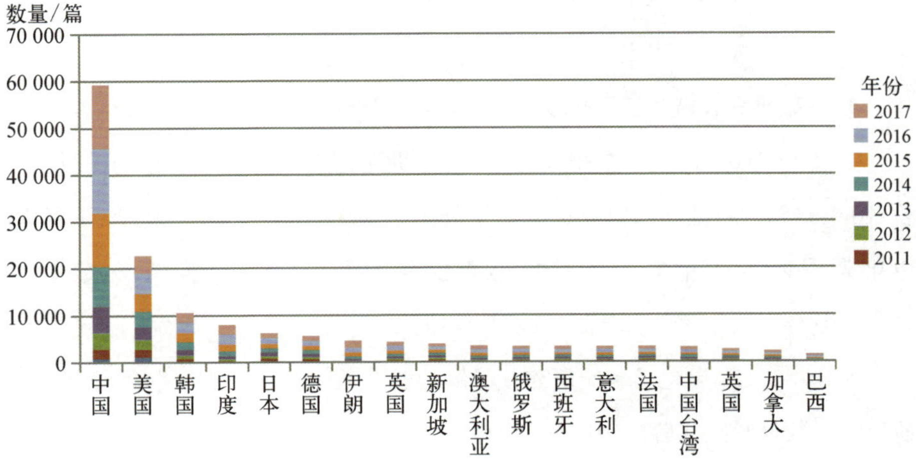

（数据来源：Web of Science 数据库，CGIA Research 整理）

3. 石墨烯研究由科研院校主导

对全球石墨烯研究机构进行分析，发现论文产出数量排名前 20 的机构中，来自中国的机构有 11 个，在数量上占有绝对优势；来自美国的机构有 3 个，来自新加坡的机构有 2 个，来自俄罗斯、印度、法国和韩国的机构各 1 个（图 4－17）。从机构性质上来看，在论文产出数量前 20 位中，16 个机构为高校。这说明，目前石墨烯的研究由科研院校主导。

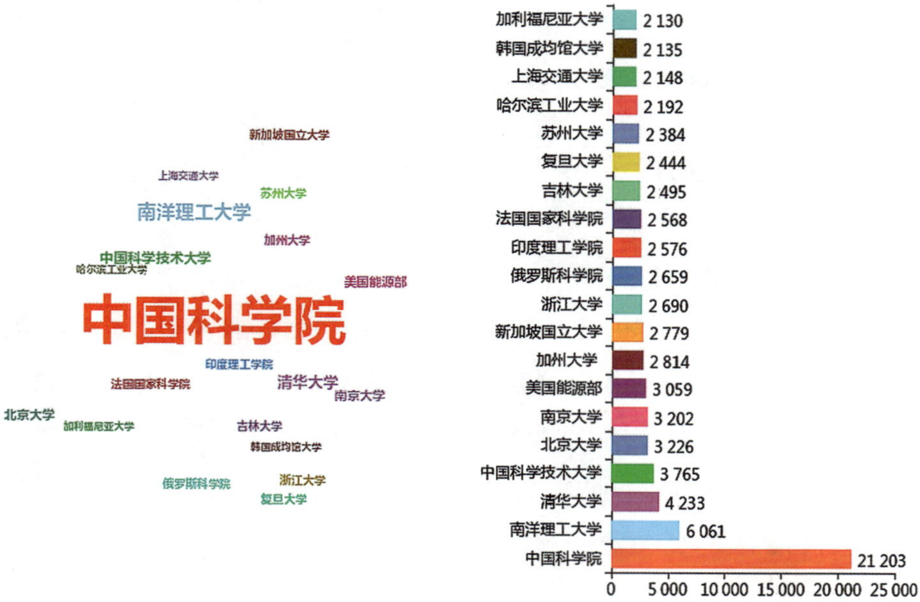

（数据来源：Web of Science 数据库，CGIA Research 整理）

图 4－17　石墨烯技术研究论文 TOP20 机构

4. 论文研究领域主要在化学、材料科学、物理学

通过 Web of Science 数据库，对石墨烯研究论文的研究领域布局进行了分析（图 4－18）。石墨烯的研究论文主要分布在物理学、材料科学、化学、工程学、电化学、晶体学、光谱学、能源燃料、仪器仪表、高分子科学、力学、光学、数学、生物化学及分子生物学、生态环境科学等领域。

2010—2012 年，化学领域研究石墨烯的文章数量最多，材料科学、物理学的研究文章数量紧跟其后。2013 年，材料科学文章数量超越化学文章数量，位居第一，物理学文章数量也迅速增加，居于第二。2014—2016 年，研究物理学的文章

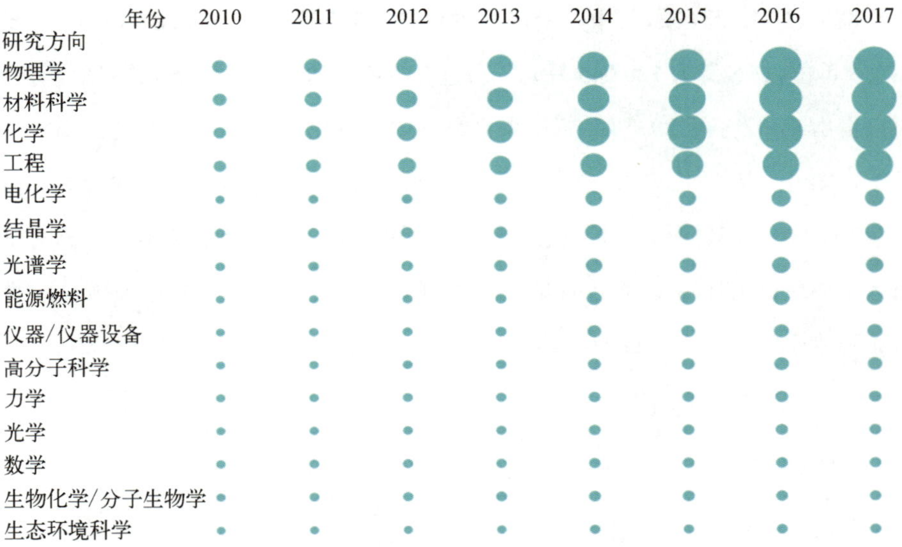

图4-18 石墨烯研究论文的研究领域布局

（数据来源：Web of Science 数据库，CGIA Research 整理）

继续增加，总数量居于首位，材料科学的文章数量紧随其后，化学数量第三。2017 年，前三位排名再次发生变化，材料科学文章数量位于第一，物理学文章数量第二，化学文章数量第三。通过各研究方向文章数量的分布图可以看出，近几年研究热点方向变化不大，一直集中于材料科学、物理学、化学三个研究方向。

4.3 石墨烯科研项目分析

随着石墨烯产业化的不断推进，国家针对该产业的政策不断加码，石墨烯进入国家宏观战略布局，国家自然科学基金委员会也启动了多项重大研究项目，对石墨烯产业进行了持续支持。本文通过科学基金共享服务网对国家自然科学基金资助项目（以下简称“基金项目”）进行了阶段性的梳理，并从中分析基金项目对石墨烯方向的支持脉络。

1. 从 0.01%到 1%，支持力度持续加大

据 CGIA Research 统计，从 2007 年到 2016 年，国家自然科学基金委员会

共资助项目 312 679 项，其中石墨烯相关项目 2 361 项，约占总数的 0.8%，涉及 412 家单位，总经费为 120 645 万元。通过石墨烯资助项目年度分布图(图4－19)可以看出，2007 年至 2013 年，资助项目数量增长迅速。2012 年资助项目激增到 352 个，较上一年增长 76%，这主要归功于 2012 年 1 月由工信部发布的《新材料产业“十二五”发展规划》，首次提出支持石墨烯发展。2013 年至 2016 年，资助项目数量相对稳定，国家对石墨烯的资助力度相对稳定。而石墨烯相关项目数量占比趋势相似，2007 年仅约 0.01%，2012 年之后稳定在 1%左右(图 4－20)。

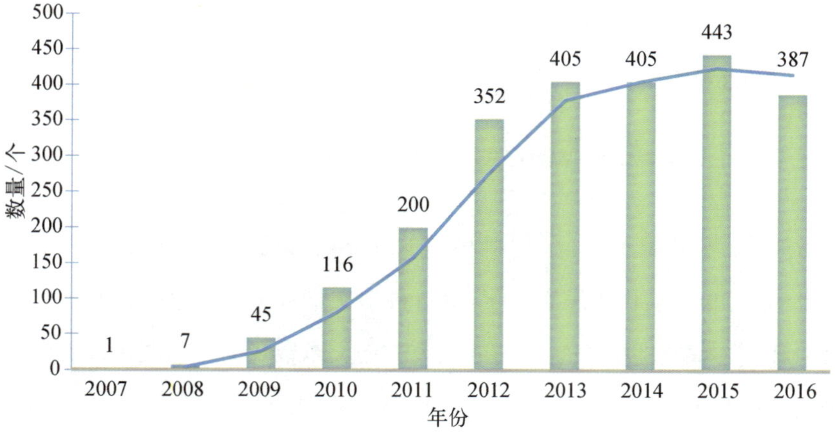

（数据来源：科学基金共享服务网，CGIA Research 整理）

图 4－19 石墨烯资助项目年度分布图

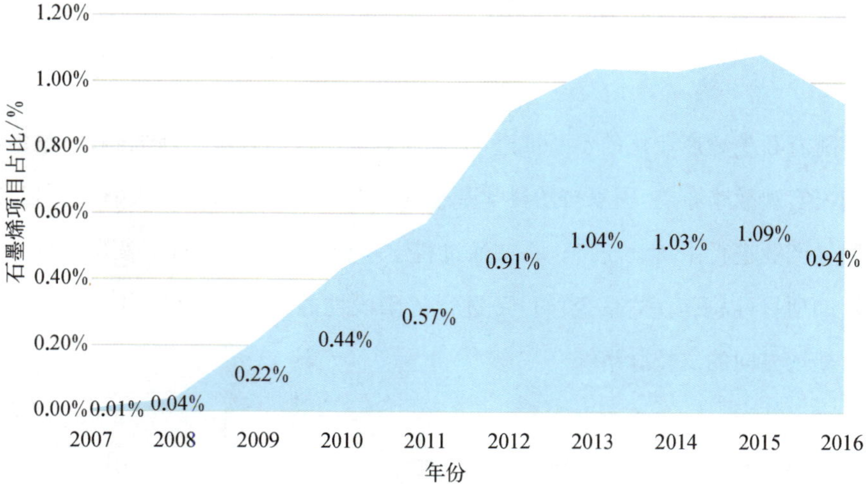

（数据来源：科学基金共享服务网，CGIA Research 整理）

图 4－20 2007—2016 年国家自然科学基金资助石墨烯项目数量占比

2. 超过 8 成项目集中于面上项目、青年科学基金项目

国家自然科学基金项目包括探索、人才、工具、融合四大系列，分为面上项目、青年科学基金、重大项目、国际合作项目等类别。对石墨烯相关基金项目进行分类分析（图 4－21），其中探索系列面上项目和人才系列的青年科学基金项目数量最多，分别占比 38.67%和 45.32%，并且这两类项目的增加数量明显，其他类别项目数量变化不大。同时，重大项目、海外及港澳学者合作研究基金项目均为 10 个以下。探索系列与青年人才系列布局符合石墨烯这种前沿新材料的特点和发展趋势。

图 4－21 石墨烯相关基金项目分类

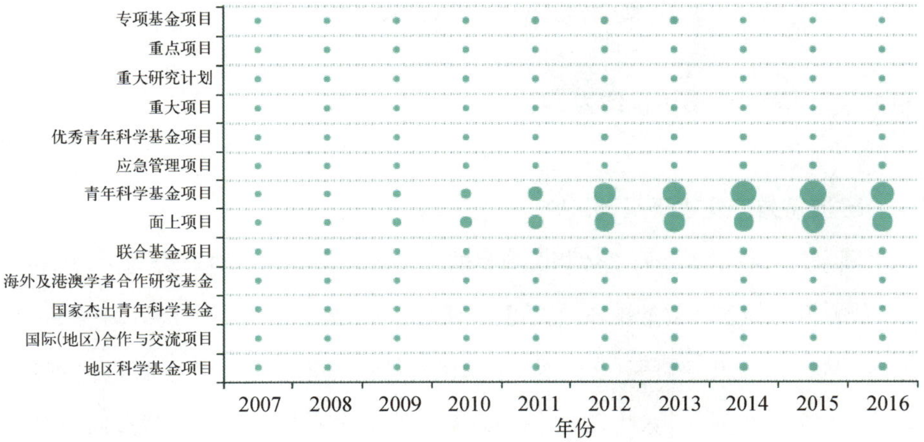

（数据来源：科学基金共享服务网，CGIA Research 整理）

3. 数量占比超过 15%，北京市基金项目独占鳌头

北京市创新资源丰富，创新团队集聚，基金项目支持也最集中，无论数量、金额还是单项项目金额均位列第一。据 CGIA Research 统计，北京市石墨烯相关基金项目数量为 369 个（占比 15.63%），涉及金额 27 408.9 万元（22.72%），项目平均资助金额超过 74 万元/项。此外，华北、华东地区石墨烯基金项目数量约占总数的 60%。

4. 北大、清华、浙大位列基金项目单位前三甲

2007—2016 年国家自然科学基金资助的石墨烯相关项目为 2 361 项，涉及 412 家单位，数量排名前 10 的单位受资助项目均超过 29 个（图 4－22）。受资助项目最多的单位是北京大学，受资助项目为 53 个。此外，经统计受资助总金

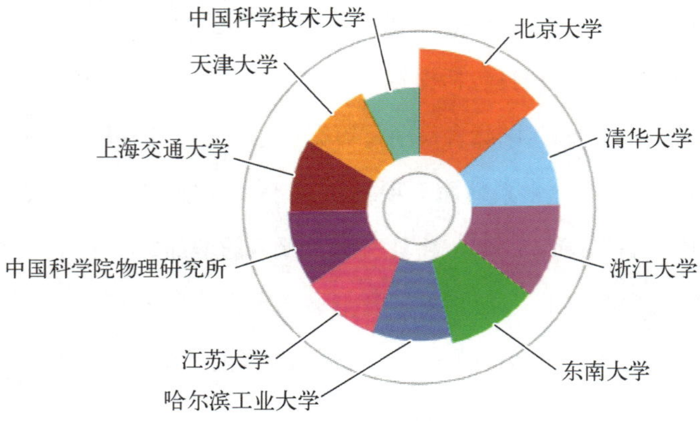

（数据来源：科学基金共享服务网，CGIA Research 整理）

图 4－22　2007－2016 年国家自然科学基金资助石墨烯项目数量TOP1的单位

额 1 000 万元以上的单位约为30家。

5. 支持方向侧重于基础研究

国家自然科学基金石墨烯相关项目的重点支持方向以基础研究为主，其中有7个研究方向的项目数量较多，包括复合材料(249 项)、模型理论计算(241 项)、传感器(190 项)、电化学研究(183 项)、生物医药性能(140 项)、石墨烯膜(140 项)和超级电容器(139 项)。除此之外，国家自然科学基金石墨烯项目支持方向还有制备、界面性能、半导体特性、力学性能、吸附性能、太赫兹/电磁等(图 4－23)。

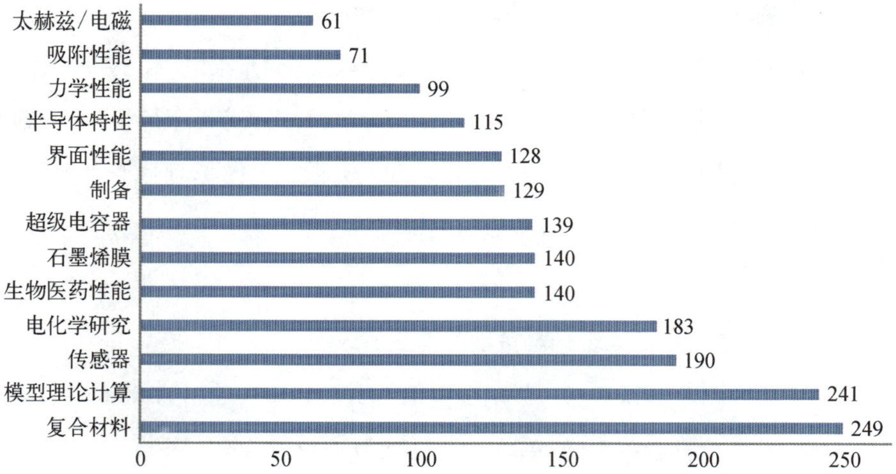

（数据来源：科学基金共享服务网，CGIA Research 整理）

图 4－23　国家自然科学基金资助石墨烯项目支持方向分布

6. 论文产出主要为自然科学基金资助

在国家自然科学基金的资助下，通过中国知网统计，截至 2018 年 12 月 31 日，共有石墨烯相关论文7 958篇，约占知网收录论文总量的 68%。从前面分析可总结出国家自然科学基金资助偏向于理论基础研究，通常情况下，发表论文数量是考核项目是否结题的重要指标之一，因此国家自然科学基金的成果主要以论文的形式产出。

4.4 石墨烯标准、检测、认证进展

4.4.1 标准体系基本建立

石墨烯标准化的重要性和紧迫性已不言而喻，国内外都在积极开展石墨烯标准研制工作。纵观全球，目前有两大主体正在积极开展石墨烯标准制定工作。一是中国，标准化工作从 2013 年起启动，陆续开展了石墨烯的国家标准和联盟标准的制定活动。二是国际标准化组织，主要为国际标准化组织（International Organization for Standardization, ISO）和国际电工委员会（International Electrotechnical Commission, IEC），全球石墨烯的研发大国如英国、韩国、美国、德国、加拿大、日本等国家直接参与国际标准的研制，没有单独制定各自的国家标准。

4.4.1.1 国际重视石墨烯标准制

ISO 和 IEC 是开展石墨烯国际标准制定的组织，其对应的 ISO/TC229 纳米技术委员会和 IEC/TC113 纳米技术委员会分别开展了石墨烯国际标准的制定活动。其中，IEC/TC113 专门下设了 WG8 石墨烯工作组，在石墨烯国际标准化中最为活跃，已经开展了 6 项石墨烯标准制定，而 ISO/TC229 只开展了 2 项石墨烯标准的制定。ISO/TC229 和 IEC/TC113 的组织情况见图 4－24，两委员会开展的国际标准项目清单见表 4－2。

表4-2 ISO/TC229和IEC/TC113开展的国际标准项目清单

序号	标 准 号	标 准 名 称	阶 段
1	ISO/IEC/TS 80004-13	石墨烯及其相关二维材料的术语和定义(Nanotechnologies — Vocabulary — Part 13: Graphene and related two-dimensional (2D) materials)	2017年出版
2	ISO/TR 19733	石墨烯的表征与测量方法列表(Matrix of characterization and measurement methods for graphene)	2017年出版
3	IEC/TS 62565-3-1	石墨烯—空白详细规范(Nanomanufacturing — Material specifications — Part 3-1: Graphene — Blank detail specification)	准备阶段
4	IEC/TS 62607-6-1	四探针法测石墨烯粉体的电阻率(Nanomanufacturing — Key control characteristics — Part 6-1: Graphene — Measurement of sheet resistance of commercial graphene powders by the Four Probe Method)	准备阶段
5	IEC/TS 62607-6-2	石墨烯层数的测量方法(Nanomanufacturing — Key control characteristics — Part 6-2: Graphene — Evaluation of the number of layers of graphene)	提案阶段
6	IEC/TS 62607-6-3	石墨烯畴的表征(Nanomanufacturing — Key control characteristics — Part 6-3: Graphene — Characterization of graphene domains)	提案阶段
7	IEC/TS 62607-6-4	谐振腔法测石墨烯导电率(Nanomanufacturing — Key control characteristics — Part 6-4: Graphene — Conductance measurements using resonant cavity)	征询意见阶段
8	IEC/TS 62876-3-1	石墨烯的稳定性测试:温度和湿度(Nanomanufacturing — Reliability assessment — Part 3-1: Graphene — Stability test: Temperature and humidity)	提案阶段

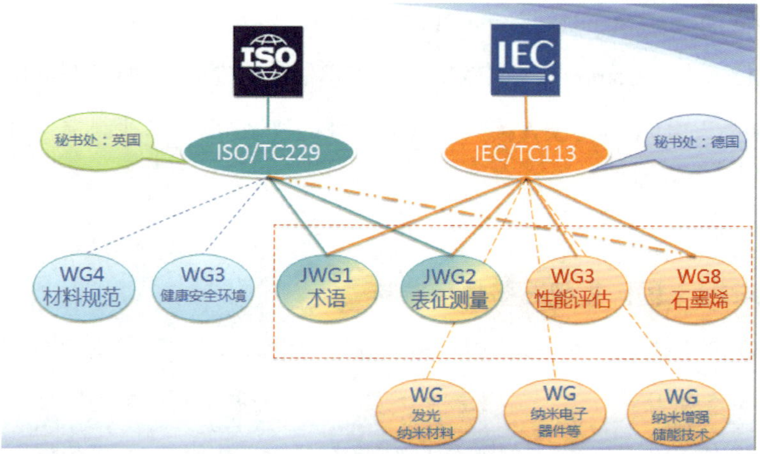

图4-24 ISO/TC229和IEC/TC113的组织情况

德国、英国、韩国、美国、日本、加拿大是促进石墨烯国际标准化的主要参与力量,他们已经分别主导或联合主导1项至2项国际标准的制定工作。由于多方原因,中国刚刚开始接触石墨烯国际标准化,目前我国专家参与国际标准活动的主要方式是在联盟标委会的推荐下成为 ISO 和 IEC 的注册专家，在石墨烯国际提案中提出意见。

4.4.1.2 国内以团体标准为主

当前，国内开展的石墨烯标准化工作主要有两个方面：一是国家标准委领导下的石墨烯国家标准的制定；二是石墨烯产业技术创新战略联盟（CGIA）主导下的石墨烯联盟标准的制定，依靠政府和市场“双引擎”，初步形成国家标准、团体标准（联盟标准）相互支撑、相互衔接的标准格局。

石墨烯产业技术创新战略联盟（CGIA）为规范石墨烯市场，已完成三项团体标准的制定：T/CGIA 001－2018《石墨烯材料术语和代号》，T/CGIA 002－2018《含有石墨烯材料的产品命名指南》，T/CGIA 030－2017《石墨烯印刷油墨型红外辐射电热膜》。

2016 年，国家标准委专门成立“石墨烯标准化推进工作组”，全面加强石墨烯的标准化顶层设计，统筹规划“十三五”石墨烯的标准体系和标准制定。石墨烯联盟根据产业发展形势，及时增补调整了联盟标委会成员，吸纳国内主流的石墨烯生产、应用和科研单位的专家，标委会成员达 64 人。国家标准委“石墨烯标准化推进工作组”和石墨烯产业技术创新战略联盟标准委员会共同合作，相互支撑，开展了以下几方面工作。

1. 研究和确定了石墨烯标准化的顶层设计和总体思路

以《关于加快石墨烯产业创新发展的若干意见》等重要文件为指导思想，着力围绕促进石墨烯产业“创新发展、协调发展、绿色发展、开放发展、共享发展”，初步提出了石墨烯标准制定体系。该体系着眼于石墨烯的创新链、产业链，促进上下游协同创新，构建覆盖石墨烯原材料、石墨烯应用材料和石墨烯终端应用产品的全产业链标准体系，打破了原先只围绕“材料”而制定标准的思想禁锢。

2. 围绕产业需求开展了一批标准的制定工作

确定了石墨烯标准体系后，石墨烯标委会的重要任务是“抓落实”，集中力量开展一批相关标准的制定工作。

3. 参与国际交流和国际标准化工作

石墨烯联盟非常重视中国与国际组织、国际专家的交流与合作。2016 年 9 月，石墨烯联盟聘请 IEC/TC113 秘书长 Norbert 先生为联盟标准化顾问，并与 IEC/TC113 纳米技术国际标委会签订合作备忘录，为中国参与国际标准化制定工作提供支持。2016 年 12 月，国家标准委联合英国标准化协会（British Standards Institution，BSI），筹建“中英石墨烯标准化工作组”，为中英在石墨烯标准化的合作搭建平台。

4.4.2 检测技术逐渐规范

1. 检测方法基本取得共识

2017 年石墨烯材料的结构和基础性能检测取得了一定进展，业内的几个石墨烯结构检测项目（层数、片径、透光性等）已经取得初步共识。2017 年 11 月，英国国家物理实验室（National Physical Laboratory，NPL）联合曼彻斯特大学，共同发布了全球第一个石墨烯结构表征良好实践指南，指南中对 CVD 法制备的石墨烯膜和石墨烯片的光学显微分析（optical microscopy）、拉曼光谱分析（Raman spectrum）和透射电子显微镜分析（transmission electron microscopy，TEM）等进行了规范。对于石墨烯材料性能，如比表面积、电导率、热导率等，相关指标的检测方法在学界和业界还没有达成共识，目前暂时沿用公认的经典方法进行测试。在检测时，考虑到石墨烯的特殊性质，研究人员对于是否要对石墨烯采取必要的前处理、参数控制等环节仍有较大争议。表 4－3、表 4－4 和表 4－5 为石墨烯相关测试项目和经典测试方法。

表 4－3 石墨烯材料结构测试方法

测量项目	原子力显微术	扫描隧道显微术	低能电子显微术	X 射线衍射法	扫描电子显微术	透射电子显微术	光学显微术	拉曼光谱法
种类				○				○
厚度	○	○						

续 表

测量项目	原子力显微术	扫描隧道显微术	低能电子显微术	X射线衍射法	扫描电子显微术	透射电子显微术	光学显微术	拉曼光谱法
层间距				○		○		
层数	●	●				○		●
片径					○	○	○	
缺陷		○	○			○		○
(石墨烯膜)基材覆盖率							○	

注：○为可测量；●为可测量但有一定局限。这些局限通常指不能适用于所有种类的石墨烯或必须与其他检测手段配合才能准确测量。

数据来源：CGIA Research 整理。

表4-4 石墨烯材料物理性质测试方法

测量项目	BET比表面积测试法	碘吸附法	亚甲基蓝吸附法	激光瞬态法	分光光度法	荧光光谱法	四探针法	开尔文探针法	激光粒度法	低场核磁共振术
比表面积	●	●	●							
热导率				●						
(浆料)分散性									●	●
(浆料)稳定性					●					
透光率					○					
荧光						○				
电导率							○			
电势								○		
功函数								○		

注：○为可测量；●为可测量但有一定局限。这些局限通常指不能适用于所有种类的石墨烯或必须与其他检测手段配合才能准确测量。

数据来源：CGIA Research 整理。

表4-5 石墨烯材料化学成分测试方法

测量项目	元素分析法	X射线能谱法	X射线光电子能谱法	X射线荧光光谱法	俄歇能谱法	质谱法	电子能量损失谱法	热重分析法
主要元素含量	●	●	○	○			○	●
主要元素价态			○				○	
微量、痕量元素含量					○	○	●	

注：○为可测量；●为可测量但有一定局限。这些局限通常指不能适用于所有种类的石墨烯或必须与其他检测手段共同配合才能准确测量。

数据来源：CGIA Research 整理。

2. 检测机构水平亟待提升

2017年，国内涌现出了多家石墨烯专业检测机构。其中有一批新成立的专业第三方检测机构，如2017年4月投入使用的国家石墨烯产品质量监督检验中心（江苏）和2016年12月获批的国家石墨烯产品质量监督检验中心（广东），两家单位开展了许多石墨烯地方标准和石墨烯企业标准的制定工作，对石墨烯检测方法特别是在石墨烯层数的测定方面具有积极引领作用。还有以北京理化分析测试中心、国家纳米科学中心纳米检测实验室、中科院山西煤炭化学研究所分析测试中心，及部分高校分析测试平台为代表的检测机构。这类检测机构具备超一流的仪器设备和较高水平的仪器操作人员，日常分析业务不仅仅局限于石墨烯材料。

2017年，也是石墨烯材料产品专项检测机构被激活的一年。随着石墨烯发热、防腐等类别产品的兴起，一大批企业开始与国家红外及工业电热产品质量监督检验中心、中纺标检验认证股份有限公司、国家材料土壤环境腐蚀测试平台等具备某一类特定产品性能检测能力的中国合格评定国家认可委员会（China National Accreditation Service for Conformity Assessment，CNAS）认可的第三方检测机构打起交道。

值得关注的是，随着众多品类石墨烯产品的推出，石墨烯企业中也涌现出一批分析测试实验室，其中不乏设备精良、人员齐备且取得CNAS认可的高水平实验室，如山东欧铂新材料有限公司和多氟多化工股份有限公司。但是企业分析测试实验室也有一定的局限。首先，最主要的是大型仪器设备的缺乏，一般企业不会在分析测试平台投入太多资金。其次，企业的分析测试平台往往只是针对企业自身的研发和产品方向，其他的性能方向无法检测，并且不对外提供测试服务。最后，很多企业没有专职的分析测试人员，企业员工由于自身工作内容的更换和交接会造成操作经验和操作技能的流失，测试人员操作水平参差不齐。考虑到以上情况，联盟标委会正酝酿成立一个检测信息共享平台，对接各家企业的测试能力和测试需求，依靠标准比对，提高分析测试人员的实验水平和设备利用率。

4.4.3 认证体系初步形成

近年来全球石墨烯行业持续快速发展，市场竞争也日趋激烈，石墨烯产品市场出现以假乱真、鱼目混珠的现象，严重阻碍了石墨烯行业的健康发展，市场亟须加强对石墨烯产品的监管认证。2018 年 1 月 18 日，全球化的独立第三方认证机构——“国际石墨烯产品认证中心 IGCC”成立，IGCC 专注于向全球石墨烯及其应用产品的生产企业提供权威第三方产品认证服务。IGCC 的成立得到 CGIA、欧洲著名石墨烯平台机构（Phantoms Foundation）等相关组织的大力支持。IGCC 的成立，旨在通过与全球具备资质并获得认可的第三方检验测试机构合作，为全球不同行业不同区域的石墨烯原材料和应用产品提供测试、检验和认证等服务，进一步规范石墨烯材料上下游产品市场，打击石墨烯产品以假乱真、鱼目混珠等乱象，推动石墨烯行业的健康发展。通过认证的石墨烯原材料和应用产品，将获得国际石墨烯产品认证中心颁发的认证标识“IGCC”。

IGCC 推出的认证服务为第三方自愿性产品认证。认证的模式为：工厂质量保证能力审查 + 产品符合性验证 + 获证后监督。认证的基本环节包括：(1) 认证的申请；(2) 申请的受理；(3) 工厂质量保证能力审查；(4) 产品符合性验证；(5) 认证结果评价与批准；(6) 获准后的监督。其石墨烯产品认证流程如图 4－25 所示。

目前，IGCC 已经授权中国计量科学研究院、中国科学院宁波材料技术与工程研究所、国家石墨烯产品质量监督检验中心（江苏）、国家石墨烯产品质量监督检验中心（广东）、国家红外及工业电热产品质量监督检验中心、北京市理化测试中心为 IGCC 指定检测机构。同时聘请欧盟石墨烯旗舰计划标准负责人，国际电工委员会 IEC/TC113 标委会秘书长 Norbert Fabricius、西班牙光子基金会主席 Antonio Correia、澳大利亚阿德莱德大学石墨烯中心主任 Dusan Losic、国际电子产品认证专家（德国不来梅雅各布大学教授）Werner Bergholz、日本东京大学教授古月文志、国家质量基础设施专项石墨烯 NQI 技术研究集成及应用项目

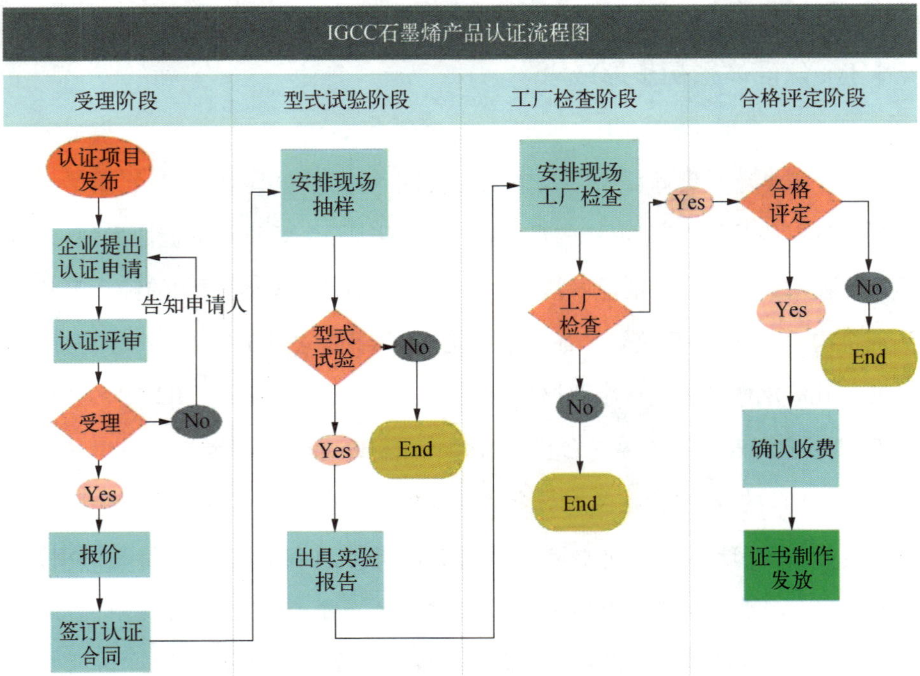

图 4－25　IGCC石墨烯产品认证流程图

首席科学家任玲玲、浙江省石墨烯制造业创新中心主任刘兆平、石墨烯产业技术创新战略联盟标准委员会秘书长戴石锋为 IGCC 技术委员会专家。

IGCC 已经与首批委托进行石墨烯产品自愿性认证的企业签署了意向委托认证协议，并于 2018 年 5 月开始 IGCC 的首批石墨烯产品自愿性认证。

4.5　石墨烯研发趋势及热点分析

4.5.1　技术前沿进展

自 2004 年被发现之后，石墨烯就吸引了全球科研工作者的目光。从最初的基础制备及性能研究，到如今琳琅满目的下游应用产品，石墨烯产业初具雏形，石墨烯领域的科研工作者功不可没。纵观 2018 年全球石墨烯技术研发领域，其在基础性能研究、制备、应用研究等均有突破。

1. 在基础性能研究方面

麻省理工博士生曹原以第一作者身份在 *Nature* 连刊两文报道石墨烯超导重大发现，如果将双层石墨烯扭转成特定角度，即所谓的“魔角”，材料就会在1.7 K时变成超导体，打开了非常规超导体研究的大门。

2. 在制备方面

（1）粉体制备：武汉低维材料研究院制备出高导电的电子级石墨烯粉体，其导电率高达 1 515.2 S/cm，是高质量电子级石墨烯规模化制备领域的重大突破；北京化工大学戴黎明团队研制出用球磨法宏量制备石墨烯的技术，该方法制备的石墨烯具有均一的电学和热学性能，可用于加热膜、导电材料等产品中。

（2）薄膜制备：北京大学研究团队发明了“单一晶种快速生长法”和“阵列晶种同向拼接法”等多种大面积单晶石墨烯薄膜的快速制备技术。这是大面积单晶石墨烯薄膜快速制备技术的又一突破；上海交通大学研究团队与瑞士、德国和美国的科学家合作，首次合成具有拓扑性质的石墨烯纳米带，相关成果发表于 *Nature*；日本研究团队发明了一种“分子容器法”，利用胶束型胶囊使难溶性纳米石墨烯分子溶于水，并在基板上制作了高度定向的组织化薄膜；美国佛蒙特大学的物理学家发现了一种在石墨烯基底上生长液膜的方法，他们破除了五十多年来争论不休的润湿临界状态之谜，并且制备了迄今为止最薄的液体薄膜；美国石墨烯和二维材料生产商 Grolltex 宣布完成产能扩张，其在加利福尼亚州圣地亚哥的 CVD 石墨烯制造厂每年可生产 30 000 个 8 英寸的石墨烯晶圆（在不同基底上）产品；韩国研究团队通过化学气相沉积首次合成晶片级单晶-六方氮化硼（SC-hBN）单层膜。这种晶片级单晶-六方氮化硼（SC-hBN）薄膜能够合成晶片级石墨烯/六方氮化硼质结构和单晶二硫化钨。

3. 在应用研究方面

中国科学院研究团队联合浙江省石墨烯制造业创新中心研发团队，大力推进铝燃料电池的工艺开发和工程样机研制，成功研制出能量密度高达545 W·h/kg、容量达 130 kW·h 的石墨烯基铝燃料电池发电系统；清华大学研究团队研发出多层石墨烯表皮电子皮肤，该器件具有极高的灵敏度，可以直接贴附在皮肤上用于探测呼吸、心率、发声等；中国科学院研究团队研发出石墨烯包覆技术，能将锂离子电池正极材料比容量提升 15%～25%，将循环 1 000 次后的容量保持率提升 30%～40%；把负极材料的容量提升 40%～45%，将循环 1 000 次后的容量保持率提升 35%～50%。这是中国石墨烯包覆改性锂离子电池正、负极材料技术获得的重大突破。

中国科学院研究团队将 STM 实验与理论计算相结合，在构筑单层石墨烯“保护”的硅烯及其异质结构的研究中取得新进展；由国家电子技术研究所（俄罗斯）、德国和西班牙组成的国际研究团队，开发了一种石墨烯改性的方法，作者利用超快激光功能化的单层 CVD 石墨烯，无掩模制造了微型纳米器件。该方法的突破，将会引领石墨烯在电学、光学等方面性质的巨变；北京航空航天大学罗斯达教授团队以多孔聚酰亚胺纤维聚合薄膜（PI 纸）为碳源，CO_2 为激光源，首次利用先进激光诱导石墨烯技术（LIG）制备出无基质的大尺寸石墨烯纸，其在石墨烯纳米柔性器件制造领域将有巨大应用前景。

4. 欧盟石墨烯旗舰计划 18 年应用研究进展

西班牙巴塞罗那举行的世界移动通信大会上，欧洲石墨烯旗舰项目组织了超过 20 种不同的基于石墨烯的产品原型和设备在此展览，并按照“未来的电话”“未来的家园”“未来的可穿戴设备”和“宏量制备”分成四个类别。

未来的电话。（1）宽带图像传感器。目前手机中的摄像头只能“看到”可见光谱。然而，石墨烯相机能够从周围物体获取更多信息，比如通过检测红外光来判定一个水果是否新鲜。（2）石墨烯增强电池。用石墨烯增强负极可延长手机电池的使用寿命，提高电池的充电速率。（3）灵活的 WiFi 接收器。利用这种完全灵活的石墨烯微波通信设备，通过 WiFi 将柔性设备连接到互联网。石墨烯的灵活性和出色的电子特性使柔性电子设备成为可能。（4）石墨烯调制器。石墨烯调制器有可能成为 5G 技术的关键构建模块之一，该成果由 CNIT、爱立信、诺基亚贝尔实验室、IIT 等单位共同研发。

未来的家园。（1）基于石墨烯的 NFC 设备。石墨烯 NFC 天线可以集成在几种柔性材料中，为金属天线提供可靠、环保的替代品，可用在家庭电子钥匙领域。(2) 石墨烯基太阳能电池。石墨烯可用于制造具有高功效和长寿命的大面积钙钛矿太阳能电池，采用石墨烯和相关材料的界面工程提高了太阳能电池的稳定性和效率。(3) 用于检测空气污染的电子鼻。采用物联网监测空气质量，需要做到准确、实时。石墨烯空气嗅探器基于石墨烯微型传感器，可以实时检测空气中极低水平的有害气体，如二氧化氮。(4) 导电石墨烯混凝土。石墨烯可以掺入常用材料如混凝土中以产生高导电性复合材料。一些可能的应用是地板和墙壁加热，室外除冰，电气接地，EMI 屏蔽和传感混凝土。(5) 石墨烯扬声器。由石墨烯气凝胶制成的光、热、声扬声器为家庭娱乐提供了创新的无线解决方案。石墨烯气凝胶的独特性能可以实现非常有效的光热声效应，使我们无须使用任何传统的机械运动部件即可无线和高保真地欣赏音乐。(6) 电致发光气体探测器。这种灵活、可穿戴、低成本的传感器具有非常快的响应和恢复时间。通过提供可视光源，例如丝网印刷电致发光显示器，可以在未来扩展其功能，以识别特定气体、污染物和健康相关指标。(7) 光通信。欧盟石墨烯旗舰计划研究人员已经证明了石墨烯能够实现超宽带通信以及更低的功耗，从根本上改变数据在光通信系统中的传输方式。这可能使石墨烯设备成为 5G 及物联网和工业 4.0 发展的关键因素。

未来的可穿戴设备。(1) 石墨烯压力感应鞋垫。鞋垫中的石墨烯泡沫可以跟踪足部的压力分布，用于运动分析和足部矫形。轻质石墨烯嵌入式泡沫可响应压力变化，便于在所有类型的鞋子中进行应用。(2) 柔性透明触摸人机界面。该透明、压力敏感的石墨烯和塑料薄膜可实现精确的压力检测。层压薄膜非常薄，可以在 3D 表面上制备并集成到柔性装置中。因此，该技术可用作电子皮肤，使任何表面对其环境具有高响应性，适用于医疗保健、机器人、游戏、数字音乐制作和工业 4.0。(3) 脑机接口。石墨烯可用于脑植入物，记录和刺激大脑表面的脑信号。由于石墨烯的灵活性，这些植入物给人的感受更为舒适，同时侵入性更小。高性能脑植入将改善对神经疾病的理解和治疗以及推动脑机接口技术的发展。

宏量制备。(1) 大规模生产石墨烯。Graphenea 公司为电子产品生产可扩展的高质量石墨烯。高质量的石墨烯是利用石墨烯优异电子特性新技术的基石。通过研究和创新，Graphenea 公司已经可以生产 CVD 石墨烯薄膜，石墨烯场效应晶体管芯片（GFET），石墨烯铸造服务（GFAB）和石墨烯氧化物。（2）可喷雾沉积石墨烯的设备——M - Solv/Thales。喷涂沉积机专为欧盟石墨烯旗舰计划开发，采用该设备可将石墨烯涂覆在任何材料表面。M - Solv 独特的工艺能力结合了激光、喷墨和喷涂沉积，可以制造各种储能设备。

4.5.2　国内外研发水平对比

目前，石墨烯技术研发呈现出良好的应用前景，但仍须在制备方法和工艺以及下游应用中进行新的突破，以实现石墨烯应用的产业化，引领多领域新材料新时代的变革。

我国石墨烯技术水平基本与国际同步。在石墨烯研发上，我国和欧美国家发展的路线不同。我国在石墨烯主要研究领域均有涉及，石墨烯技术水平基本与国际先进水平同步，部分领域处于领先水平并掌握了自主知识产权。如我国在石墨烯光驱动、大尺寸单晶材料宏量制备、玻璃上 CVD 生长石墨烯、石墨烯量子点在癌症极早期检测的应用以及射频识别标签（radio frequency identification，RFID）及石墨烯无纺布等方面的技术研发具有优势。

我国高技术布局处于战略被动。欧、美、日、韩等地在将石墨烯应用于信息、生物、光电等战略高技术领域投入较大。一批大型企业如 IBM、英特尔、三星、洛克希德・马丁、巴斯夫、诺基亚等在国家资金的支持下，在这些领域深耕并进行专利战略布局。特别是三星集团，在石墨烯领域的整个产业布局上不仅具有清晰、统一的远景规划，在具体实施上也做到了循序渐进、重点突破，尤其是在自己所擅长的电子器件、光电显示和新能源等领域，已经形成战略主动。而我国在这些战略高技术领域的布局规划仍未形成，研发投入较少，国内企业也很少涉足，在这些领域我国处于战略被动。

我国创新成果重量轻质问题显现。我国石墨烯领域的论文、专利等创新成果的数量虽然居于前列，但是原创性的基础研究不足。国内学者论文的平均被引用次数还不到美国的一半(去除自引,国内每篇平均被引用 10 次,美国为 30 次);而且代表着国际最高水平的 *Nature* 和 *Science* 主刊上,国内学者作为第一作者或者通讯作者发表的文章,占比较低。这表明国内基础研发同国外相比在原创性上有很大的差距。

第 5 章

石墨烯产业发展态势

5.1 国际石墨烯产业发展分析

近年来，国外石墨烯产业最显著的变化就是各国纷纷调整方向，将工作重点瞄准应用，希望早日实现一些重点应用领域石墨烯项目的产业化。

5.1.1 美国：多元布局、体系完善、国防特色鲜明

当前，美国石墨烯产业布局呈现多元化，并且产业链相对完整，基本覆盖了从制备及应用研究到产品再到下游应用的整个环节，科研院所与企业关系较为密切，科技成果转化速率也更快。美国涉足石墨烯的企业不仅有诸如 IBM 公司、英特尔公司、波音公司、福特公司等研发实力强的大型企业，还有像美国纳米技术仪器公司、沃尔贝克公司等以石墨烯为其核心业务的中小型企业，他们对美国石墨烯技术产生了深远的影响。

如 IBM 公司主要从事石墨烯场效应晶体管和介电层的相关研究，其在石墨烯领域的成果格外引人瞩目：2010 年研制出首款由晶圆尺寸石墨烯制成的集成电路，2014 年制备出全球首个多级石墨烯射频接收器，其雄厚的物质基础和强劲的研发实力也将支撑其石墨烯产品的创新升级。福特公司更是将石墨烯应用到汽车发动机降噪环节中，在燃油分供管、引擎及各种泵上使用石墨烯，有助于减少引擎盖下噪声。另外，福特公司宣告未来将集成石墨烯组件，覆盖于 F-150 和野马车型，并且还会拓展至其他系列。美国石墨烯和二维材料生产商 Grolltex 是专门从事可持续石墨烯生产方法的专业公司，并致力于推动石墨烯领域的发展，通过优化单原子厚材料来改善前沿材料科学和产品设计的未来，其在加利福尼亚州圣地亚哥的 CVD 单层石墨烯制造厂每年可生产 30 000 个 8 英寸石墨烯晶圆产品。

值得注意的是，美国是当前全球石墨烯领域唯一有军队、国防部高程度支持研发与推广的国家，其美国能源部（DOE）、美国国防部（DOD）、美国空军科研办

公室、美国太空总署（NASA）等相关部门对石墨烯领域政策及资金的支持力度很大。

5.1.2 欧洲：未来战略布局、产业进程缓慢

根据石墨烯联盟（CGIA）调研，近年来欧盟石墨烯旗舰计划在产品应用研发上仍取得了不错的进展，例如石墨烯光子芯片、300 mm 大小的大晶圆、用于汽车工业的透明电极、可穿戴传感设备、基于纸张的交互式设备和透明触摸面板、工作频率超过 100 GHz 的石墨烯射频设备电路、家居安全检测的压力传感器、石墨烯空气嗅探器、石墨烯的神经接口电极、用于监测生物系统的场效应晶体管、功能化石墨烯母粒、复合纤维、铜-石墨烯氧化物复合材料、海水淡化、水和空气净化系统、石墨烯硅碳负极、石墨烯超级电容器、锂硫电池、空气电池、钙钛矿电池、燃料电池等技术及产品都在积极开发中。

目前欧盟约有 70 余家公司开展石墨烯的研发、产业化以及应用的推进，不仅包括诺基亚、巴斯夫、拜耳等工业巨头，还有众多小型专业化石墨烯企业。产业分布主要集中在英国、德国、法国、西班牙等地。

同时，作为石墨烯的“诞生地”，英国在石墨烯的基础研发方面居于全球领先地位，但从事商业开发的石墨烯企业较少，为加快英国石墨烯产业的研发及应用，英国政府也投入巨资加快石墨烯的产业发展，产业布局主要围绕曼彻斯特大学进行，先后在曼彻斯特大学成立了国家石墨烯研究院及石墨烯工程创新中心，以加速石墨烯的基础研究及应用开发。目前，该创新中心已经建成并投入使用，与 First Graphene Ltd、Haydale 石墨烯工业公司、Versarien plc 公司建立合作，以开发石墨烯产品和应用。

5.1.3 日韩：产学研合作紧密、龙头企业推动效应显著

韩国石墨烯产业发展产学研结合紧密，在基础研究及产业化方面发展较为均衡，整体发展速度较快。政府层面，韩国政府通过提供资金支持、整合研究力

量等多方面加大支持力度;研究层面,韩国成均馆大学、韩国科学技术院等均在石墨烯研究方面拥有较强实力;企业层面,产业化主要体现在电子信息行业,以韩国三星集团和 LG 公司等大企业为主,三星集团投入巨大研发力量,保证了其在石墨烯柔性显示、触摸屏以及芯片等领域的国际领先地位。这种大型的电子设备制造商和家电制备商逐渐青睐石墨烯的导电性、散热性等优异性能,将石墨烯材料应用于电视、手机、冰箱、空调、显示器、电动车、电容器、灯、开关、光纤、电阻器等为韩国石墨烯产业发展提供支撑。同时韩国十分注重保护和申请石墨烯专利,目前专利量居全球第三,仅次于中国和美国,远高于欧洲其他国家。

韩国重点领域项目研究包含触摸面板(三星)、OLED 面板(韩国电子通信研究院)、复合薄膜(SANGBO)、电磁屏蔽涂层(CHANGSUNG)、防腐涂层(浦项制铁)、散热片、传感器和锂离子电池等。

日本依托其良好的碳材料产业基础,是全球最先进行石墨烯研究的国家之一,产学研结合较为紧密,整体发展较为全面。包括日本东北大学、东京大学、名古屋大学等在内的多所大学以及日立、索尼、东芝等众多企业都投入大量资金和人力从事石墨烯的基础研究和应用开发,研究重点主要集中在石墨烯薄膜、新能源电池、半导体、复合材料、导电材料等应用领域。

目前,日本石墨烯企业产业化情况主要体现在电子信息行业和化工行业,以东芝集团、积水化学、三菱、富士通、松下公司和 Sony 索尼等为主,涉及领域包括碳纳米管和石墨烯的批量合成技术、传感器、智能开关、透明导电膜、光电转换元件、锂离子二次电池、变频滤波器、电磁波检测器等。

5.2 中国石墨烯产业发展分析

我国石墨烯产业相关政策不断完善,共性关键技术不断突破,首批次产业化应用示范推进效果明显,产业绿色、循环、低碳发展进程加快,下游应用领域不断拓展,在散热、新能源等部分领域,石墨烯已经实现从“工业味精”到“工业维生素”的转变,企业分化日益明显,行业洗牌进程加快,石墨烯产业整体处于调整发展阶段，产业发展更加理性。

5.2.1 首批次产业化应用示范作用显著

目前，石墨烯产业发展进入了以产业化应用推进为核心的新阶段，大企业带动作用效果明显，石墨烯散热材料、石墨烯涂料、石墨储能材料、石墨烯净化材料等不断被下游企业应用在终端产品上。(1) 石墨烯散热材料已成为5G时代标配。5G设备功耗高增，渗透率提升，带动对石墨烯高效散热材料的需求。2019年，华为、小米等手机龙头都采用石墨烯散热材料作为其新上市5G手机的散热方案。(2) 石墨烯储能材料在新能源汽车领域的应用程度不断深化。目前石墨烯导电浆料已在比亚迪、国轩高科等国内知名动力锂电池产商中规模应用，而石墨烯在三元电极材料、固态电池等方面也取得不错的进展。(3) 石墨烯防腐涂料有望快速进入市场。石墨烯在物理防腐和电化学防腐方面有着天然优势，同样是环氧富锌防腐底漆，添加了石墨烯的防腐底漆可以以更少的锌粉用量达到更高的防腐效果，不仅节约成本，更能降低“锌污染”，更符合当今环保时代主题。(4) 石墨烯复合净化材料为环境治理带来新突破。目前石墨烯净化剂、石墨烯过滤膜、石墨烯光催化网等净化材料已成功应用于上海、江阴、济宁等多地的水体治理工作，效果明显。

5.2.2 产业集聚效应渐显，发展态势稳中向好

由于石墨烯产业的发展将带动资本、技术、人才要素的全面集聚，因而各地政府在石墨烯产业发展领域的力度不断增加，特别是对中西部地区的投入力度明显加大。当前，我国石墨烯类企业已形成“3 + N”个具有区域产业特色的石墨烯产业集聚区域。“3 + N”是指已经形成产业集聚的环渤海经济圈、长三角经济圈、珠三角经济圈以及N个正在发展的产业区域(如川渝、广西、陕西、东北等)。随着聚集区域的形成，人才培养体系和技术创新格局初步成形，中国石墨烯产业发展态势稳中向好。

5.2.3 企业分化不断加剧，产业发展更加理性

近年来，很多企业、机构纷纷涉足石墨烯，但主要以初创期的中小微企业为主，尚未形成自我造血功能。截至 2019 年年底，在工商部门注册，涉及石墨烯相关业务的企业及单位数量达到 13 309 家，但实际开展业务的仅有 3 000 多家。受制于技术、资金、人才、市场等各种因素制约，石墨烯相关企业死亡率从 2015 年的 0.26%上涨到 2019 年的 3%，其中死亡企业中有一半以上存活时间不足 2 年。可以说，随着石墨烯产业发展日渐明晰，不具有核心竞争力的企业逐渐被淘汰，真正拥有实力的企业情况开始好转，企业分化不断加剧。

随着石墨烯市场的不断调整，企业、研究机构和投资机构对石墨烯的认知不断深刻，投资开始趋于理性。部分企业已经开始调整产品结构，缩减利润低的业务和方向，不断升级、优化产品。未来，石墨烯的应用价值和产业进展将备受关注，只有那些真正具有核心技术、聚焦优质材料开发、产品得到认可的企业才会得到资本市场的青睐，市场发展将更加理性。

第6章

石墨烯应用市场发展态势

石墨烯作为近年来备受关注的新型材料，其用途非常广泛，在半导体产业、光伏产业、锂离子电池、航天、军工、新一代显示器等领域都将带来革命性的技术进步(表6-1)。石墨烯在下游市场的应用主要有新能源、电子信息、大健康、节能环保、生物医药、化工、航空航天等领域(图6-1)。

表6-1 石墨烯特性及对应的应用领域

石墨烯特性	石墨烯应用领域
高比表面积，高载流子浓度	新能源(锂离子电池、超级电容器、铅酸蓄电池、太阳能电池)，化工(涂料、橡胶)
远红外发热，理疗，高电导率	大健康(理疗穿戴)，节能环保(电能替代)
高强高韧，高导热	化工(塑料、橡胶)，航空航天(树脂基复合材料、金属基复合材料)
柔性，高载流子浓度，透明度高，高导热	电子信息(柔性显示、散热行业、传感器)

图6-1 石墨烯在下游市场的应用

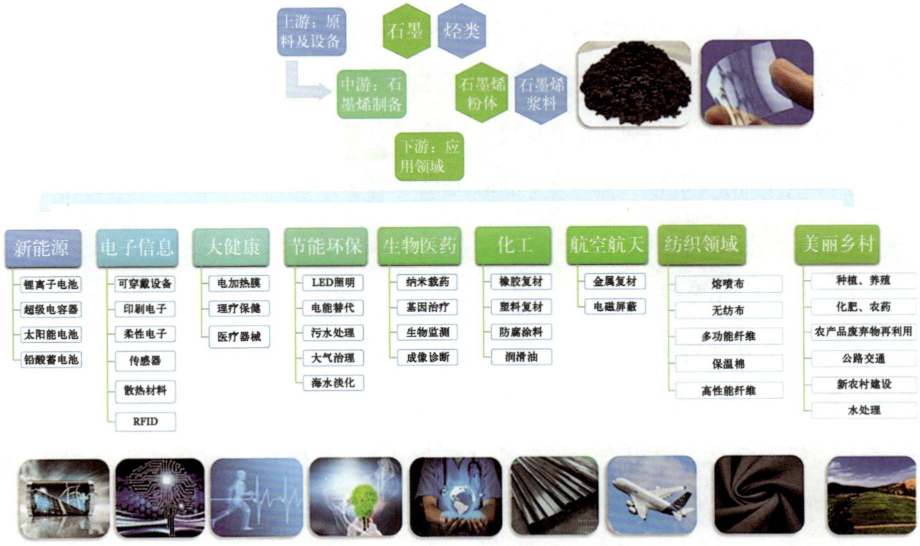

(数据来源：CGIA Research 整理)

6.1　新能源领域

现阶段，石墨烯在新能源行业的应用主要集中在锂离子电池和超级电容器领域，石墨烯在铅酸蓄电池领域的应用也成为近年来石墨烯在新能源领域的亮点。随着新能源汽车行业的发展，石墨烯在储能领域也将迎来新纪元，在锂电池、超级电容器、铅酸蓄电池、太阳能电池及其他电池中将具有广阔的应用前景。

6.1.1　锂电池

锂离子电池作为二次电池，性能优异、应用领域广，但锂离子电池的功率性能相对较弱，如何提高电池的功率密度、能量密度是当前研究的热点，同时也是难点。研究结果表明石墨烯应用到锂离子电池中可以显著提升电池的相关性能。在负极复合材料中，石墨烯不仅可以缓冲材料在充放电过程中的体积效应，还可以形成导电网络提升复合材料的导电性能，提高材料的倍率性能和循环寿命。通过优化复合材料的微观结构，例如夹层结构或石墨烯片层的包覆结构，可进一步提高材料的电化学性能。在正极复合材料中，石墨烯形成的连续三维导电网络可有效提高复合材料的电子及离子传输能力。此外，相比于传统导电添加剂，石墨烯导电添加剂的优势在于较少的添加量便可实现更加优异的电化学性能。

6.1.1.1　负极材料

目前商业化的锂离子电池负极材料多为石墨类，从石墨的克容量和压实密度看，负极材料的能量密度很难再提高。此外，石墨片还存在易发生剥离，循环性能不理想的问题。与其他碳/石墨材料相比，石墨烯具有很高的电子导电能力，有利于电子的转移；具有孔道结构，能提供较大的储锂空间和更快的锂离子传输通道；片层间存在有机碳源炭化后骨架，可以有效地缓冲充放电过程中的体积变化，防止充放电过程对结构的破坏，同时还具有优异的循环性能，可作为锂离子电池负极材料，其理论比容量为740～780 mA·h/g，是传统石墨材料的2倍多。各种锂电池负极材料的理论比容量如表6－2所示。

表6－2 各种锂电池负极材料的理论比容量

材　　料	理论比容量/(mA·h/g)
Li_3FeN_2	150
$Li_4Ti_5O_{12}$	174
石墨	372
石墨(掺入石墨烯)	540
石墨烯	740～780
Sn	990

数据来源：华泰证券研究所

目前石墨烯及其复合材料在锂离子电池负极材料的应用研究主要集中在三个方面：纯石墨烯、掺杂石墨烯材料以及石墨烯复合材料在锂电池负极中的应用。

1. 纯石墨烯

天津大学杨全红教授等研发了一种利用石墨烯片层，构成空岛结构的负极材料，该材料制备工艺简单，易于工业化生产。三星SDI株式会社研发了由石墨烯片组成的石墨烯层锂离子电池负极材料，该材料具有较高的锂离子储存能力、单位电容量(744 mA·h/g)以及能量密度。

而纯石墨烯作为负极材料在以下方面表现不佳：(1) 纯石墨烯材料由于第一周期库仑效率低，充放电平台和循环稳定性差，无法替代目前商用的碳材料而直接用作锂离子电池负极材料；(2) 有些学者认为石墨烯的振实密度和压实密度都非常低，成本却比石墨高出许多；(3) 如果将石墨烯用作锂电负极材料的话，需要对现有负极工艺进行改造。成本高和技术难度高，这也是众多负极材料厂商对石墨烯望而却步的原因。

2. 掺杂石墨烯材料

为了拓展石墨烯在负极材料中的应用，研究人员尝试通过掺杂的方式来提高电池的储锂能力，研究发现氮掺杂可以提高石墨烯的活性和导电性。而硼掺杂能有效提高石墨烯的储锂能力。如 Shan 等采用水热法制备出具有独特多孔网状结构的硫/氮双掺杂多孔石墨烯，研究结果显示该材料具有卓越的循环性能和倍率性能。即使在 800 mA/g 的高电流密度下，经 400 次循环以后仍然能够获得 1 109.8 mA·h/g 的高可逆容量，这主要是因为双掺杂原子相互作用便于石墨烯以及多孔结构的电子和离子的传质。

3. 石墨烯复合材料

石墨烯与金属或氧化物纳米粒子复合，可弥补石墨烯材料的缺陷。金属/石墨烯复合材料、金属氧化物/石墨烯复合材料、硅基石墨烯复合材料、金属盐/石墨烯复合材料和石墨烯/高分子复合材料是目前主要的研究方向。在这些复合材料中，超薄柔性石墨烯层可以用于锚固良好分散的纳米颗粒和高导电基质使其有良好的接触，这既可以提高这些颗粒的电化学性能，也可以有效防止纳米颗粒在锂充电/放电过程中的体积膨胀/收缩和聚集。同时，纳米颗粒可以有效降低石墨烯片的聚集程度，从而保持石墨烯片层的高活性表面积，并可以在一定程度上增加锂的存储容量和改善其循环性能。

天津大学杨全红教授研究团队在高体积能量密度锂离子电池负极材料设计方面取得突破。他们在采用毛细蒸发技术构建致密石墨烯网络的过程中，引入硫作为一种可流动的体积模板，为非碳活性颗粒完成了石墨烯碳外衣的定制。硫模板法精确设计石墨烯碳笼结构流程如图 6－2 所示。通过调制硫模板使用

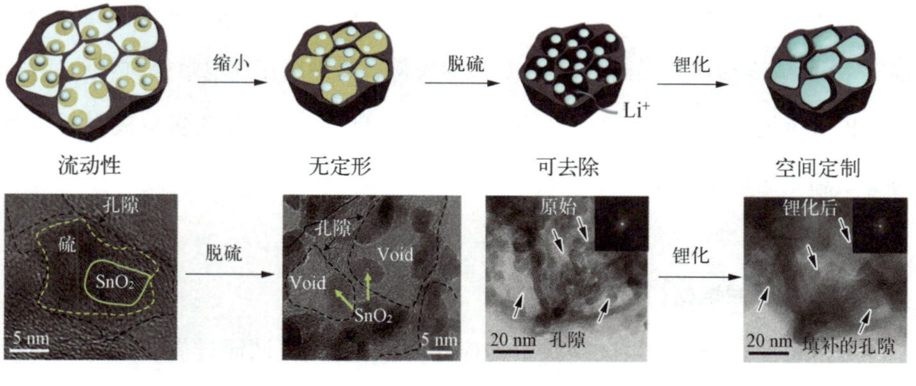

图 6－2 硫模板法精确设计石墨烯碳笼结构流程

量，可以精确调控三维石墨烯的碳笼结构，实现对非碳活性颗粒大小“合身”的包覆，从而在有效缓冲非碳活性颗粒嵌锂巨大体积膨胀的基础上，作为锂离子电池负极表现出优异的体积性能。

2018 年维也纳大学 Freddy Kleitz 等开发出一种用于锂离子电池的新型纳米结构阳极材料，可延长电池的容量和循环寿命。基于中孔混合金属氧化物与石墨烯的结合，该材料可以提供一种新的方法，以便在诸如电动或混合动力车辆的大型装置中更好地使用电池。该材料比容量显著提高，具有优异的可逆循环稳定性，可达到超过 3 000 次可逆充电和放电循环。

6.1.1.2　正极材料

对于锂离子电池而言，可应用的正极材料应当满足可逆容量大、电位高且稳定、无毒害、制作成本低等特点。目前较为常见的锂离子电池正极材料多为磷酸铁锂（$LiFePO_4$）材料，其具有高比容量、无毒、生产成本低等特点，但其依然面临着电导率差、锂离子迁移率较低的问题。若将 $LiFePO_4$ 材料与石墨烯复合，理论上可以改善其导电能力，提高倍率性能。

研究表明，用水热法将石墨烯直接覆盖在 $LiFePO_4$ 表面上制成复合材料，其倍率性能提升效果并不理想，其原因可能是石墨烯材料结构的堆叠或破坏。有学者研究发现，石墨烯将 $LiFePO_4$ 半包裹后形成的材料可以提高 $LiFePO_4$ 材料的导电性能，但将其全包裹后离子传输效率下降，并推测这可能是因为锂离子无法通过石墨烯的六元环结构。

同时，也有研究人员将 $LiFePO_4$ 纳米颗粒与氧化石墨进行超声混合，制得了微观结构更加工整的 $LiFePO_4$/石墨烯复合材料。该材料经过进一步的常规碳包覆后嵌锂比容量大大提升，在 60C 高倍率条件下仍然可维持在 70 mA・h/g 左右。中国科学院合肥物质科学研究院研制了具有高容量长寿命的三维石墨烯纳米复合锂离子电池材料-三维石墨烯/五氧化二钒电池正极材料，具有高的活性材料负载量、短的离子电子传输路径，并且具有高容量和优良的循环稳定性。王海亮团队开发出一种超薄涂层材料，可以延长电池寿命并提高锂硫电池的效率。涂有该材料的硫阴极可以稳定地放电和再充电 1 000 次以上，有效提高电池的效率和循环次数。

当前石墨烯在锂电池正极材料应用方面仍处于试验阶段，存在制备方法和工艺复杂，周期长，能耗、成本高等问题。除了需要解决上述问题外，还需要更深入地探讨石墨烯与正极活性材料间的相互作用机理，进一步探究活性物质与石墨烯之间的协同效应。

6.1.1.3 基导电添加剂

石墨烯是具有特殊二维结构的碳材料，兼具良好的导电性、导热性与片层柔性。作为导电剂使用时，可与活性材料通过点-面接触形成三维导电网络，提高电子电导率。还可在活性物质颗粒之间形成不同大小和形状的孔隙，使活性物质与电解质得到充分浸润，提高离子电导率。少量添加即可表现出良好的电化学性能，因而在锂离子电池中具有巨大的应用前景。从石墨烯导电添加剂与传统导电添加剂的性能对比（图 6-3）可以看出，在导电率、吸油值以及接触性等方面石墨烯导电添加剂都具有明显优势，这为提高导电添加剂的综合性能打下了良好的基础。

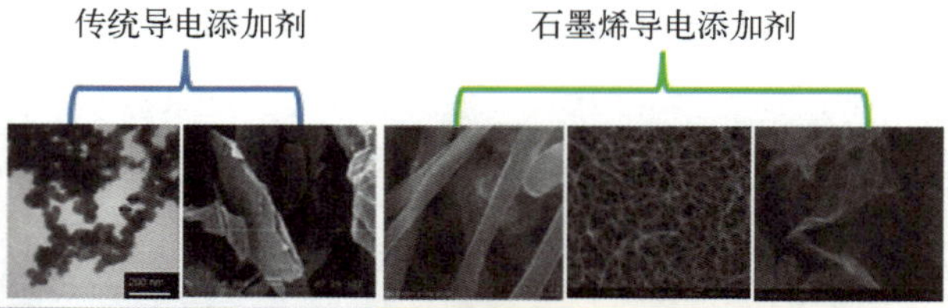

	导电炭黑 Super P Li	导电石墨 SFG6	气相生长碳纤维 VGCF	碳纳米管 CNTs	石墨烯 Graphene
颗粒尺寸	40 nm	片径3~6 μm	直径150 nm	直径约为10 nm	厚度< 3nm
比表面积 SSA/(m^2/g)	60	17	13	约为200	30 (BET)
粉体电导率/(S/cm)	10	1000	1000	1000	1000
吸油值 DBP/(mL/100g)	290	180	—	约为200	> 2000

图 6-3 石墨烯导电添加剂与传统导电添加剂的性能对比

2013 年卡博特公司推出了首款用于高能量密度锂离子电池的石墨烯添加剂——LITX G700。与传统添加剂相比，这种新型添加剂旨在提供在超低负载下实现锂离子电池中高能量密度所需的导电性，分配给导电添加剂的较小负载或体积使得能量存储材料具有更大的体积。因此，LITX G700 石墨烯基添加剂可在超低负载下提供导电性的阶跃变化性能，并且易于整合到电池电极中。

Zhang 等将石墨烯作为导电剂引入钛酸锂负极，并详细探讨了其导电阈值问题。当石墨烯用量为 5%时，钛酸锂的电化学性能高于使用 15%炭黑的性能。计算模拟得出石墨烯的导电阈值为 0.54%，比炭黑低 1 个数量级，从定量的角度表明了石墨烯导电剂的良好效果。2017 年 Wu 课题组发现结果并非如此，使用片径 5 μm 以下的石墨烯导电剂时磷酸铁锂表现出较好的性能，5C 放电时磷酸铁锂的比容量分别为 112 mA・h/g 和 104 mA・h/g。但是相同添加量的 10 μm 以上石墨烯导电剂的效果反而变差，只有 79 mA・h/g。这表明使用石墨烯导电剂时，影响磷酸铁锂电化学性能的因素不仅仅有电子传导，还有离子传输问题。2019 年中科院金属研究所李峰研究员课题组选取目前最常用的三种量产的石墨烯作为导电剂，在锂离子电池商业化正极材料钴酸锂体系中开展了应用研究。石墨烯导电添加剂合成路线如图 6－4 所示。研究结果表明，将具有大片层尺寸、高结晶度和高导电性的石墨烯作为导电剂时，钴酸锂正极的电化学性能并未如预期得到提高。然而，将具有一定含氧官能团、比表面积较低和尺寸适中的石墨烯作为导电剂时，电化学性能却有大幅提升。该研究不仅提出了适用于钴酸锂正极体系的石墨烯导电剂的应用方案，也为石墨烯导电剂在高功率、高能量密度锂离子电池应用中的有效选择提供了参考。

图 6－4　石墨烯导电添加剂合成路线

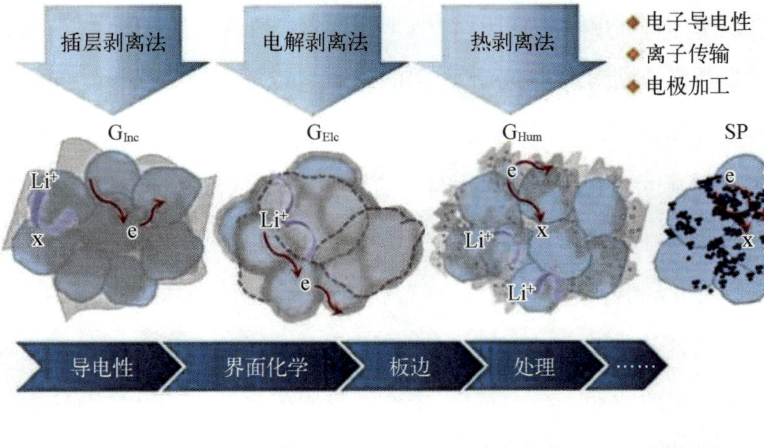

整体来看，动力电池对能量密度的要求越来越高，产品逐渐向三元高镍及硅碳负极等方向发展，其对新材料新技术的导电剂需求强烈，碳纳米管、石墨烯等

新型导电剂的应用加速。目前市场上的碳纳米管和石墨烯新型导电剂在正极浆料中的添加比例为0.5%～1.5%，而传统炭黑导电剂在3%左右，更少的添加量符合锂电池，特别是动力锂电池对更高的能量密度的要求。但碳纳米管和石墨烯等导电剂仍存在分散性差等技术问题，并且价格仍然偏高。

6.1.1.4　复合隔膜

目前大部分商业化的锂电池隔膜都是利用聚乙烯(polyethylene，PE)，聚丙烯(polypropylene，PP)及其他共聚物。随着现在电池技术的进展，对隔膜的要求也越来越高，石墨烯作为性能突出的新材料，在锂电池隔膜领域已经引起了研究者的广泛关注。

2016年7月日本产业技术综合研究所(National Institute of Advanced Industrial Science and Technology，AIST)和中国南京大学的研究人员开发出一种基于金属有机骨架的氧化石墨烯复合材料作为Li-S电池的隔膜，可以帮助解决这些电池中出现的“多硫化物穿梭问题”。该隔膜选择性地分离出Li^+，同时阻止多硫化物迁移到阳极，有助于将容量衰减率降低到1 500循环，每循环的容量衰减仅为0.019%。

2017年，中国科学技术大学合肥工业大学的研究团队采用聚丙烯为支撑隔膜，然后在其上修饰两层化学气相沉积法生长的石墨烯膜作为先进锂硫电池器件的隔膜，可以抑制多硫化物的穿梭，可以提高锂硫电池中硫的利用率，显示出低的容量衰减率和自放电现象。2018年，来自得克萨斯大学奥斯汀分校、美国加利福尼亚大学及来自湖南大学、苏州大学的团队报告了一种带负电荷的石墨烯复合分离器的设计，有效抑制锂硫电池中多硫化物的穿梭效应。带负电的3D多孔结构有效地抑制带负电的多硫化物离子的转移，从而实现高度稳固的Li-S电池，在1 000次循环中的容量保持率为74%。2019年，韩国大田的电子通信研究院采用二次涂覆法，制备石墨烯复合隔膜，利用此隔膜所组装的锂电池在1C倍率下做循环测试，在200次循环前，改性的隔膜的锂电池充放电都比较稳定，200次循环后产生一定的波动。与之对比，未改性隔膜的电池在100次循环后就开始严重波动，并在220次左右循环后，几乎没有了容量(图6-5)。

就锂电池隔膜市场而言，2018年中国锂电隔膜在全球市场占比排名第一，且

图 6-5 两种锂电池的循环容量图

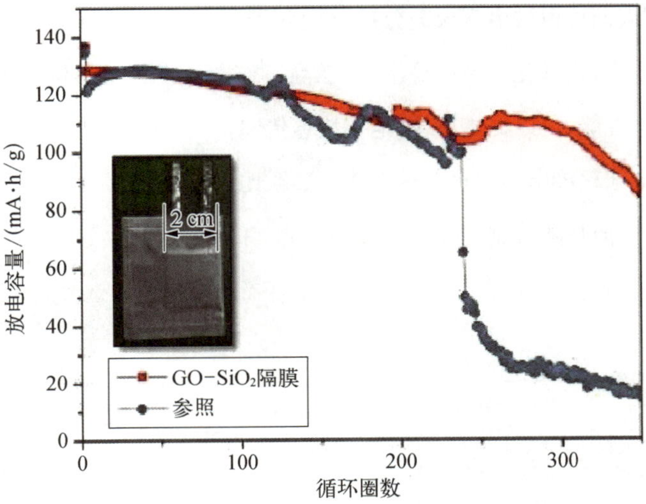

隔膜国产化率进一步提升，价格呈下降趋势。所以石墨烯复合隔膜除了要克服技术、工艺上的难点之外，还需要解决成本问题。

6.1.1.5 石墨烯-锂电池的产业化进程

目前石墨烯在锂电池行业的应用技术已逐步成熟，一些企业正在逐渐实现产业化，正处于石墨烯基锂电池行业的爆发阶段。国内外一些知名的企业和研究机构正在加大对石墨烯-锂电池的资金和研究投入，以期望率先占领该行业的市场高地，韩国三星集团是其中的领军企业。2015 年，研究人员将硅纳米颗粒涂布在石墨烯层上，创造出使用硅阳极的电池，能量容量几乎是现今锂电池的 2 倍，200 次充放电之后，还能维持 1.5 倍的能量密度。2017 年 11 月，三星开发出独特的“石墨烯球”，用其制造的电池其容量增加 45%，充电速度提高 5 倍。

6.1.2 超级电容器

石墨烯超级电容器具有优异的储能性能，因此被应用于能源、汽车、信息技术等多个领域，未来可向交通运输、新能源领域（风能、太阳能发电智能并网等）拓展。石墨烯的理论比表面积为 2 630 m^2/g，高于碳纳米管等其他碳材料；它的结构完美，其外露的表面可以被电解液充分地浸润和利用，具有高的比容量，并适合于大电流快速充放电；物理化学性质稳定，能在高工作电压下保持结构稳定；同时它具有优异的导电性能，可以促进离子/电子快速传递，降低内阻，提高超级电容器的循环稳定性。不同超级电容器材料的性能参数对比如表 6－3 所示，尽管当前石墨烯价格相对较高，但是随着制备技术的不断成熟，未来其价格会逐渐降低。因此，石墨烯被认为是高电压、高容量、高功率超级电容器电极材料的选择之一。

表 6－3 不同超级电容器材料的性能参数对比

碳材料	密度/(g/m^3)	比表面积/(m^2/g)	导电性/(S/cm^3)	成本
石墨烯	1	2 630	10^6	高
碳纳米管	0.6	120～500	10^4～10^5	高
石墨	2.26	10	10^4	低
活性炭	0.4～0.7	1 000～3 500	0.1～1	低
活性炭纤维	0.3～0.8	1 000～3 500	5～10	中

数据来源：中信证券研究部

目前，国内外基于石墨烯或改性石墨烯超级电容器的研究工作非常广泛，大量的研究结果表明石墨烯在超级电容器领域具有很强的商业化应用前景。当前石墨烯在超级电容器中的应用主要集中在双层超级电容器、法拉第赝电容器和混合超级电容器。

1. 双层超级电容器

双电层电容机制是利用电极表面与电解液间的双电层储存电荷，主要代表为石墨烯、碳纳米管、活性炭等碳基材料。碳基材料比表面积大，导电性好，具有优异的倍率性能和循环性能，但由于合成过程中的积聚、堆叠，其实际比电容较低。石墨烯优异的导电性、高的比表面积、合适的孔隙率等性能，使其应用于双电层电容器具有独特的优势。

Sun 等将由氧化石墨烯还原得到的石墨烯，组装成超级电容器具有 120 F/g 的比电容，并在 1 500 次循环性能测试后电容无明显下降。Yang 等制备了具有高度多孔石墨烯电极的超级电容器，其不仅能够实现 41 kW/kg 的高功率密度和97.5%

的库仑效率，而且还具有 148.75 W·h/kg 的能量密度，在电流密度为8 A/g的 7 000 次充电/放电循环后，器件可以保持几乎 100%的电容。Down 等通过化学气相沉积方法制造的三维（3D）独立式石墨烯大孔材料（3D-G）在含水电解质中以 16.6 μA/g 充电时，3D-G 表现出 266 μF 的电容，与未加入石墨烯 3D 网状玻璃碳（3D-RVC）大孔替代物（其电容只有 20 μF）相比，电容显著提升。

2. 法拉第赝电容器

赝电容机制是通过电极材料快速、可逆的氧化还原反应储存电能，主要代表为聚苯胺（polyaniline，PANI）、聚吡咯（polypyrrole，PPY）、聚噻吩（polythiophene，PTH）等导电高分子以及二氧化锰、氧化钴、氢氧化镍、硫化钴等过渡金属化合物。导电高分子合成过程中易团聚，材料内部电容不能充分利用，过渡金属化合物导电性差，重复的充放电过程中活性材料易发生体积变化，导致此类材料虽然比电容较高，但其循环性能和电化学稳定性不甚理想。石墨烯可以直接用于超级电容器的电极材料，但成本较高，比电容较小且团聚严重，限制了其大规模的应用。目前科学家通过将石墨烯进行表面官能团修饰或与其他材料进行复合等方式，获得了电化学性能更优异的石墨烯基电极材料。

Peng 等合成的中空石墨烯/导电聚合物复合纤维具有高机械和电子特性，用于制造新型纤维状超级电容器，具有高能量密度和长寿命稳定性，纤维超级电容器可以编织成柔性动力纺织品，使其在便携式和可穿戴电子设备应用方面具有广阔的前景。Xu 等利用新型花状聚苯胺/石墨烯杂化物（PANI-ATRGO），所制成的电极材料，比电容显著提高（1 510 F/g）。除了优异的倍率容量和长期循环稳定性外，还可以在 1 A/g 下使用超级电容器。2018 年 7 月，浙江大学高超教授课题组研究人员提出了由“高取向、高褶皱和高掺杂”（三高）设计引导的石墨烯电极的制造策略，其中，“高取向”保证了较高的电导率以及电极堆积密度，“高褶皱”保证了提供较为快速的离子传输孔道，“高掺杂”保证了相较于传统双电层电容更高的赝电容的发挥。

目前，石墨烯基复合材料的研究依然处于初始阶段，在设计和合成新颖的石墨烯基复合电极材料从而获得高能量密度、高功率密度以及长循环寿命的高性能超级电容器方面仍然有较大的发展空间。相信石墨烯基复合材料的进一步研究,将会推动下一代电化学储能器件的发展,并广泛应用于其他领域。

3. 混合超级电容器

随着石墨烯的引入,混合超级电容器在性能有了比较明显的提升。可与石墨烯复合的活性物质主要有金属氧化物,包括 RuO_2、MnO_2、Co_3O_4、NiO、CuO 等;导电聚合物主要有聚噻吩类、聚苯胺类和聚吡咯类等;金属氢氧化物主要有 $Co(OH)_2$ 和 $Ni(OH)_2$ 和金属硫化物等。

Wu 等分别用超薄多孔 NiO 纳米片和还原氧化石墨烯(rGO)作为正极和负极,组装成混合超级电容器。此类超薄电极材料的独特形貌和发达的多孔结构在快速的氧化还原反应中,不仅减小了电解液的扩散阻力,而且在持续的充放电过程中保持了结构的完整性;其电势达 1.5 V,NiO/rGO 的比电容为 145 F/g,能量密度和功率密度分别为 45.3 W·h/kg 和 1 081.9 W/kg,且具有优异的循环稳定性(充放电 5 000 次后的比电容仍保持在 91.1%)。Yang 等通过原位化学转换法制得 Ni - Co - S/G 复合材料具有丰富的电活性位点和短的离子迁移距离,将该复合材料作为正极,多孔碳纳米片材(Porous Carbon Nanometer Sheet,PCNS)作为负极,组装成非对称超级电容器 Ni - Co - S/G//PCNS。其最大能量密度和功率密度分别为 43.3 W·h/kg 和 22.1 kW/kg,循环 10 000 次后仍剩余 85%的比电容。

具有大的比表面积,有利于电解液离子进入的大小合适的孔隙和优异的导电性。石墨烯作为一种新颖的二维碳材料,有利于电解液离子进入的大小合适的孔隙和优异的导电性,是用于非对称超级电容器复合电极的理想载体材料。一方面,不同微观结构的石墨烯基材料已被证实是用于能量储存的非常有前途的材料,比表面积更大、导电性更好的石墨烯将会促进石墨烯基复合电极在超级电容器中的应用与发展,也会提高石墨烯基非对称超级电容器的性能;另一方面,将金属氧化物、导电聚合物、金属氢氧化物以及金属硫化物纳米化,使之兼具大的有效面积、丰富的氧化还原活性位点等特点,从而提高复合材料的比电容,这是石墨烯基复合电极的研究重点。

产业化面临的首要问题是石墨烯片层的团聚问题，同时，还存在制备上的诸多不可控因素，如面积、质量、层数的问题；石墨烯复合材料的结构性能与制备过程之间的关系；结构优化与控制以及后期的超级电容器实际安装过程中的安全性等问题。但随着石墨烯及石墨烯材料的制备技术（如石墨烯粉体、薄膜材料）的不断提升，生产成本过高等诸多阻碍石墨烯超级电容器的问题将逐渐得到解决，相信石墨烯超级电容器短时间将成为石墨烯最有突破性的应用之一。

4. 石墨烯-超级电容器产业化进程

传统超级电容器已实现产业化和商品化，主要的厂商有国外的 Maxwell、DLE、Ness、BatScap 等和国内的集星科技、奥威科技等，而石墨烯基超级电容器目前还处于初步研发阶段，市面上鲜有产品，产业化程度较低。石墨烯可以直接用于超级电容器的电极材料，但成本较高，比电容较小且团聚严重，限制了其大规模的应用。近年来，石墨烯及其复合材料在超级电容器领域的产业化进程有所突破。

2014 年 1 月，中国常州立方能源技术有限公司建成年产 5 万只、单体容量为 3 000 F 的石墨烯基超级电容器自动化生产线，率先突破了石墨烯粉体在储能领域的产品应用。2015 年 10 月中国中车股份有限公司官网宣布，中车株洲电力机车有限公司自主研制的新一代大功率石墨烯超级电容问世，其研制的“3 V/12 000 F石墨烯/活性炭复合电极超级电容器”和“2.8 V/30 000 F 石墨烯纳米混合型超级电容器”在浙江省科技成果暨新产品鉴定会上，被鉴定为性能指标居于国际领先水平。根据不同的容量和额定工作电压，3 V/12 000 F 超级电容在 30 s 内即可充满电，2.8 V/30 000 F 超级电容充电时间在 1 min 内。相比于活性炭超级电容，石墨烯/活性炭复合电极超级电容能量更大，寿命更长。大英聚能科技发展有限公司已建成高比表面活性炭材料百吨级产业化装置，与电子科技大学等进行合作开发了低温插层法生产特种石墨烯产业化技术，并应用于超级电容电池的开发与生产，目前已建成产量为 20 吨/年的石墨烯生产线。

2017 年 7 月，来自英国的 ZapGo 有限公司正式与湖南立方新能源科技有限责任公司签订了合作协议，确定将共同开发“Carbon-Ion”石墨烯超级电容器，相比普通电池几个小时的充电时间,Carbon-Ion 超级电容器 3～5 min 即可完成充电,预示着以石墨烯为代表的下一代电池终于开始商业化量产。2018 年 9 月全球超级电容器知名厂商 Skeleton Technologies 和英国巴士集团 Wrights Group Ltd 签署了一份有效期 5 年,金额高达数百万欧元的采购合同,Skeleton Technologies 为由 Wrights Group Ltd 生产的最新 KERS 混合动力电动双层和单层客车提供基于石墨烯的超级电容器。

6.1.3 铅酸蓄电池

炭材料的加入能够提高铅酸蓄电池负极的导电性,限制硫酸铅晶体颗粒的生长,有利于易溶解小颗粒硫酸铅的形成,在高倍率放电状态下,促进硫酸溶液更容易且更深地渗透入负极活性物质中,从而提高铅酸蓄电池在高倍率部分荷电态的循环寿命。石墨烯具有较好的柔韧性、极小的电阻率、极大的比表面积和稳定的化学性质等,可使铅酸蓄电池性能大幅提高。

2006 年 Lam 等人将炭材料加入铅酸蓄电池负极制备出了具有很高充放电接受能力和循环寿命的铅炭超级电池,掀起了研究炭材料在铅酸蓄电池负极应用的热潮,具有特殊层状结构的石墨也引起了人们的广泛关注。中国香港科技大学报告了石墨烯添加到铅酸蓄电池(lead-acid battery,LAB)的负极活性材料(negative active material,NAM)中,用于硫酸化抑制和循环寿命延长的研究成果。Tateishi 等人以天然石墨粉为原料,采用 Hummer 法制备氧化石墨烯并将其制成氧化石墨烯纸,氧化石墨烯纸在铅酸蓄电池中起到电解液的作用,将铅粉、水、硫酸、木质素等各按照一定质量分数混合成铅膏加入氧化石墨烯与铅板之间,在充放电过程中氧化石墨烯纸起到了质子导体的作用,其质子传导的电阻率为0.01 Ω。南昌大学研究团队使用具有不同 SSA 和 RGO 材料的石墨烯纳米片作为电动自行车动力密封式阀控铅酸蓄电池的负添加剂。通过大电流放电,充电接受,循环性能和失水测试来研究石墨烯添加到电池的 NAM 中的效果。结果表明,与乙炔黑添加剂对照电池相比,向电池中添加石墨烯可以改善大电流放电性能并提高低温性能,促进充电接受,并达到 100%循环深度,循环寿命延长 52%。

铅酸蓄电池技术已经发展了100多年，由于生产铅酸蓄电池会产生大量对环境有害的物质，因此近几年国家也对此进行严格的整治，出台了《关于促进铅酸蓄电池和再生铅产业规范发展的意见》等一系列文件。因此，该行业不断淘汰落后产能，行业竞争者由上千家整合至目前的200家（大量为超威和天能的子公司），市场龙头的份额不断加大。超威动力作为行业龙头，在市场整合的环境下市场占有率从2009年的18%提升至2017年的40%。而另外一家强劲的竞争对手天能动力2017年的市场份额也涨至42%。2017年两家的市场份额已经提升至80%以上，已经拥有了绝对的定价权。但是铅酸蓄电池市场早已深陷竞争“红海”，产品同质化严重，各厂商间大打价格战，而添加石墨烯的黑金电池向市场提供差异化产品，将现有的铅酸蓄电池市场区分为高能电池市场和普通电池市场，提升电池能量密度的同时保持成本的稳定，有利于注重研发的大企业（如超威动力）把握更多的市场份额、增厚盈利水平。石墨烯材料的出现，让铅酸蓄电池又焕发出新的生机。

超威电源将石墨烯铅基合金首次应用于铅酸蓄电池的正极板栅，成功生产出新型耐高低温高能量的黑金石墨烯电池，使用寿命提高了90%以上；天能集团在全国共赢商峰会上也发布了真黑金超能量电池；印度初创公司 Log 9 Materials公司报告可以利用石墨烯将铅酸蓄电池的容量提高30%，电池的生命周期也增长了35%，相同性能产品相比，其价格更便宜；2019年6月，雅迪也发布了石墨烯铅酸蓄电池产品，据消息称该电池平均充放电循环次数高达1 000多次，可以实现1小时快速充电80%以上。铅酸蓄电池市场体量巨大，石墨烯与铅酸蓄电池的结合既为铅酸蓄电池带来了新活力，同时也带动了石墨烯产业自身的快速发展，石墨烯在推动传统产业升级方面的作用正逐渐显现。

6.2 大健康领域

6.2.1 医疗器械

石墨烯拥有许多独特的属性，如更大的表面积、生物适应性和化学稳定性，这使得石墨烯在医疗领域具有极大的研究潜力。目前石墨烯在医疗器械领域的研究大部分停留于理论层面，如石墨烯智能人工喉、用于治疗糖尿病伤口的氧化石墨烯纳米复合材料支架、石墨烯脑癌手术植入治疗装备、无线脉搏监测系统等；小部分已进入临床应用或临床试验阶段，如石墨烯针灸、石墨烯人工皮肤、石墨烯绷带等；极少数产品已实现小规模产业化应用，距离大规模产业化应用还需一段时间。

1. 理论层面的研究

石墨烯智能人工喉：2017 年 2 月，清华大学微电子研究所任天令课题组研发出一种新的智能器件，创新性地提出了一种收发同体的集成声学器件，能够基于石墨烯的热声效应发射声音，并利用石墨烯的压阻效应来接收声音，从而巧妙地实现了单器件的声音收发同体。该器件是石墨烯在可穿戴领域的全新应用，并有望在生物医疗、语音识别等领域产生重要影响。石墨烯智能人工喉发声机制如图 6 - 6 所示。

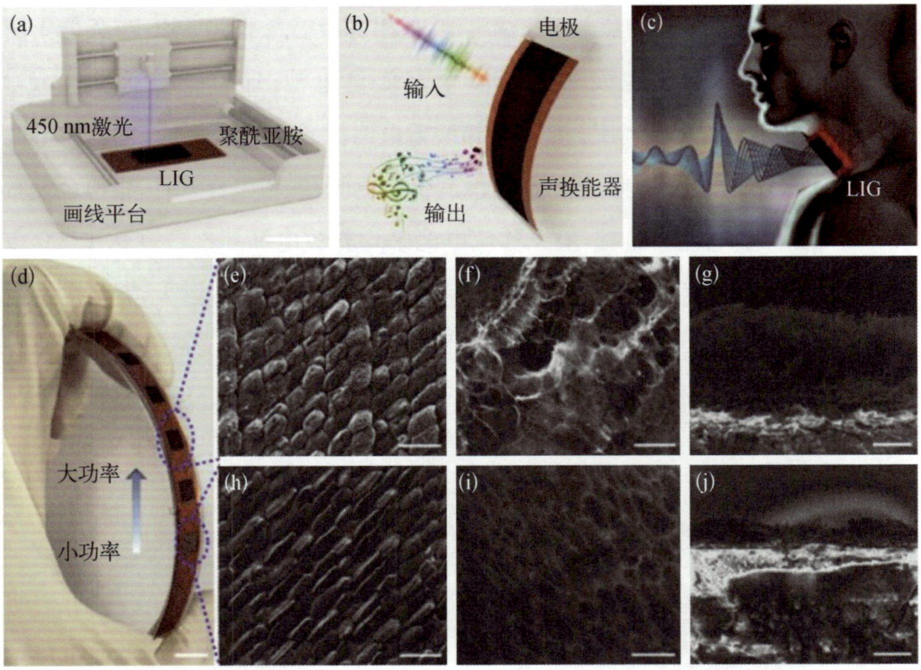

图 6 - 6　石墨烯智能人工喉发声机制

纳米复合材料支架治疗糖尿病伤口：2018 年 5 月，印度理工学院马德拉斯分校（IIT Madras）的研究人员开发了用于治疗正常和糖尿病伤口的负载氧化石墨烯的纳米复合材料支架。这些新开发的支架为细胞提供合适的组织友好的环境，并改进细胞增殖和附着。结果表明，这些创伤敷料可以显著加速糖尿病伤口的愈合，用敷料治疗的糖尿病伤口在 20 天内愈合，而使用其他方法治疗的伤口愈合需 26 天。不同材料支架下正常和糖尿病伤口愈合效果对比如图 6－7 所示。

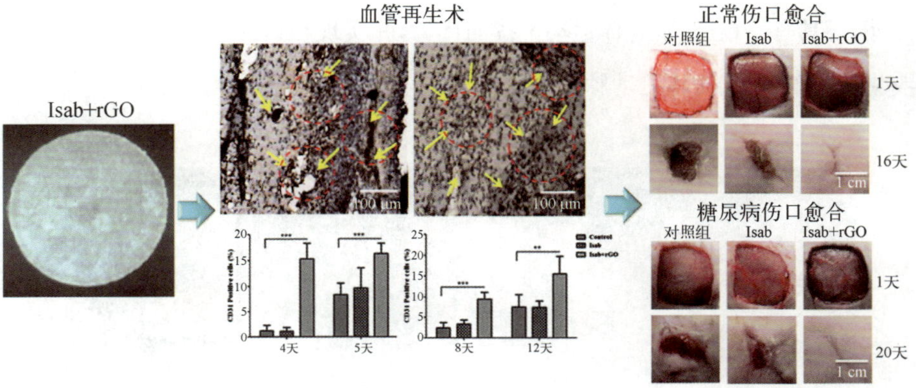

图 6－7　不同材料支架下正常和糖尿病伤口愈合效果对比

石墨烯脑癌手术植入治疗装备：曼彻斯特大学健康科学学院的蜂窝生物技术研究团队运用石墨烯电极特性，成功开发了新型的脑癌手术植入装置，为多形性胶质母细胞瘤提供了更有效的精准治疗方案。通过这种电疗手段，结合其他治疗方式，有望在未来将脑癌这一致命的疾病转变为可控的慢性病。研究团队也凭借这款最新问世的石墨烯植入设备于 2018 年 8 月获得了“2018 年石墨烯企业大奖”，未来将用于石墨烯脑癌手术植入治疗装备的进一步研发，并推动其在临床的运用。

石墨烯针灸：湖北中医药大学纳米生物传感中心张国军教授团队与针灸骨伤学院王华教授团队合作，用电化学方法在针灸针的针尖表面分别沉积金纳米颗粒与石墨烯，构建纳米针灸传感针。

人造视网膜：2018 年 8 月，来自美国得克萨斯大学和韩国首尔国立大学的研究人员在美国化学学会（American Chemical Society，ACS）上展示了他们的研究成果，他们利用石墨烯、二硫化钼（另外一种 2D 材料）、黄金、氧化铝和硝酸硅的组合，构造了一种比现有模型更好的人工视网膜。其研制这种超薄“超级材料”制成的人造视网膜，可以帮助数百万名眼疾患者恢复视力。

无线脉搏监测系统：2019 年 2 月，中科院宁波材料技术与工程研究所与中科院北京纳米能源与系统研究所研究人员用石墨烯片层在水/空界面的二维宏观薄膜的组装，以所得石墨烯膜作为传感层与具有微纳结构的聚二甲基硅氧烷(polydimethylsiloxane，PDMS)弹性体组成非对称复合结构。基于所得传感器优异的性能，构建了一套通用、高精度、可穿戴的无线脉搏监测系统。该传感系统相比于商用可穿戴脉搏传感器有诸多优势，该系统除具有良好柔性与穿戴舒适性外，还具有高精度、抗身体运动干扰的优势，并实现在日常运动过程中(在跑步或骑自行车时)实时检测动脉脉搏信号，有望用于个性化诊断。(图 6－8)

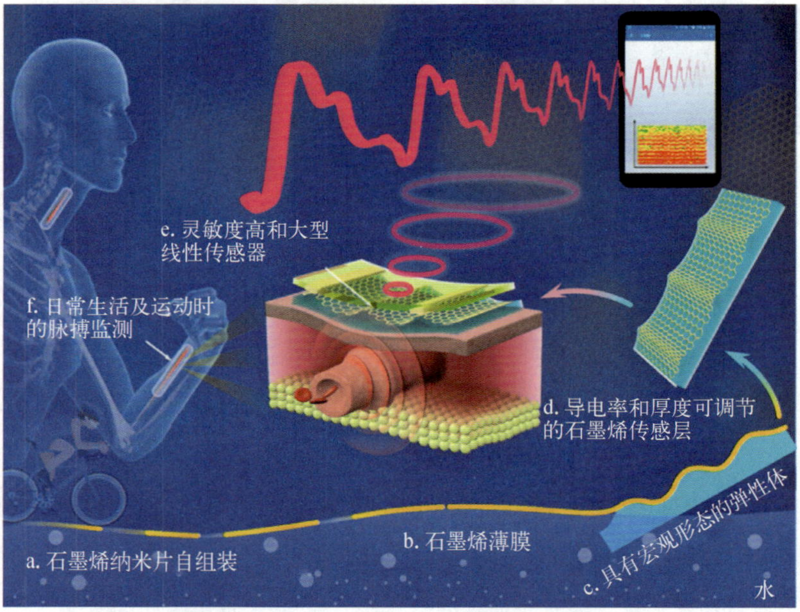

图 6－8　自组装石墨烯－PDMS 非对称复合结构材料应用于柔性可穿戴器件高精度实时脉搏检测

石墨烯表皮电子皮肤：2018 年 12 月，清华大学微纳电子系任天令教授团队研发出多层石墨烯表皮电子皮肤，该器件具有极高的灵敏度，可以直接贴覆在皮肤上用于探测呼吸、心率、发声等，在运动监测、睡眠监测、生物医疗等方面具有重大应用前景。研究人员开发了一种方法来除去未还原的氧化石墨烯，这种方法使得表皮电子皮肤不仅可以在水的帮助下转移到蝴蝶、人体和任何其他物体上，而且具有很好的灵敏度和稳定性。(图 6－9)

血糖监测贴：2018 年 4 月，英国巴斯大学研究人员最新开发出一种非侵入式的血糖监测贴，只需贴在手腕上，无须采血就能监测血糖。这种腕贴内置一系

图6-9 石墨烯表皮电子皮肤的制造示意图

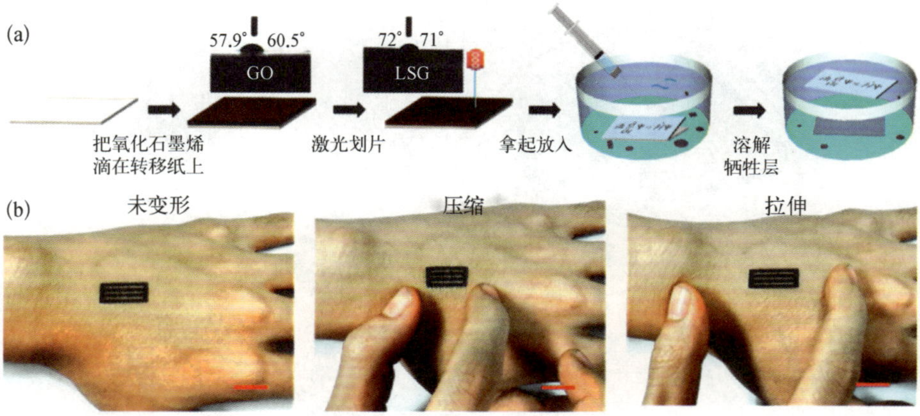

列微型传感器，每一个传感器在微小电流作用下，能对应从单个毛囊吸取葡萄糖，储存在腕贴内的微型装置里，并进行测量。据介绍，这一腕贴的原材料中最重要的是石墨烯，它具备导电、柔软、环保等多种特性。

2. 临床试验研究

石墨烯绷带： 2018 年 7 月，悉尼大学 Karahan 和陈元教授等总结了石墨烯材料的主要抗菌机理，并勾勒出了基本结构-性质-活动关系的复杂图景。解释了抗微生物石墨烯材料(graphene material，GM)的不同使用模式，包括它们作为胶体分散体，表面涂层和光热/光动力治疗剂的用途。讨论了 GM 作为金属离子和/或抗生素药物的增效剂或释放平台的实例。评估了 GM 在伤口敷料，感染保护涂层和抗生素样制剂(“纳米抗生素”)设计中的适用性。(图 6-10)

2018 年 9 月在中国国际石墨烯创新大会上，Vincent Bouchiat 发表了题为 *Graphene Bandages as a Wound-healing Platform* 的报告，报告中介绍了该研究团队正在构建一个基于石墨烯绝缘体薄膜的新型绷带技术平台以便更好地维持慢性创伤。他们的绷带平台基于单层多晶石墨烯层与生物相容性聚合物层的结合。产生的薄膜可以直接被应用到创伤伤口，且直接插入商业绷带中。覆盖石墨烯的绷带可明显促进细胞生长，并实现电活动的原位检测。石墨烯的特定性质使其成为可用于提供伤口敷料的基质，从而实现新颖的伤口愈合技术。石墨烯涂层绷带平台的原理如图 6-11 所示。

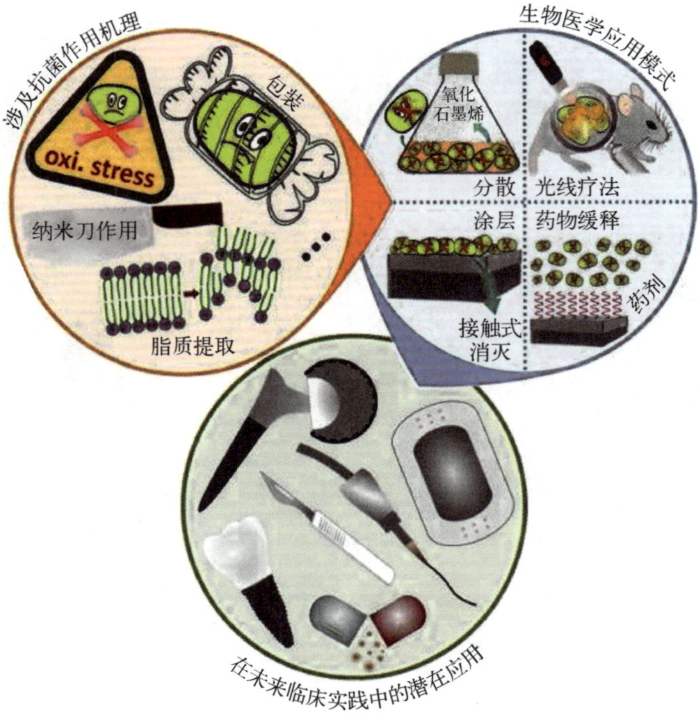

图 6 - 10　石墨烯抗菌剂研究概览

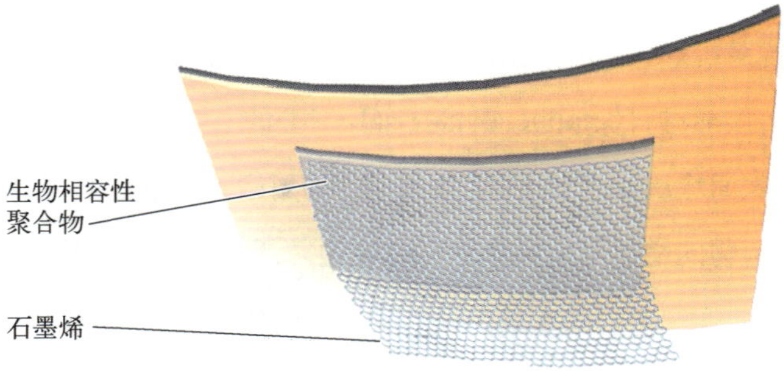

图 6 - 11　石墨烯涂层绷带平台的原理

人工皮肤：重庆石墨烯研究院有限公司和四川大学高分子材料工程国家重点实验室、陆军军医大学西南医院的科研人员合作，利用石墨烯为原材料，研制出可应用于促进皮肤创面修复的石墨烯高分子复合型人工皮肤。研发团队已经成功解决了石墨烯的分散问题，研制出石墨烯—硅橡胶复合人工皮肤和石墨烯—聚氨酯复合人工皮肤两种产品，这些人工皮肤已经进入临床试验阶段。

甲状腺结节的医疗突破：烯旺科技发现石墨烯物理疗法对甲状腺结节具有很好的疗效，推翻了以往采用药物和手术方式不能根治并具有副作用的弊端。

南京医科大学副校长李建清教授点评称，这一疗法的临床试验显示可以使甲状腺结节明显缩小，证明疗法能够弥补甲状腺结节临床无创治疗的空白，具有广阔的临床应用前景。

3. 石墨烯在医疗器械领域的产业化进程

目前石墨烯在医疗器械领域的大部分成果仍处于研究阶段，有待于临床验证，仅有极少数企业已推出石墨烯医疗器械相关产品，并在小范围内进行推广。

2018 年 9 月，在中国国际石墨烯创新大会上，烯旺科技发布了进军中医领域的一项重大成果——人体阳气（能量）测试仪。利用石墨烯的特殊性能，可以在极低电压条件下高效地辐射出远红外能量，这种远红外能量一旦与人体接触，即与人体细胞产生共振，大量的能量就会被人体吸收。通过实验测试发现，这种性能是单层石墨烯特有的，并且不同体质的人体对石墨烯能量表现出比较明显的吸收差异，这一现象可能为人体阳气（能量）的定量化测试提供新的思路，有望为中医现代化提供一个可量化的指标。

总体来看，石墨烯医疗时代已经开启，尽管目前医疗市场的应用仍处于早期发展阶段，但其在医疗领域的潜力不可忽视，相信随着更多科研人员的研究，石墨烯在医疗器械领域的市场规模将不断开拓。

6.2.2 理疗

1. 石墨烯发热膜技术

石墨烯发热膜具有优异的导热性能并且热效率高，加热速度快，其导热性能远超现在市场上已有的碳纤维、碳晶、云母片及电阻丝等传统材料，而且发热的过程中可辐射出 8～15 μm 远红外光波，有远红外理疗功效其工作原理示意图见图 6－12。功耗节能方面，电-热转换效率接近 100%，电-热辐射转换效率比例也是相同单位面积功率的电加热元器件中较大的。

发热膜的基本原理： 从石墨烯的能带结构可知，单层石墨烯在电场为零时，导电载流子浓度为零，称“狄拉克点”。在距离狄拉克点较远的地方，石墨烯中只

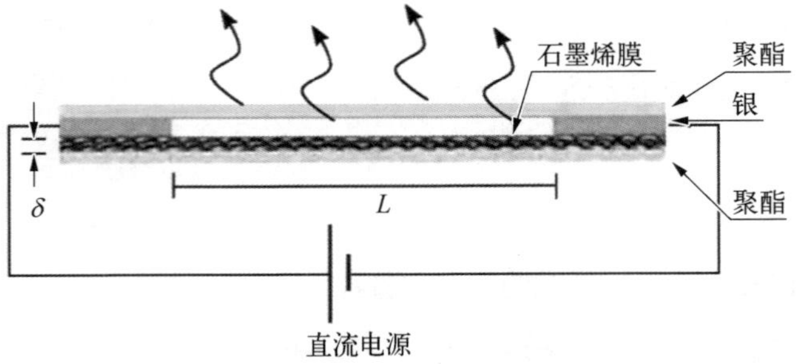

图6-12 发热膜的工作原理示意图

有单一的载流子。负栅压使石墨烯成为电子导电，最终使器件的电阻率发生从几千欧到几百欧姆的变化。在狄拉克点附近，石墨烯中载流子逐渐由电子（空穴）过渡到空穴（或电子），霍尔系数在此处改变符号（电子为正，空穴为负），此时载流子的浓度最小，电阻率最大。以石墨烯此种特性为基础，开发了温度可控、可调节的石墨烯发热膜。

2017 年 11 月，冯冠平等人报告了其设计开发的石墨烯基低电压透明辐射电热膜器件。他们在厚度为 125 μm 的聚对苯二甲酸乙二醇酯（polyethylene terephthalate，PET）透明基材上转移一层石墨烯薄膜，在石墨烯薄膜上制作图案化导电电极，用光学胶（optically clear adhesive，OCA）在电极表面粘贴与透明基材同尺寸的 PET 保护薄膜，制作透明电热红外辐射薄膜器件。发现在 30～100℃的表面温度内，实验样品的红外辐射能量均集中在 6～14 μm 波段，辐射峰值波长为 8～9 μm，法向全发射率为 0.87，温度均匀度优于 9.25%。

由于石墨烯发热膜具有低电压高热量、安全轻薄便利等特性，石墨烯发热膜可广泛用于智能可穿戴领域、家庭智能取暖领域、家纺居家用品领域以及军工领域。

2. 理疗领域应用研究

石墨烯发热技术已率先大规模应用在理疗领域，目前已有大批量理疗产品投放市场，例如各类智能穿戴、智能家居、理疗护具等，相关的应用研究更多集中在智能穿戴产品中，如智能服饰和可穿戴设备。

中国科学院苏州纳米技术与纳米仿生研究所气凝胶团队将石墨烯气凝胶纤

维、相变材料及超疏水涂层巧妙复合，得到一种柔性、自清洁的石墨烯气凝胶智能相变纤维，实现了复合纤维的能源转换与存储、自清洁、智能调温、加热等多重刺激响应功能于一身。这种石墨烯气凝胶智能在新一代智能可穿戴织物及便携式电子器件领域具有广阔的应用前景。（图 6－13）

图 6－13

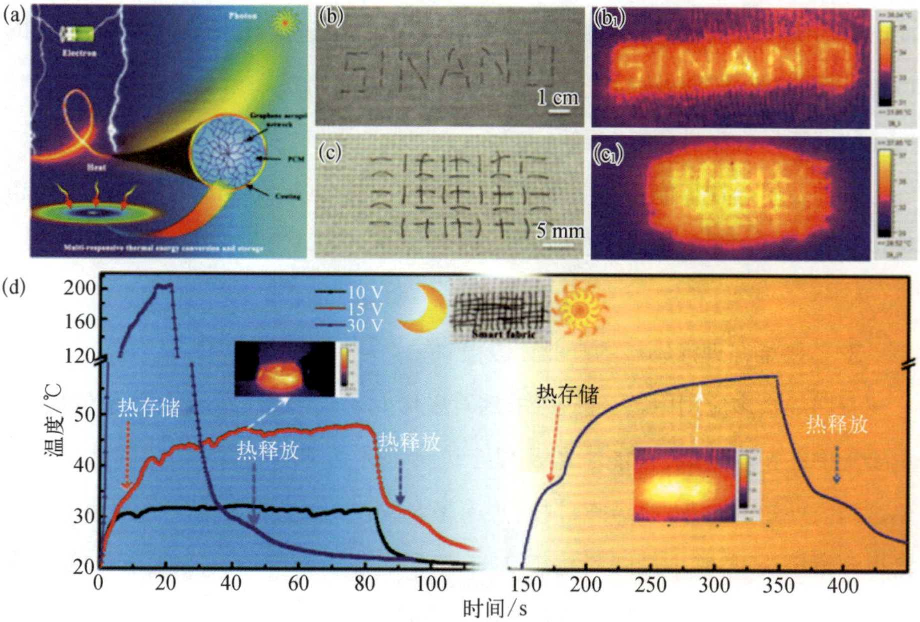

（a）石墨烯气凝胶智能纤维的多重刺激响应示意图；（b）（c）其编织图案的光学照片；（b_1）（c_1）光-热响应时的红外照片；（d）其智能织物（插图）在光/电刺激响应下的热能转换与存储/释放的历程

在智能服饰方面，石墨烯服饰目前可分为两种，一种是以石墨烯发热膜作为发热载体的保暖理疗服饰，通过 USB 充电加热。如 2018 年 8 月 Vollebak 推出了一款石墨烯能量型夹克，石墨烯混合材料可以存储和传导人体热量并将其均匀地传递到人体周围，还可以排斥细菌，让汗水蒸发，防风雨，且不会增添多余重量。同年 10 月，青岛华高墨烯科技股份有限公司发布一款石墨烯电热保暖救生衣，该产品以现有马甲式救生衣为基础，电热元件采用石墨烯柔性电热膜，以石墨烯-镁海水电池为电源组成电热系统。

另一种是以石墨烯纤维为纺织材料的石墨烯服饰，主要具有良好的抗菌抑菌、强大的低温远红外、防紫外线等功能。如济南圣泉股份有限公司将不同比例的生物质石墨烯添加入黏胶纤维或其他纤维材料中，制成适用于纺织品领域的生物质石墨烯复合纤维，石墨烯内暖纤维集低温远红外、持久抑菌、吸湿透气等作用于一身。

在可穿戴设备方面，张义红科研团队研发出一款基于石墨烯发热的低周波理疗仪。该理疗仪通过“人工智能 + 大数据”，实现了理疗保健的“私人订制”，目前已试用于飞行员、运动员的训练及保健等领域，经过运行调试，积累了一定的用户试用数据，通过对数据进行智能处理分析，为飞行员和运动员建立个性化精准化的理疗保健提供参考和建议。

当前石墨烯在智能穿戴方面的应用研究大部分成果已转化为产品推出市场，烯旺科技、济南圣泉、爱家科技等部分企业已具备量产能力。

3. 石墨烯在理疗领域的产业化进程

石墨烯众多应用中，大健康领域的石墨烯发热应用最先实现大规模的民用，主要集中在智能穿戴、智能家居及理疗护具等方面，当前市场化应用已趋于成熟。国内外知名企业，如烯旺科技、济南圣泉、爱家科技等发布的各类理疗产品已得到市场认可，其中烯旺科技于 2015 年率先发明石墨烯发热膜技术，并带来巨大消费市场，证明了石墨烯技术的市场价值。

烯旺科技产品涵盖石墨烯理疗保健各类产品，包括智能穿戴、智能家居和理疗护具等产品。在智能穿戴方面，2018 年 2 月，72 名演员身穿烯旺科技开发的石墨烯智能发热服饰在平昌冬奥会上精彩亮相；2019 年 1 月，烯旺科技向长春分会场组委会捐赠价值人民币 60 余万元的石墨烯智能发热服等保暖装备，助力春晚期间演员们在 −20℃ 的冰雪环境中顺利彩排演出。在智能家居方面，2017 年烯旺科技开发了一种石墨烯智能坐垫、石墨烯电热毯与石墨烯智能腰垫；同年，烯旺科技自主研发推出一款石墨烯远红外能量房。在理疗护具方面，2016 年 6 月，烯旺科技推出石墨烯理疗护颈、石墨烯理疗 U 型枕、石墨烯理疗护肩等系列新品。

济南圣泉集团股份有限公司的石墨烯系列产品主要涉及智能穿戴和美容护理方面。公司将不同比例的生物质石墨烯加入黏胶纤维或其他纤维材料中，制成适用于纺织品领域的生物质石墨烯复合纤维，并已与国内知名面膜生产厂商合作。

北京创新爱尚家科技股份有限公司产品主要集中在智能穿戴、智能家居、理疗护具三个领域。在智能穿戴方面，公司推出各类智能服饰产品，如石墨烯智能发热马甲、石墨烯智能子宫 SPA 带等。在智能家居方面，公司研发生产了石墨烯智能发热地毯、发热壁画及发热地垫等智能家纺产品。在理疗护具方面，公司拥有石墨烯智能发热三件套(护颈、护腰、护膝)等产品。2018 年石墨烯产品销售收入达 1 725.2 万元，占主营业务收入比例的 85.92%。

重庆墨希科技有限公司目前在大健康行业的产品是智能穿戴类产品，其于 2018 年 4 月发布石墨烯轻颜嫩肤仪和石墨烯轻颜眼周仪。这两款产品基于石墨烯远红外发热原理，在石墨烯发热时，能散发出 5～15 μm 的远红外生命光波，与人体的远红外波段十分契合，而“生命光波”渗入体内之后，便会引起人体细胞原子和分子的共振，透过共鸣吸收形成热反应，实现美白嫩肤、排毒养颜等功效。

总体来看，石墨烯在大健康领域的产业化应用主要集中在医疗器械和理疗两个方面，因石墨烯在医疗器械领域尚处于早期发展阶段，而石墨烯在理疗领域的发展已逐渐趋于成熟，市场上已推出多种在营产品，因此相关企业数量较多且仍在增长。

6.3 电子信息领域

石墨烯是世界上已知硬度最高的材料，几乎完全透明，具有高达 5 300 W/(m·K)的热导系数和高达 2×10^5 $cm^2/(V\cdot s)$的电子迁移率和出色的机械强度；导电、导热好于任何金属；具有化学惰性和稳定性。这使之成为新一代透明导体的理想材料。

目前石墨烯在电子信息行业的应用主要集中在柔性显示和触摸屏、传感器、射频识别(RFID)、散热材料等领域，且在这些领域的产业化正逐渐成熟，出现了一批具有代表性的企业，如广州奥翼电子科技股份有限公司常州二维碳素、无锡格菲电子科技；南京百杰腾物联科技有限公司等。

6.3.1 柔性显示和触摸屏

传统透明导电膜大都采用氧化铟锡(indium tin oxide,ITO)材料,但由于ITO具有毒性且价格昂贵,较脆弱,缺乏柔韧性,不少厂商已在开发新型的透明导电膜。目前ITO的替代材料有金属网格、碳纳米管、纳米银线等,但ITO、金属网格和纳米银线均有不同程度的缺陷,这给石墨烯提供了足够的替代空间。石墨烯透明导电薄膜的透明性及导电性都优于ITO材料,并且具有ITO在柔性领域所不具备的特性,尽管目前价格偏高,但是随着石墨烯制备技术的突破,未来价格会大幅下降(表6-4)。因此石墨烯被认为是柔性显示屏中可完美替代ITO的材料,广泛应用于触摸屏、液晶显示等方面。

表6-4 不同材料透明导电膜性能对比

材料类别	优　点	缺　点
ITO膜	技术成熟、兼具导电率和透光性、高机械强度、化学性能稳定	铟储量有限、原材料成本高、导电性存在极限、不适用于弯曲
金属网格	良好的电磁干扰屏蔽效果、原料价格低廉	受制于印刷工艺、金属线宽较粗、存在莫瑞干涉
纳米银线	线宽小、低方阻、透光度高、适合曲面展示、供应链完整	导电性欠佳、存在雾度问题、低阻值时透明度显著下滑
石墨烯	电阻率低、导电性好、可透红外光、支持柔性技术	大尺寸技术有待解决、目前价格偏高

国家纳米科学中心智林杰团队长期致力于新型石墨烯类透明导电薄膜的制备及应用研究,其研究团队从石墨烯基透明导电薄膜的制备材料入手综述了此领域国内国际的最新研究进展,系统地总结了此类薄膜的材料体系、制备方法以及在光电领域中的应用。目前共有三种主要的石墨烯基透明导电膜材料体系,分别是石墨烯、石墨烯复合材料、氧化石墨烯。石墨烯基透明导电膜材料及其应用情况如图6-14所示。

1. 石墨烯类透明导电膜

2010年三星联合成均馆大学采用化学气相沉积法,制备出30英寸的单层石墨烯薄膜,重复转移得到4层石墨烯薄膜,其透光率为90%,方块电阻为

图 6-14　石墨烯基透明导电膜材料及其应用情况

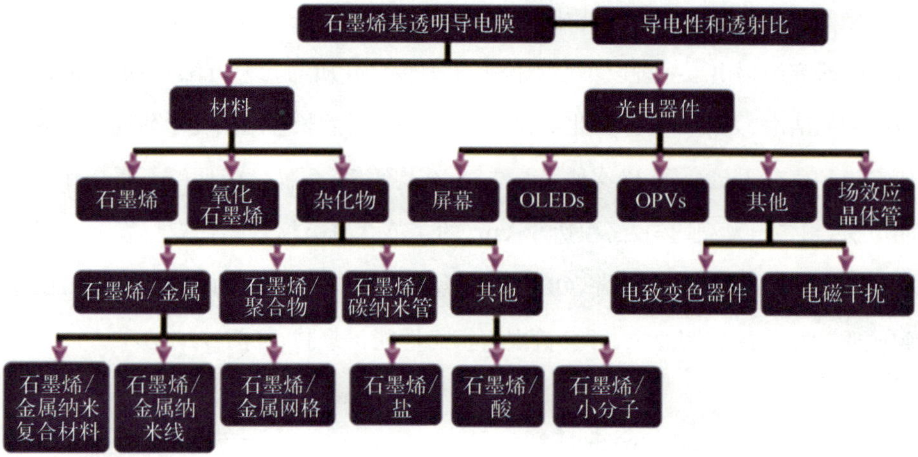

30 Ω/sq。日本索尼公司为提升石墨烯薄膜的产能，设计出卷对卷化学气相沉积装备，在 1 000℃ 的温度下，通过支撑辊轴通电时铜箔受热可制备长度为 100 m 以上的石墨烯薄膜。刘忠范院士团队用直接 CVD 法在玻璃上合成高质量石墨烯，这些生产的石墨烯玻璃有希望成为下一代透明导电电极材料，并演示了这种石墨烯玻璃在触摸屏器件上的进一步应用（图 6-15）。

图 6-15

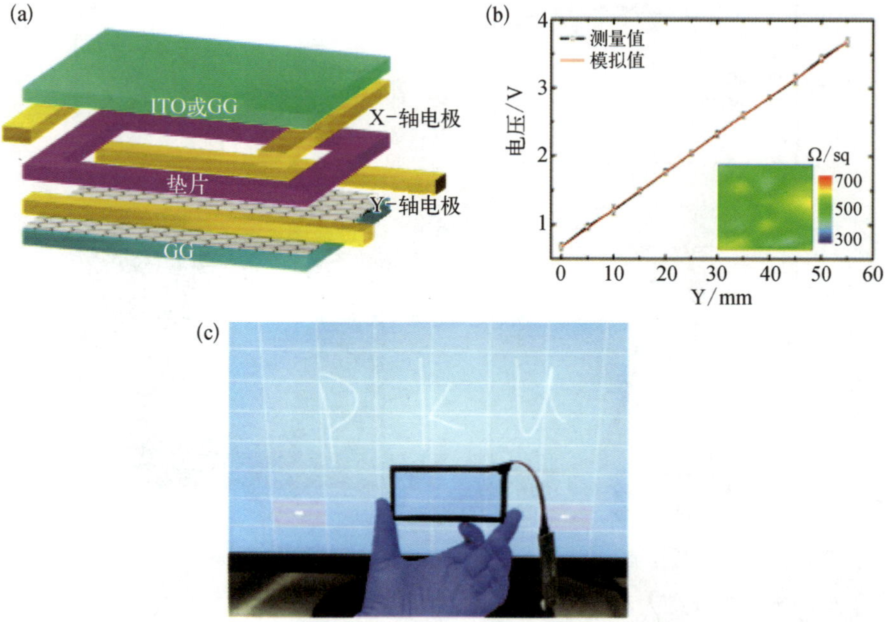

（a）石墨烯玻璃基电阻式触摸屏示意图；（b）石墨烯玻璃基触摸屏的线性测试；（c）石墨烯玻璃基触摸屏的工作实物照片

中国科学院金属研究所沈阳材料科学国家(联合)实验室先进炭材料研究部石墨烯研究组提出了一种以小分子松香作为转移介质的转移方法,实现了大面积石墨烯的洁净、无损转移。在此基础上,他们与中科院长春应用化学研究所马东阁研究组的研究人员合作,以这种表面洁净、结构完整、粗糙度极低的石墨烯作为透明电极,制备出发光均匀、面积达 56 cm^2 的 4 英寸石墨烯基柔性有机发光二极管(organic light-emitting diode,OLED)原型器件,其亮度高达10 000 cd/m^2,已达到照明和显示的实用要求,并且数次弯折后性能不衰减。(图 6-16)

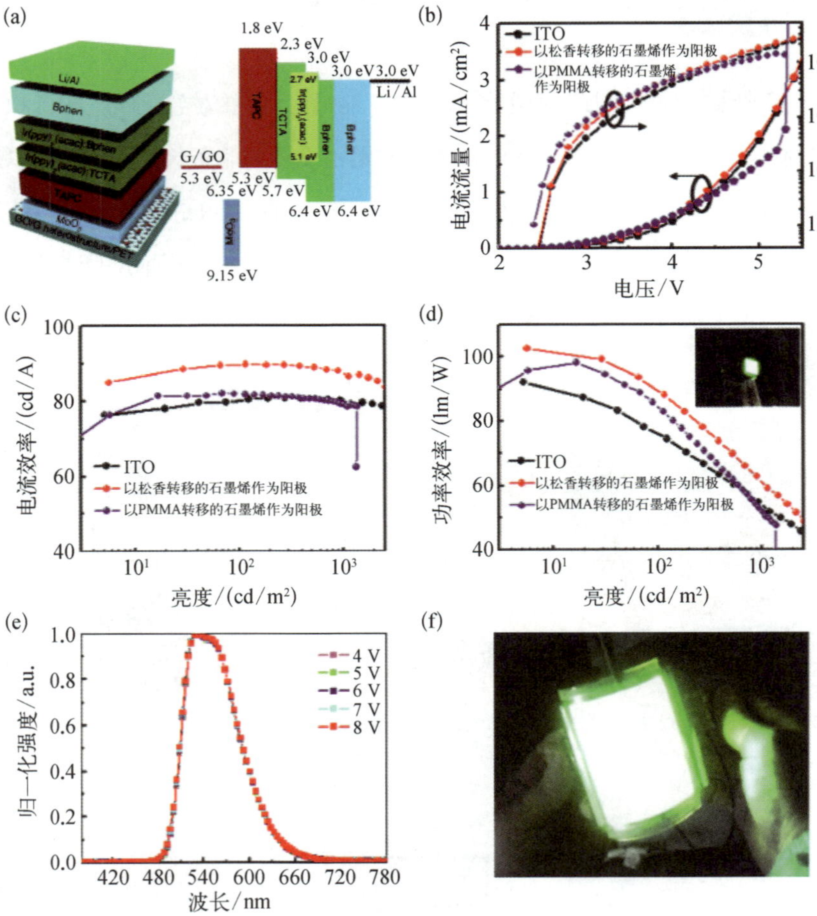

图6-16 以松香转移的石墨烯薄膜作为透明电极制备的大面积柔性 OLED 器件

2019 年,来自意大利 ISOF-CNR、那不勒斯费德瑞科二世大学以及摩德纳大学的研究人员日前成功开发出了基于 CVD 石墨烯片的新型有机 n 型场效应晶体管(organic field effect transistor, OFET)。研究人员表示，他们所使用的新工艺和材料可以实现柔性、透明和短通道的 OFET，而这种 OFET 可以在未来用于 OLED 或有机发光晶体管(organic light-emitting transistor, OLET)显示器。

2. 石墨烯复合材料类透明导电薄膜

将石墨烯与其他材料性能结合成单一功能薄膜也是透明导电膜常用的方法之一。西安交通大学的董化等人采用自上而下的方法制备了一种高质量、完全柔性的石墨烯/AgNWs/聚合物透明导电膜，且基于这种混合电极制作了简单的 OLED 和太阳能电池器件，这种电极具有优越的光电性能。(图 6－17)

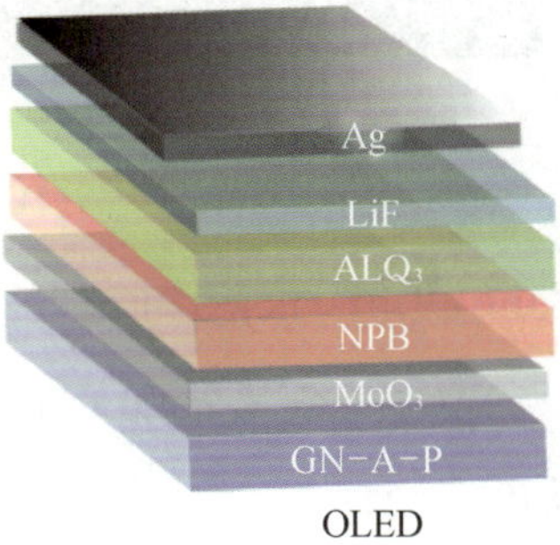

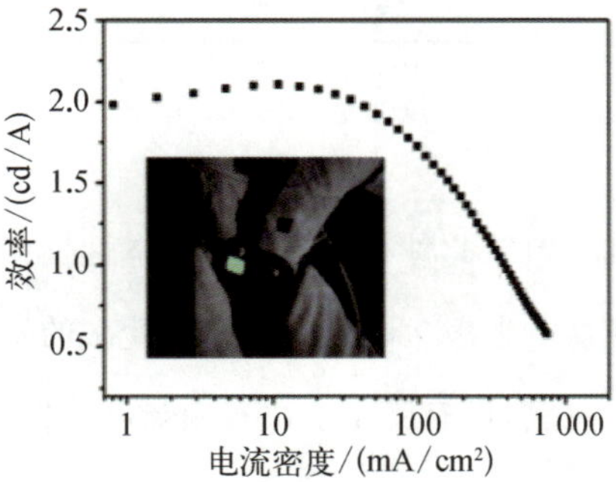

图 6－17　OLED 结构示意图及其功率效率图

2017 年 9 月，英国科学家们以银和石墨烯为原材料，发明了一种便宜的柔性触摸屏。将石墨烯(由单层碳原子组成的一种物质)和银纳米线结合到一起，生成一种和常规显示屏性能相似的屏幕，这种制造技术的成本只是常规显示屏制造成本的一小部分。这种材料非常柔韧，它不需要玻璃保护层，这意味着触摸屏的顶层可以替换成一些更易弯曲、更不易被摔坏的材料，比如有机玻璃。中国科学院上海高等研究院薄膜光电工程技术研究中心的方小红和陈小源等人开发了一种通过化学修饰法制备三层石墨烯薄膜的方法，证明了三层石墨烯薄膜可以用作 OLED 中的透明导电阳极，发现掺杂 $AuCl_3$ 的三层石墨烯薄膜器件的导电性能优于三层原始石墨烯薄膜。(图 6－18)

2018 年 6 月，韩国国立首尔大学研究所研发出化学性能稳定的氟化高分子

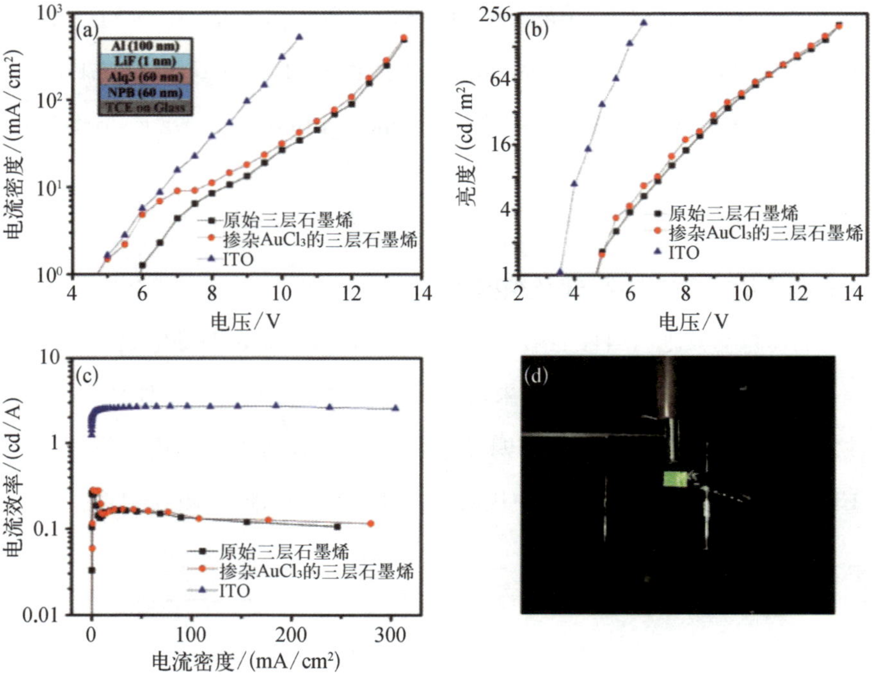

图 6-18 ITO、三层原始石墨烯薄膜与掺杂 $AuCl_3$ 的三层石墨烯薄膜性能对比

石墨烯材料。此种石墨烯不只导电性极佳，在 300℃以上的高温下也可以形成稳定性极佳的电极。研究院还表示此次的发现相当于解决了石墨烯 OLED 商用化的最大难题，可有助于加快石墨烯电极的商用化进程。

3. 氧化石墨烯类透明导电膜

氧化石墨烯可以作为透明导电膜的一个组成部分，但氧化石墨烯的边缘和基平面上存在大量的氧基，包括羟基、羧基和环氧基。这些氧基破坏了六角形石墨烯的共轭结构，导致导电率低。因此，氧化石墨烯常被用于辅助其他导电透明材料形成透明导电膜的混合材料体系。

杜金红、贾帅等人通过臭氧处理直接氧化三层石墨烯薄膜的顶层，开发了一种氧化石墨烯/石墨烯（GO/G）垂直异质结构作为高性能 OLED 的透明导电电极。这种异质结构电极具有更好的光学透过率、优异的稳定性和与孔注入层材料的相容性。采用氧化石墨烯/石墨烯异质结构作为电极，OLED 器件比采用 ITO 作为阳极的器件具有更高的最大电流效率和功率效率。

总体来看，基于石墨烯的高导电性、高透明性、优异的机械柔韧性、优异的热稳定性和化学稳定性等基本特性，许多石墨烯基透明导电膜被成功制备并应用于 OLED、OPVs 等光电器件中。尽管不少学者在该领域已取得了一定的进展，这对石墨烯在柔性电子领域的市场化应用有很大帮助，但是石墨烯基透明导电膜实际应用仍处于初级阶段，制备大面积的完美石墨烯依然具有挑战性。不过目前石墨烯在该领域已实现小规模的市场化应用，相信随着科研人员和企业的共同努力，石墨烯技术在柔性显示和触摸屏领域会大放光彩。

4. 产业化进程

在石墨烯柔性显示方面，广州奥翼电子科技股份有限公司是全球两家电子纸显示器供应商之一，从事薄膜电泳显示器的设计、开发、制造和销售。电子纸显示技术基于纳米电泳显示原理，具有环保节能、适于阅读、轻薄柔韧等特点。2016 年奥翼在世界范围内首次研发成功“石墨烯电子纸显示屏”，并于 2018 年 6 月正式向外界发布了近零功耗、高性能、可量产的彩色电子纸显示屏。据悉，彩色电子纸目前已到中试阶段，即将投入量产。Aselsan 是一家领先的土耳其国防公司，为土耳其武装部队生产军用无线电和国防电子系统，据报道，该公司设计的基于石墨烯的 OLED 屏幕原型设备具有最高的像素分辨率。OLED 技术的有源矩阵特征和彩色像素结构将使微型或大屏幕原始显示器的特殊设计能够用于所需尺寸的军事目的。据 Aselsan 称，这些产品还可用于热视觉和航空电子应用。

在触摸屏方面，常州二维碳素于 2012 年发布世界首款石墨烯电容式触摸屏，现已在触摸屏领域实现规模化应用。重庆元石盛石墨烯薄膜产业有限公司目前可批量化生产具有各种规格的石墨烯透明导电膜产品，已具备年产 150 万平方米产能，二期工程投产后年产能将超过 1 200 万平方米，性能可满足高、中、低端市场需求，产品质量已经得到众多触摸屏厂家的多项测试、认证及试用。

华丽家族下属子公司重庆墨希利用石墨烯薄膜的相关性能，于 2013 年 12 月建成拥有自主知识产权的全球首条大面积单层石墨烯薄膜生产线，实现 100 万平方米/年的单层石墨烯薄膜产能，成为国际最大的石墨烯薄膜材料生产商。2017 年 5 月，第三代生产线建成投产，单层石墨烯薄膜年产能提升至 300 万平方米，保持国际领先水平。2017 年 12 月，该公司研制出石墨烯柔性触控屏，研究如何将 OLED 的柔性显示屏与石墨烯的柔性触控屏贴合，生产出能够完全弯曲的柔性手机。2018 年 2 月，这款柔性触控显示原理样机还入选参加了工信部“国家新材料产业发展- 2017 成果汇报展”。美国辉锐科技公司开展石墨烯移动设备市场，研发并制造出大面积柔性触控屏，应用于手机、平板计算机及便携式电子显示屏等市场，并获专业的科技行业投资基金 IDG 资本入股。

6.3.2 传感器

常见半导体载流子迁移率对比如图 6－19 所示。石墨烯传感器与传统传感器相比，灵敏度系数是常规金属应变传感器的 4 倍至 5 倍，放大后可有效识别 10 个微应变级别形变下产生的信号，且内部载流子迁移率可达 2×10^5 $cm^2/(V\cdot s)$，是硅中电子迁移率的 100 倍，杨氏模量可达到 1 TPa。石墨烯独特的优异性能，使其在传感器领域有极大潜在应用价值。

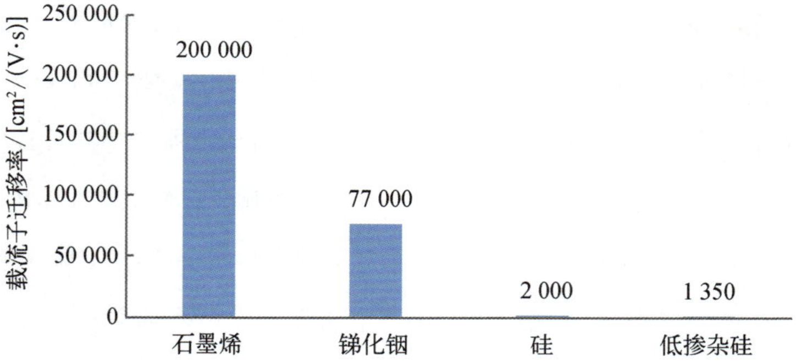

（数据来源：华泰证券研究所）

图 6－19 常见半导体载流子迁移率对比

目前石墨烯在传感器领域的应用研究主要集中在压力传感、光学传感、生物传感和气体传感器件。

1. 压力传感器

石墨烯具有良好的力学性能，其能承受的最大应变约为 25%，其弹性模量为

335 N/m，石墨烯的二维结构使其能够适应目前最成熟的自底向上的器件结构设计过程，与其他传感器材料相比，石墨烯透明薄膜在制备和使用上都具有优势。基于石墨烯的这些优点，科学家开始研究石墨烯压力传感器，尤其是在微小应力测量中的使用，随着石墨烯制备的商业化，石墨烯压力传感器在生活中应用的巨大潜力将会体现得更多。

A.D. Smith 等研究人员研发出了基于悬浮石墨烯的压力传感器，并详细阐述了其结构与制造工艺，使用 Comsol 软件和拉曼光谱仪对石墨烯的形变进行了分析，当外加压力为 13 978 Pa 时，单层石墨烯的变形可达 280 nm。瑞典皇家理工学院的 Lemme 等采用 NEMS 兼容工艺制备了石墨烯压力传感器，并实现压力的直接读取。Yu 等通过结构设计，制备了海绵状石墨烯压力传感器，其灵敏度高达 0.26 kPa^{-1}，但压力大于 2 kPa 以后，灵敏度会下降为 0.03 kPa^{-1}，这对今后研究在较宽压力范围内具有高灵敏度的石墨烯压力传感器具有重要意义。清华大学任天令等研究人员对石墨烯纸基压力传感器的研究取得了重要进展，进一步提升了石墨烯纸基压力传感器灵敏度，此项成果对测量如脉搏、呼吸等微小应力和柔性力学器件的研究有着重大意义。武汉理工大学射频与微波研究中心何大平教授课题组利用厚度为 30 μm、电导率高达 10^6 S/m 的多层石墨烯薄膜，设计了一种新型环保、低成本纸基柔性天线压力传感器。

2018 年 12 月，法国斯特拉斯堡大学的 Artur Ciesielski 和 Paolo Samorì 等研究者以商业化的氧化石墨烯(GO)为原料，基于环氧开环反应在其表面共价接枝有机分子链，经过后续化学还原制备了高性能的导电还原氧化石墨烯。该化学改性 rGO 结构中的柔性分子链结构赋予了材料优异的可压缩性，显著提升了其对压力变化的灵敏度。基于该导电活性材料构筑的类“千层蛋糕”结构压力传感器件，具有优异的灵敏度(0.82 kPa^{-1})，在柔性电子皮肤器件中具有应用潜能。

目前基于石墨烯材料的压力传感器研究中存在两大共性问题：一方面受到制备工艺的制约，工艺过程中容易引入杂质和预应力，另一方面是石墨烯可承受的拉伸范围较小，可靠性较低。目前石墨烯压力传感器难以同时满足检测灵敏度和压力范围的要求，也成为其应用的重要障碍。

2. 光学传感器

石墨烯在光学领域的代表性传感器是石墨烯光电传感器。将石墨烯应用到光电探测器上，具有比半导体探测器更突出的优势，探测光谱范围从紫外波段到红外波段，工作带宽很宽。因为石墨烯具有高达 15 000 $cm^2/(V \cdot s)$的电子迁移率，可以产生更多的光生载流子，为探测器提供更宽的带宽，理论计算石墨烯光电探测器的工作带宽可达 1.5 THz，但在实际应用时，因为电容延迟效应带宽被限制在 640 GHz。

Xia 等在机械剥离法制备出的石墨烯基础上，制作了基于石墨烯的光电探测器，其光电探测灵敏度为0.5 mA/W。Freitag 等研究了光电效应、热电效应和温度效应对基于石墨烯材料的光响应器件的影响，并讨论了其在不同条件下的主导作用机制。Wang 等将 Graphene/Si 异质结应用于硅光波导，实现了 2.75 μm 的红外光探测，其探测灵敏度为 0.13 mA/W。来自巴塞罗那光子科学研究所(the Institute of Photonic Sciences，ICFO)的研究小组表示使用石墨烯作为光检测器中的光敏材料可以对现有常用材料进行重大改进，并在石墨烯光转换机制的理解方面取得了突破性进展。

2019 年 2 月，清华大学微纳电子研究所教授刘泽文与北京交通大学电子信息工程学院邓涛副教授联合团队利用自卷曲方法制造了一种微管式三维石墨烯场效应管(three-dimensional graphene field-effect transistors，3D GFET)，可用作光电传感器，实现对紫外光、可见光、中红外光、太赫兹波的超高灵敏度、超快探测。基于三维石墨烯场效应管的高性能光电传感器示意图见图 6 - 20。

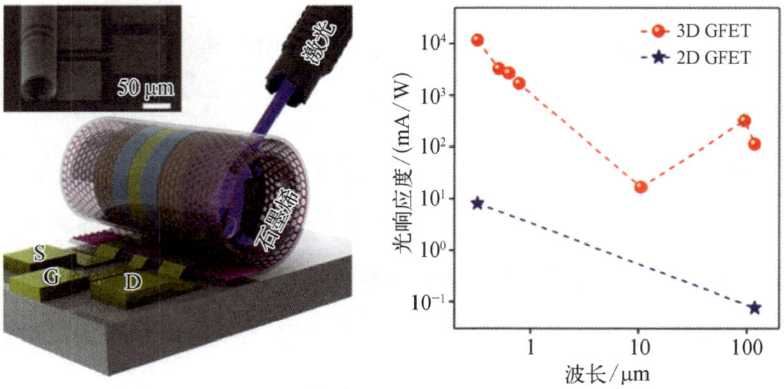

图 6 - 20 基于三维石墨烯场效应管的高性能光电传感器示意图

通过不同学者的研究进展可以看出石墨烯材料在光电探测领域具有良好的应用前景。

3. 石墨烯生物传感器

石墨烯具有杰出的和独特的电子性能，如可提供大面积检测、超高机动性和双极性场效应的特点，被认为是一个优秀的生物传感材料。因此近年来众多学者致力于石墨烯生物传感器的研究。

Dong 等制备了液体栅极石墨烯晶体管，通过测试其对目标单链脱氧核糖核酸转移曲线的位移变化，实现了灵敏度为 0.01 nmol/L 的 DNA 液相检测。并通过在石墨烯表面修饰金纳米颗粒的方法使该传感器对单链脱氧核糖核酸的检测上限从 10 nmol/L 提高到 500 nmol/L。Yan 等首次制备了基于全石墨烯材料的液体栅极晶体管，应用于探测小分子神经递质多巴胺，其检测限达到 1 nmol/L，比传统的电化学检测方法提高了 3 个量级。

2017 年德州学院许士才博士、王吉华教授和周耀旗教授研究团队将单晶石墨烯作为敏感材料与生物传感技术有机结合，成功研制出单晶石墨烯超痕量生物传感器，为分析检测领域提供了一种全新的分析方法。美国罗格斯大学新布朗斯维克分校的科学家们设计出了一种基于石墨烯的传感器，它可以早期检测哮喘的发作，改善哮喘和其他呼吸系统疾病的治疗，防止患者病情恶化和死亡。基于石墨烯的纳米电子传感器快速分析呼出气冷凝液示意图见图 6－21。

由于石墨烯材料的高化学稳定性，其表面呈现出惰性、疏水性、与其他物质相互作用弱等特点，因此在构建电化学生物传感器的实际应用过程中常出现石墨烯片层团聚、与酶的复合性差等问题，还需要通过功能化解决相应问题。

4. 气体传感器

石墨烯电子迁移率高，且具有巨大的表面积，对周围的环境非常敏感，甚至可以检测单个分子或原子。据报道，CO_2、NH_3 和 NO_2 等可吸附在纯石墨烯上，使

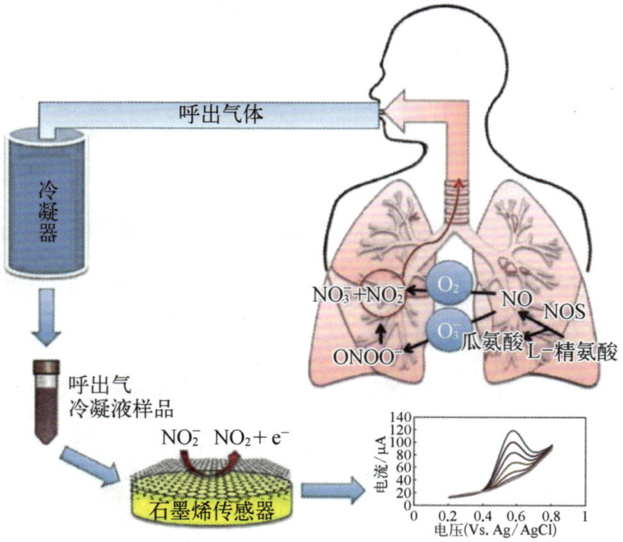

图 6-21　基于石墨烯的纳米电子传感器快速分析呼出气冷凝液示意图

石墨烯纳米传感器的电子运输性能发生重大变化。

Schedin 等学者发现了单个分子在石墨烯表面的吸附和解吸附行为，这是首次发现石墨烯制作气体传感器的潜力。Sun 等开发了一种新型的石墨烯传感器，该传感器通过施加电场将 CO_2 分子吸附到石墨烯（排列成蜂巢状六方晶格结构的单层石墨烯）上，从而检测 CO_2 的分子浓度。通过监测具有导电性的石墨烯束发现，在吸附和解吸 CO_2 分子的过程中，石墨烯呈现"量子化"的电阻变化。电场作用下石墨烯表面的二氧化碳运动的分子动力学模拟如图 6-22 所示。

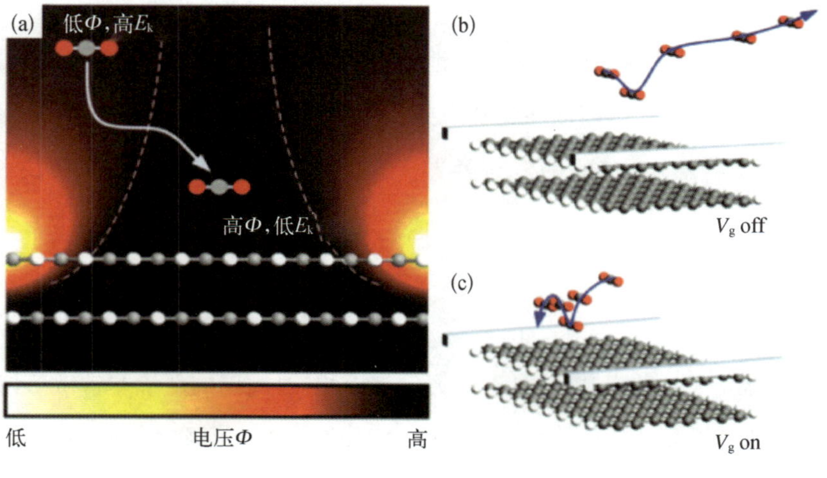

图 6-22　电场作用下石墨烯表面的二氧化碳运动的分子动力学模拟

李辉等人通过实验分析石墨烯对 NO_2 气体分子的响应时间和气体分子的解吸附时间，从而分析探讨石墨烯的气敏特性。结果表明石墨烯对 NO_2 气体传感灵敏度高、响应快，但恢复过程缓慢，气体解吸附时间长。但是通过加热、光照的方法可有效减少石墨烯气体的解吸附时间，改善解吸附特性。丁樊等研究人员用电化学电镀的方法在通过低压 CVD 方法制备的单层石墨烯表面沉积了氧化锌纳米层，得到了掺杂氧化锌纳米层的石墨烯基 NO_2 气体传感器，发现在工作电压为 -0.5 V，时间 300 s 的条件下，电镀 ZnO 的石墨烯基传感器的气敏性最好，其对 10 ppm NO_2 的灵敏度为 -22.126%。（图 6－23）

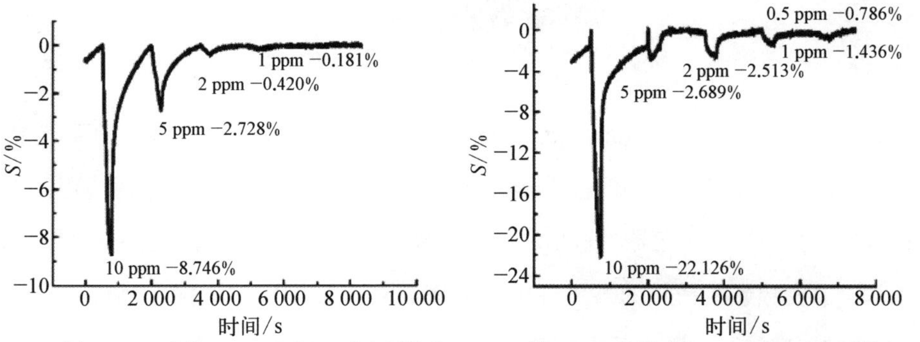

(a) −0.25 V电镀ZnO−Gr对NO_2响应灵敏度

(b) −0.5 V电镀ZnO−Gr对NO_2响应灵敏度

(c) −0.75 V电镀ZnO−Gr对NO_2响应灵敏度

(d) −1.0 V电镀ZnO−Gr对NO_2响应灵敏度

图6－23 不同工作电压电镀 ZnO 的石墨烯基气敏传感器对不同体积分数的 NO_2 响应特性曲线

5. 其他石墨烯传感器

在植物传感器方面，爱荷华州立大学开发出以石墨烯纳米材料为基础的可穿戴植物传感器，这种新型材料具有低成本、易生产的优势，可以简便地将其粘贴在植物上，为科研人员和农民提供有关植物水分的数据。（图 6－24）

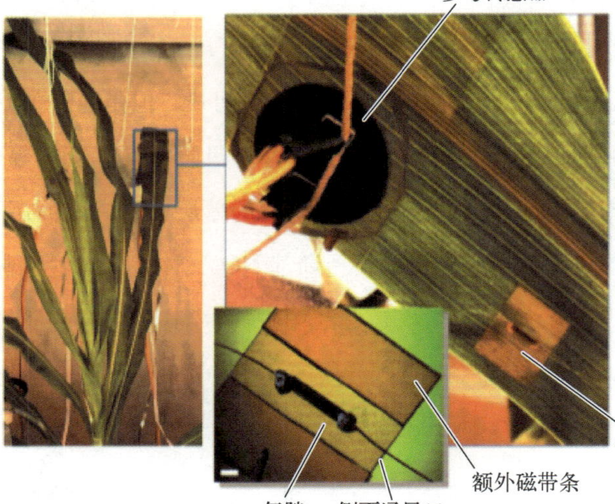

图 6-24 位于叶子后面的石墨烯湿度传感器和商用湿度基准传感器

在温度传感器方面，Junyeong Lee 等开发了一种能同时识别温度和照度值的多功能石墨烯温度照度传感器，还提出一种解耦技术，以便根据对两个输入都具有交叉灵敏度的传感器的输出特性来精确识别温度和照度值。这种解耦技术是基于温度和光照诱导的石墨烯电导率调制对门极电压的不同依赖性而开发的。结果表明，石墨烯与适当的解耦技术相结合，可作为多功能传感器的材料，用于识别各种类型的环境信号。

6. 产业化进程

目前国内已经实现市场化的石墨烯传感器企业主要是常州二维碳素和无锡格菲电子科技。其中，常州二维碳素科技股份有限公司于 2015 年 11 月发布了世界首款石墨烯压力触控传感器及石墨烯压力触控解决方案，充分发挥出了石墨烯的高柔韧性、超高灵敏度、易于进行图案功能化加工工艺等特性。据年报显示，公司石墨烯压力传感器项目的研发已经取得阶段性进展，并开始小批量的订单试产。无锡格菲电子薄膜科技有限公司在触控传感器、触摸屏、智能加热膜、工控等领域，取得多项技术突破，已建成年产 8 万平方米的石墨烯薄膜生产线及国内首条自主设计的石墨烯触控传感器和触摸屏生产线，并实现满产。

国外的 Graphene Frontiers 公司的产品“Six Sensors SixTM”是高灵敏化学

和生物石墨烯传感器，能够用于诊断疾病，其灵敏度和效率远远高于传统传感器。

从发现至今的十几年里，石墨烯传感器在器件优化、结构设计以及表面改性等方面都取得了一定进展。然而应用过程中也发现存在器件性能重复性差、可靠性低以及尺寸缩小后结构优化困难等尚未解决的实际问题。

6.3.3 RFID

采用石墨烯导电浆料制作的RFID天线，与传统RFID天线相比制程环保简单，价格比传统丝网银浆便宜10倍，可以有效降低印刷天线成本，有效进入RFID市场取代污染性高的金属刻蚀天线，因此市场潜力巨大。利用石墨烯导电油墨所得RFID标签除了与网络结合在物联网应用上，未来更要与传感器结合，形成智能标签。传统金属刻蚀天线与石墨烯印刷天线制程的情况对比见图6-25。

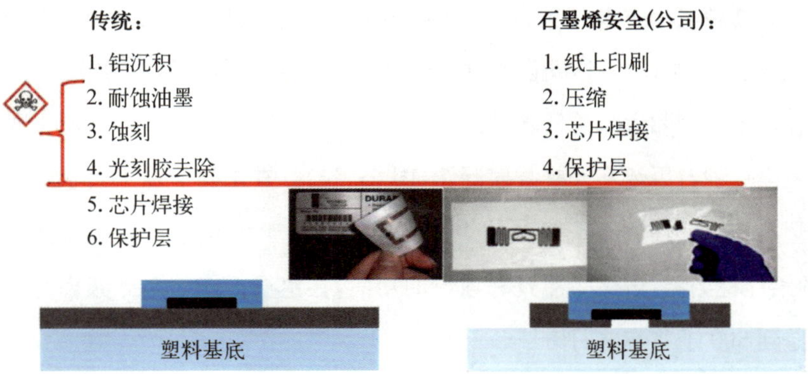

图6-25 传统金属刻蚀天线与石墨烯印刷天线制程的情况对比

石墨烯导电油墨凭借其喷墨打印技术在无线射频识别系统、智能包装等电子产品中应用广泛。Kewen Pan 等报道了一种无污染可持续的生产途径，来制造用于印刷技术的石墨烯油墨，无毒溶剂的使用显著加速了石墨烯的液相分离过程，并降低了成本。这让工作频率从兆赫兹到数十吉赫兹的无线连接天线的实现成为可能，可将其用于无线数据通信和能量收集；同时，也促进了印刷石墨技术的普遍应用。

在射频标签方面，美国化学学会旗下的 *ACS Nano* 在线发表了一项研究，介绍科学家在衣服、纸张以及面包上“烧”出了石墨烯。这项技术或许能用于蚀刻电路，这种可被生物降解的电路可用作射频识别标签，从而追踪衣物或者纸币；还可以制作可食用传感器，指示水果是否成熟或受到污染。

在集成电路方面，由于具备超高电子传输能力和良好的导热能力，石墨烯被认为会取代现在广泛使用的硅而成为下一代集成电路的根基。2011 年 IBM 公司的 Lin 等首次研制成功由石墨烯圆片制成的集成电路，该集成电路作为宽带射频混频器工作，频率高达 10 GHz。Guo 等在专利中提出两种 3D 集成电路的方法，在基底上转移第一层石墨烯，于第一层石墨烯上制作一个或多个有源器件，有源器件上形成一层钝化层，在钝化层上转移第二层石墨烯，再在第二层石墨烯上制作一个或多个有源器件，通过导电物质将其连接，为石墨烯 3D 集成电路中的制作做出了重要贡献。

在印刷电路方面，爱荷华州立大学的研究人员以及莱斯大学、艾姆斯实验室和利哈伊大学的合作者设计了一种新的石墨烯印刷技术，该技术可以生产低成本、柔韧、高导电和防水的电子电路。科学家表示这项技术可以实现自清洁可穿戴/可清洗的电子设备，这些设备可以抵抗污渍，或者形成冰和生物膜。

在信号探测和太赫兹领域，俄罗斯、英国、日本、意大利的科研人员组成的团队开发出一种石墨烯基太赫兹探测器(图 6－26)。查尔姆斯理工大学的研究人员在塑料基板上使用石墨烯晶体管开发了一种用于太赫兹频率(1 000 千兆赫兹)的柔性检测器，该检测器具有独特的功能，在室温下能检测到频率为 330 千兆赫兹到 500 千兆赫兹的信号。

产业化进程方面，在石墨烯 RFID 印刷天线行业中，南京百杰腾物联科技有限公司是业内的领先者，该公司的多种石墨烯 RFID 产品已经推向市场，包括应用于各种场景的 RFID 标签及 RFID 读取器天线等。据报道，该公司已经实现石墨烯射频天线的产业化生产，并于 2018 年年底实现 6 亿片的产能。

美国 Vorbeck 材料公司的创新产品——石墨烯基导电油墨(Vor-ink™)是世界上第一个商业化的石墨烯产品，可用于电子器件，已经在物联网隐形条形码技术中开始应用。公司也因此获得了许多国家和国际的奖项。

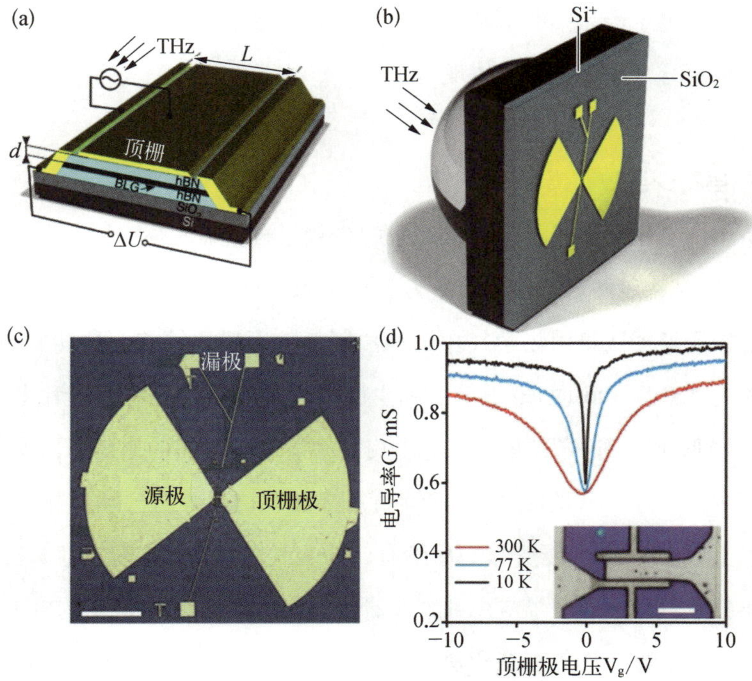

图 6-26 石墨烯基太赫兹探测器

6.3.4 电子产品散热材料

与电子信息行业现阶段所用的传统的散热材料，银、铜、铝等相比，石墨烯二维晶体结构，使其具备很好的机械强度、电子迁移率、高比表面积等特点。石墨烯也有着很高的理论热导率，高达 5 300 W/(m·K)(图 6-27)，是已知热导率最高的材料，远远高于石墨、碳纳米管等其他碳材料的热导率，市场潜力巨大。

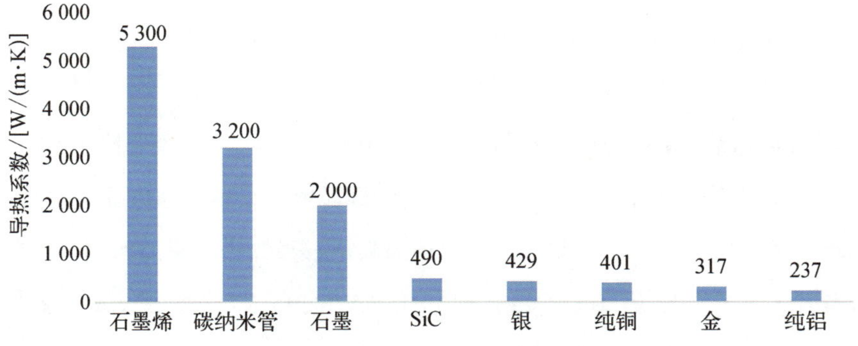

图 6-27 常见散热材料的导热系数

(数据来源：渤海证券研究所)

石墨烯在电子产品中的散热作用主要通过单层和少层数石墨烯、石墨烯薄膜和石墨烯复合薄膜三种形式体现。

1. 单层和少层数石墨烯

Yan 等人首次将微机械剥离法制备的少数层石墨烯薄片应用于高功率的电子器件散热，结果表明当工作热通量为 250 W/cm^{2}时，热点的温度下降了 20℃之多。刘建影研究团队将用化学气相沉积法制备的石墨烯转移到热功率芯片上，当热通量为 430 W/cm^{2}时，发现单层和少层数石墨烯能使热功率芯片上热点的温度分别降低 13℃和 8℃，并讨论了影响其散热效率不同的原因。西安交大研究学者将单层不连续石墨烯、单层连续石墨烯和双层连续石墨烯应用在功率芯片的散热上，结果表明单层连续石墨烯有较好的散热效果。韩国延世大学的 Bae 等将化学气相沉积的石墨烯应用到柔性器件的散热，也取得了不错的效果。

对于当前通过化学气相沉积法制备的石墨烯，最重要的是提高质量和优化转移方法，减少其转移过程中的损坏。

2. 石墨烯薄膜

将石墨烯制备成宏观薄膜并保持其微观纳米效应是石墨烯应用到热管理中的重要途径。

制备石墨烯薄膜的一种方法是液相剥离法，美国加州大学河滨分校的 Balandin 研究组将石墨烯溶液涂覆在塑料基板表面，结果表明其热导率达到 40～90 W/(m・K)，热导率比没有涂覆石墨烯膜的样品高了两个数量级。刘建影研究团队采用真空过滤和滴涂两种方法制备了液相剥离膜，并测试了通过真空抽滤所得的石墨烯薄膜，发现其横向热导率达约 110 W/(m・K)，将其应用到功率芯片的散热，结果表明当热通量为 1 200 W/cm^{2}时，热点温度下降了 6℃。

另一种方法是热还原或者化学还原氧化石墨烯。在热还原方面，中科院团队系统地研究了 800～1 200℃时温度对还原氧化石墨烯热导率的影响。结果表明，当温度为 1 200℃时，其热导率达到 1 043.5 W/(m・K)，有望成为电子器件的散热材料。高超教授团队研发出一种高导热超柔性石墨烯组装膜，热导率最高达到 2 053 W/(m·K)，接近理想单层石墨烯热导率的 40%；同时该材料由微褶皱化大片石墨烯组装而成，具有超柔性，可被反复折叠 6 000 次，承受弯曲十万次，有望应用在电子元件导热、新一代柔性电子器件及航空航天等领域。在化学还原方面，中科院成会明团队报道了通过氢碘酸还原氧化石墨烯制备石墨烯薄膜。韩国国立科技学院的 Kumar 等采用类似的还原方法制备石墨烯导热薄膜，其电导率和热导率分别达 243 S/cm 和1 390 W/(m·K)。查尔姆斯理工大学的 Johan Liu 教授和他的研究团队开发出一种石墨烯组装膜，其热导率比石墨膜高 60%以上，新的石墨烯薄膜作为电子器件和其他高功率驱动系统用新型散热材料显示出巨大潜力。

通过还原氧化石墨所得的石墨烯薄膜，其热导率和热还原的温度、化学还原时所用化学品等因素有关，一般其热导率可超 1 000 W/(m·K)。这是一种非常有前途的大规模制备石墨烯导热膜的方法。

3. 石墨烯复合薄膜

利用石墨烯的纳米效应，将石墨烯和其他材料制备成复合薄膜也是石墨烯应用到热管理中的途径之一。中科院陈成猛团队制备出一种柔性的石墨烯—碳纤维复合膜散热片，结果表明其热导率达到 977 W/(m·K)，其热传递的效果好于铜。

中科院宁波材料技术与工程研究所制备出一种由无机的碳化硅和石墨烯组成的高性能“石墨烯纸”，在评测试验中，以其为热界面材料，在单位时间内温降高达 18.3℃，是普通渐热材料温降(8.9℃)的两倍，散热效率相提高了 27.3%(图 6-28)。

浙江大学林时胜研究小组在石墨烯膜制备过程中加入 $FeCl_3$ 溶液对石墨烯膜进行 p 型掺杂，发现 1.0%掺杂比例的石墨烯热电膜的 Seebeck 系数为 70～90 μV/K，比没有掺杂的石墨烯膜提高了 2 倍。另外，研究人员在石墨烯热电膜基础上将热电效应和散热设计结合到一个智能手机的组件中，它不仅可以散热，还可以回收热能。这些系统的应用创新表明高度平行排列的大面积石墨烯热电膜除了可以成为高温发电机，也能作为一种灵敏的热传感器，在散热管理系统中

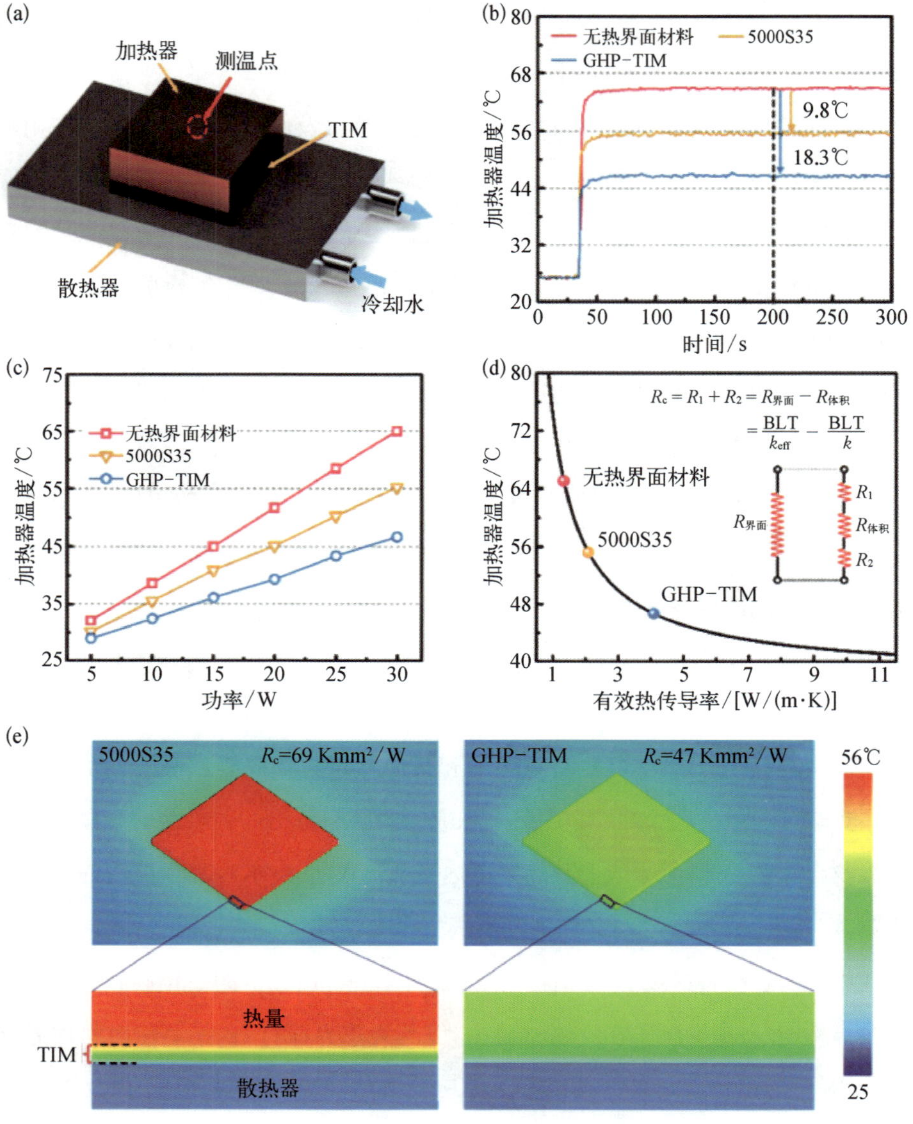

图 6-28 “石墨烯纸”散热效率相与普通散热材料对比

具有很好的应用前景(图 6-29)。

可见,将石墨烯和其他材料制备成复合薄膜,复合薄膜的热导率仍然可以达到一个较高的值,且优于铜。

目前,电子产品的散热材料主要依靠石墨薄膜来解决。而石墨烯薄膜要进入市场,性能既要比石墨薄膜好,又要更有价格优势,才能取代石墨薄膜,这对石墨烯薄膜的产业化是极大的挑战。2018 年石墨烯散热技术在华为手机上的应用

图 6-29

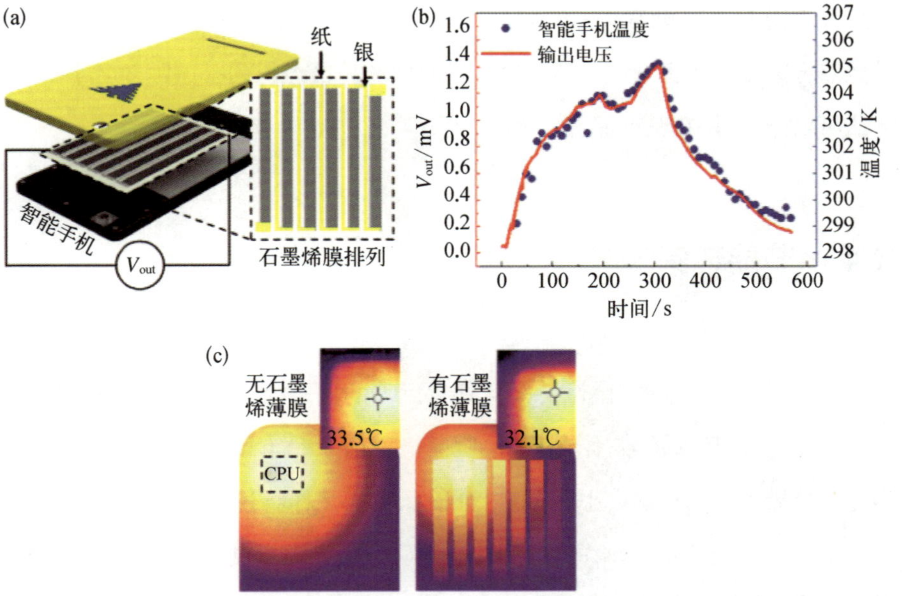

（a）应用在手机散热的石墨烯热电器件；（b）在智能手机运行中不同温度下测量的热电电压输出；（c）智能手机散热原理图。插图：有或没有石墨烯膜器件的手机热图像

为电子行业带来一场技术变革，相信随着石墨烯制备及应用技术的不断完善，石墨烯材料会大范围应用到电子器件的散热管理中。

4. 产业化进程

最近几年，国内外在石墨烯基薄膜散热方面取得了一定成效。国内如哈尔滨工业大学杜善义院士团队制备出三维石墨烯基散热材料，由哈尔滨赫兹新材料科技有限公司投资 1 500 万元，每年可生产石墨烯散热片 60 万片，实现产值 3 000万元。厦门奈福电子有限公司、深圳六碳科技有限公司、贵州新碳高科有限责任公司、常州富烯科技股份有限公司等在石墨烯导热膜产业化方面也取得了积极进展。而 2018 年 10 月华为公司 Mate 20X 手机产品采用石墨烯液冷散热技术，也正式标志着石墨烯散热材料商业化的开始。

常州富烯科技股份有限公司自主研发的石墨烯导热膜产品，是以石墨烯为原料，采用多层石墨烯堆叠而成的高定向导热膜，与市场其他同类散热材料相比，具有机械性能好、热导率高，质量轻、材料薄、柔韧性好等特点。其生产的石墨烯导热膜H系列拥有优异的导热性能，轻薄柔软，厚度可定制，为当前电子产品散热方案提供了良好的导热材料。目前该产品已经得到了国际知名手机公司的认可，并被应用在其产品上。

6.4 节能环保领域

石墨烯是最坚硬的材料之一，且具有巨大的比表面积和极佳的导电性等众多优异性能，在环保领域具有非常广阔的应用前景和市场价值。通过精确控制多孔石墨烯片层孔径的大小，石墨烯可以像筛子一样将过滤掉海水中的盐而只留下水分子，从而实现海水的快速低成本淡化，为人类提供清洁生活用水。将石墨烯做成三维泡沫结构，不仅可以吸收污水中的燃料、重金属等污染物还可以吸附空气中的SO_2、NO等有毒气体，有些石墨烯材料在吸附的同时还能将有害物质转变为毒性较低的物质。石墨烯还可作为载体材料使用，制备高效催化剂，从而催化水中污染物的降解。石墨烯的热导率可达5 300 W/(m·K)，且石墨烯的热电转化高，这些特性使石墨烯在热工装备及余热利用中具有广阔的应用前景。

近年来石墨烯在节能环保领域也涌现出一批重点企业，如东旭光电科技股份有限公司、深圳烯创先进材料研究院有限公司、厦门泰启力飞石墨烯科技有限公司、福建国烯新能源科技有限公司、江苏承煦电气集团有限公司等企业在LED照明和散热领域已实现了不同技术评级的市场应用；以常州二维暖烯科技有限公司、浙江中骏石墨烯科技有限公司、宁波柔碳电子科技有限公司为代表的石墨烯企业，拥有了石墨烯瓷砖、发热地板、石墨烯远红外电暖画等产品，并占有了部分市场规模，石墨烯加热膜产业规模已形成；江阴双良石墨烯光催化技术有限公司光催化石墨烯污水处理产品已经在安徽省、陕西省、湖南省、广东省等多个省份成功实施了污染河道治理工程，使污水情况得到很好控制和改善。江苏省常州碳星科技有限公司先后推出的石墨烯基节能环保产品，包括石墨烯基油水分离器、石墨烯基VOC吸附海绵、石墨烯基疏水活性炭、石墨烯吸油海绵以及石墨烯基防霾口罩等也已实现了商业化。

6.4.1 海水淡化

根据盐水分离过程的不同，海水淡化技术的分类如图 6-30 所示。当盐水分离过程中有新物质生成时，则该海水淡化方法属于化学方法，反之则属于物理方法。在物理方法中，利用热能作为驱动力，盐水分离过程中涉及相变的归类为热方法，主要包括多级闪蒸、多效蒸馏、压气蒸馏、冷冻法和增湿除湿等方法，利用膜（半透膜或离子交换膜等）进行盐水分离且不涉及相变的则归类为膜方法，主要包括反渗透和电渗析等方法，此外，物理方法中还包括溶剂萃取法。而化学方法主要包括水合物法和离子交换法。

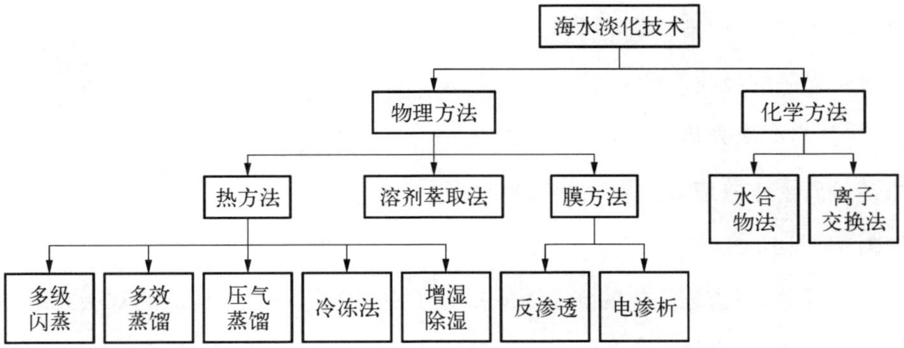

图 6-30 海水淡化技术的分类

目前主要采用两种方法淡化海水，即蒸馏法和反渗透法。蒸馏法主要被用于特大型海水淡化处理上及热能丰富的地方；反渗透膜法适用面非常广，且脱盐率很高，因此被广泛使用。石墨烯的单层二维结构提供了一个非常大的表面积，有利于离子在石墨烯表面的存储。从理论上讲，平行的片层可以提供更富余的通道，盐离子可以很容易地通过这些通道进入石墨烯薄片的表面；其次，石墨烯片的高导电性可以消除对导电添加剂的需求，使石墨烯基电极材料具有更高的电吸附性能；另外，二维层状结构赋予石墨烯良好的机械柔性，使石墨烯片易于组装成具有较强机械稳定性的石墨纸。石墨烯类炭材料一般来说包括石墨烯、氧化石墨烯和还原氧化石墨烯等。其中，氧化石墨烯中含有大量的羧基、羟基和环氧基团等，有利于提高材料的亲水性和与其他溶剂的相容性。石墨烯在海水淡化领域的应用主要包括：太阳能海水淡化、电容去盐以及渗透膜。

1. 太阳能海水淡化

太阳能驱动的水蒸发已成为利用太阳能进行清洁水生产和废水处理的高效方式。太阳能海水淡化技术即利用光能淡化海水，一种是利用太阳能蒸馏器模拟大自然水循环的过程加热蒸发海水，一种是利用太阳能集热器或加热管，将海水加热到一定温度后，放入闪蒸或低温多效蒸馏系统，获得淡水。但在日常条件下，海水对阳光的吸收率很低，不能有效地将光能吸收用于海水的蒸发。为了增加太阳能的利用效率，对于蒸馏器的使用方式也有多种方案。如：一是将太阳能蒸馏器的海水池底部涂黑，但是该方案无法避免海水对光照的反射；二是用染料将海水染黑，增强海水对光照的吸收。沿着第二条优化路径，将其与纳米光热技术相结合，如表面增强等离子体效应。太阳能蒸馏器模型如图 6－31 所示。

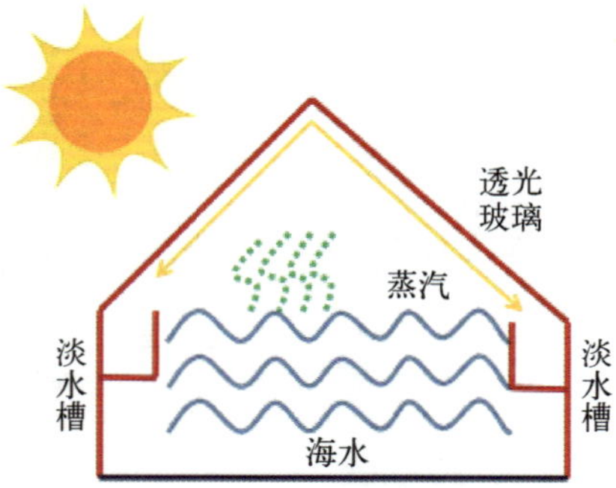

图 6－31　太阳能蒸馏器模型

2014 年，麻省理工学院陈刚团队报道了由碳泡沫和石墨构成的双层海绵结构，通过热局域的方法实现高效光蒸汽转化，可以把水加热到 100℃，光能-蒸汽能的转化效率可达 85%。Wang 等人合理地设计和制造了一个双层光热膜，其顶部是还原氧化石墨烯的多孔薄膜，底部是聚苯乙烯（polystyrene，PS）泡沫，能够产生高达1.31 kg/(m^2 · h)的水蒸发速率，光蒸发转换效率高达 83%。Chen 等展示了一个非常简单和独立的太阳能转换器，由一个准备好的 3D 交联蜂窝石墨烯泡沫材料组成，没有任何其他支撑组件。这种简单的一体化材料可以作为一种理想的太阳能热转换器，能够捕获太阳光并将其转化为热能，从而可以对各种水源的水进行蒸馏，并在环境条件下产生净化水。

2. 电容去盐

电容去离子法因具有能耗较低、电极寿命长和无二次污染等优点而成为海水脱盐方法中的研究热点。在电容去离子法中，电极材料的性能好坏对脱盐性能的高低具有十分重要的影响。石墨烯材料具有高比表面积和优异的导电性，在电容脱盐领域得到了广泛应用。

Li 等最早研究了石墨烯膜的电容吸附性能，发现用于海水淡化的，因石墨烯容易发生团聚，其对 NaCl 的吸附能力只有 185 mg/g，初步表明石墨烯具有很大应用前景。通过石墨烯功能化可以有效减轻团聚现象。Yan 等制备了石墨烯/聚苯胺纳米复合膜用作电容去离子实验，结果表明，复合膜的净化效果优于纯石墨烯膜，最高去除率能达到 94%。Toraj 等人通过改进的 Hummers 方法制备的 GO 比通过 Hummers 方法制备的 GO 具有更高的钠离子吸附能力。此外，使用壳聚糖进行功能化改善了通过改良 Hummers 方法制备的 GO 的钠离子吸附能力，从初始钠离子浓度为 770.2 mg/L 提高至 830.3 mg/L。Amir 等人使用分子动力学(molecular dynamics，MD)模拟，将多孔石墨烯膜暴露于外部电场以从盐水中分离正离子和负离子并产生淡水。同时发现，通过增加施加的电场强度，离子分离显著改善。此外，为了获得淡水，设计的系统包括两个石墨烯膜，它们以相反的方向暴露于两个外部电场。对于 10 mV/Å 和更高的电场，发现离子抑制大于 93%。这种原子级模拟增加了使用多层石墨烯膜对电场对脱盐的影响的理解，并且可以有助于设计更有效的膜。电容去盐过程示意图见图 6－32。

图 6－32　电容去盐过程示意图

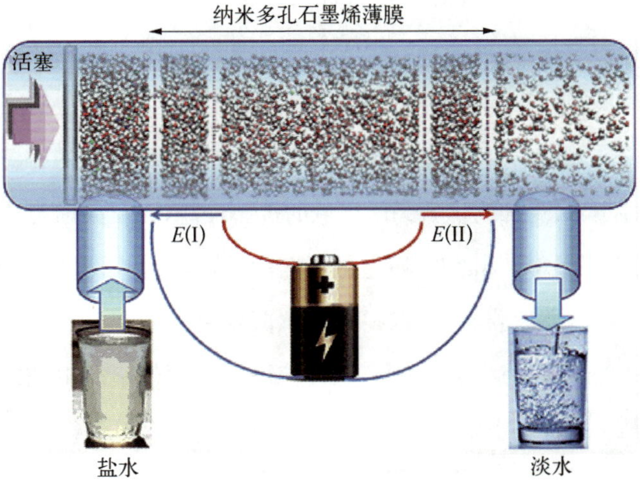

3. 渗透膜

石墨烯因具有单原子层厚度小、优异的机械性能和化学反应惰性等优点可作为分离薄膜进行气体分离，也可以作为水质净化的理想材料。

Zhang 课题组通过抽滤法制备了不同厚度的氧化石墨烯膜，然后用碘化氢蒸气还原得到了石墨烯膜，用制备的膜对含有氯化钠和碳酸氢钠的水溶液进行净化，发现其效果优于三醋酸纤维素的高分子膜。另有研究人员利用化学气相沉积法制备了单层石墨烯膜，通过刻蚀在石墨烯膜上得到了尺寸小于 1 nm 的纳米孔并用于水淡化和渗透，效果优于商业膜。Li 等将氧化石墨烯（graphene oxide，GO）纳入壳聚糖（chitosan，CS）制造混合基质膜（mixed-matrix membranes，MMM），以探索高盐度海水淡化的水渗透性的增强，并了解 MMM 中的运输机制。在 81℃下以 1%（质量分数）GO 含量脱盐 5% NaCl（质量分数）水溶液，获得增强的渗透通量为 30.0 kg/(m^2 · h)，并且实现 99.99% 的脱盐率。H_2O 和 NaCl 在 MMM 中的扩散性和溶解度证明了随着 GO 含量的增加，对水渗透性和水/盐选择性的折中效应越发明显。

在产业化方面，2013 年，美国洛克希德 · 马丁公司也开始采用石墨烯过滤的方式来淡化海水，利用石墨烯过滤海水，水分子可穿过石墨烯薄片中仅有1 nm 宽的空隙，而构成盐主要成分的钠离子和氯离子则被阻挡在外。石墨烯过滤海水的方式能耗更低，而且过滤效果更好。2015 年 10 月，英国石墨烯应用创新中心开始从事石墨烯基自清洁过滤薄膜的研究，该项目旨在研发一种石墨烯基低成本自清洁涂料薄膜技术，该涂料将应用于海水淡化、油水分离以及核废水处理等诸多领域。该薄膜具有优异的净水能力，且可以实现自清洁，从而减少了成本和避免了能源浪费。2018 年中国企业强生石墨烯充分应用独有的石墨烯共价键功能化修饰改性技术，更加突出石墨烯出色的抗菌性能，将石墨烯与滤膜材质相结合，成功研发石墨烯 PP 棉滤芯、石墨烯压缩活性炭滤芯、石墨烯反渗透膜滤芯，用于取代传统净水器滤膜材料，取得较好抗菌效果。强生石墨烯复合滤芯对金黄色葡萄球菌的滤过率达到 96.6%，是传统滤芯灭菌效率的 10 倍。同时，石墨烯过滤材料基本保留了水中的矿物质和有益元素，实现了人类对直饮水的健康需求。

6.4.2 污水处理

石墨烯净水技术不仅在原理上具备较高的可行性，在实验室也取得了许多重大突破。众所周知，活性炭作为一种常见的传统污水处理材料，内部有很多疏松的孔隙，具有很强的吸附能力。具有特殊层状和孔状结构的石墨烯，其吸附能力是活性炭的成百上千倍，可应用于有机污染物和废水处理。

1. 3D 石墨烯对水中有机污染物的吸附

2017 年中国石油大学的研究人员利用石墨烯胶囊开发了一种高效低成本油吸附剂，由于石墨烯具有 3D 网络结构、很高的比表面积以及良好的柔性，该吸附剂在吸附液体应用中有很大潜力。相比层状石墨烯，半封闭的胶囊状石墨烯由于其内部空间的入口较窄，可以较稳定地吸附，有望实现很高的油吸附容量，可有效去除水中的污染。

澳大利亚国立大学物理与工程研究院团队研究了在表面活性剂存在下剥离制备石墨烯，并将其作为除去水溶液中有机染料的吸附剂，其吸附原理如图 6-33 所示。与先前研究的无表面活性剂体系相比，颗粒上的总电荷以及因此吸附染料的能力显著增强。表面活性剂剥离的石墨烯颗粒不仅表现出优异的吸附特性，而且还具有使基于溶液条件或剥落表面活性剂吸附的染料量最大化的能力。

图 6-33 石墨烯吸附原理示意图

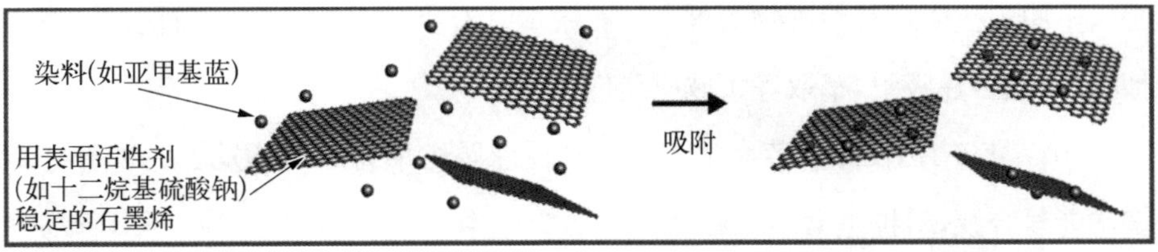

中国科学院新疆物理与化学技术研究所马鹏程教授团队开发了气凝胶结构的石墨烯基材料用于各种吸附应用。结果表明制备的石墨烯泡沫具有超疏水表

面，具有较高的水接触角及超亲油性，可以有效分离油-水混合物，具有优异的稳定性和可回收性。

2. 石墨烯在治理重金属污染中的作用

随着工业生产、矿业开采及科学研究的不断发展，大量重金属及其化合物被排放入水体中，其中含有 Fe、Cu、Zn、Pb、Co、Ni 等多种高浓度有毒重金属，甚至含有放射性元素，对人类健康构成威胁。利用石墨烯及其改性材料对重金属的吸附作用进行污水处理是重要科研方向。

Sitko 团队制备了两种可高效吸附金属离子的 GO/纤维素膜（压制和非压制膜）。具有可重复使用性（超过 10 个循环）和在水溶液中的耐久性，为水溶液重金属处理开辟了道路。Ramavatar Meena 团队已经开发出一种以海藻为原料的"绿色"工艺，合成了石墨烯-硫化铁纳米复合材料。数据显示，在中性 pH 环境下，该复合材料对铅的最大吸附容量为 645 mg/g。

石墨烯作为一种新型二维碳材料，具有比表面积大、吸附性能强、抗辐射性能好等优点，关于其功能化改性及相关应用研究，已取得很大的进展。但是，石墨烯及其改性材料去除重金属离子，尚属试验和探索阶段，要实现该类材料在废水处理上的实际应用，还有许多问题亟待解决。

3. 石墨烯对水中抗生素药物的吸附

随着抗生素的广泛使用，自然水体中的污染也日益严重。抗生素分子大多结构复杂、电性可变，针对这些复杂结构合理地选择具有特定表面结构的吸附剂是吸附脱除抗生素类污染物的重点。石墨烯具有机械强度高、比表面积大、稳定性好等优点，在吸附、萃取等领域应用广泛。

2017 年 3 月，江苏师范大学李海涛教授课题组率先成功开发了一种石墨烯多功能复合膜，对抗生素等颗粒状物体的吸附率可达 99.99%。2018 年，青岛大学研究团队发表了氧化石墨烯/海藻酸钙复合纤维吸附四环素抗生素的研究成果。通过冷冻干燥法制备新型环保高效吸附剂——氧化石墨烯/海藻酸钙（GO/CA）复合纤维。GO/CA 复合纤维对四环素具有较高的吸附能力，吸附机理见图

6－34，Langmuir 模型计算的最大吸附量可达 131.6 mg/g，意味着四环素吸附过程由颗粒内扩散控制。在芳族化合物吸附到氧化石墨烯上的过程中，π－π 相互作用、氢键和静电亲和力在提高氧化石墨烯/藻酸钙复合物的吸附能力方面起重要作用。

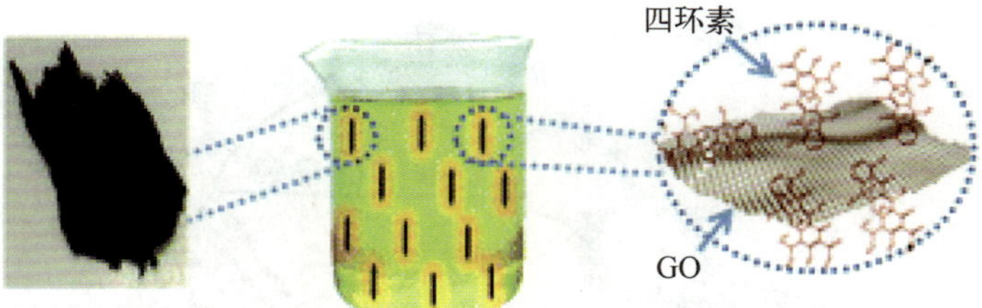

图 6－34　四环素在 GO/CA 复合纤维上的吸附机理

2019 年，澳大利亚阿德莱德大学 Wang 等通过简单的水热法以 GO 纳米片和三聚氰胺构建具有分层多孔结构和整合形态的三维氮掺杂石墨烯气凝胶（3D nitrogen-doped graphene aerogels，3D NGA）。这种三维多孔骨架有利于污染物扩散，多次运行后化学活性可以充分发挥，并能通过简便的热处理回收。该研究不仅促进了对碳催化机理的理解，而且为制备用于无金属氧化和新兴有机水污染物绿色修复的稳定高效的纳米碳催化剂提供了新的方案。

4. 石墨烯作为催化剂载体

由于石墨烯具有较高的电子传输性能，在光电转化和光催化应用中，将石墨烯类碳材料与光催化材料结合，在水处理中可以发挥两种材料的协同效应，有效增强了光催化材料对有机染料和重金属污染物的光降解效果。

研究表明，以石墨烯为载体制备的二氧化钛/石墨烯光催化剂在紫外光下降解罗丹明 B 和亚甲基蓝的速率较纯 TiO_2 有明显提高。金属氧化物/石墨烯复合材料则具有非常好的光催化效率，可催化降解有机物、还原重金属阳离子以及净化水。在还原重金属离子方面，ZnO/石墨烯纳米复合材料可以将催化效率从 50%提高到 80%。此外，与纯的氧化亚铜相比，利用氧化亚铜与 GO 可发生氧化还原反应这一特性制备的氧化亚铜/石墨烯复合材料催化降解甲基蓝的效率大大增强。

2017 年 6 月 18 日，大连海洋大学王华博士团队将 TiO_2 与石墨烯相结合，提高了电子—空穴的分离效率和 TiO_2 的光催化性能，其转移过程如图 6－35 所示。这为进一步提升 TiO_2 的光催化能效提供了新的思路，对推动光催化技术的发展起到积极的作用。

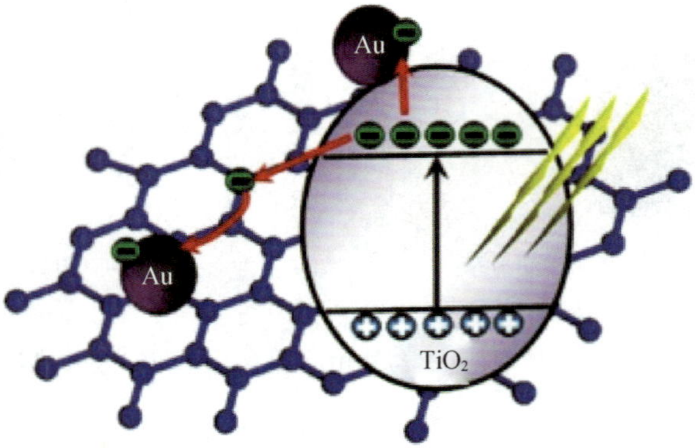

图 6－35　光生电子在 Au/TiO_2/石墨烯纳米复合材料中的转移过程示意图

IBM 公司 Abhishek Kumar 等人报告了一种新型柔性石墨烯薄膜光催化剂的成功开发（图 6－36），其导致所得光催化剂-生物催化剂集成人工光合作用系统的可见光收集效率提高 225%以上，用于生产高选择性的太阳能燃料。这是朝着设计新的石墨烯薄膜基光催化剂池迈出的重要一步。

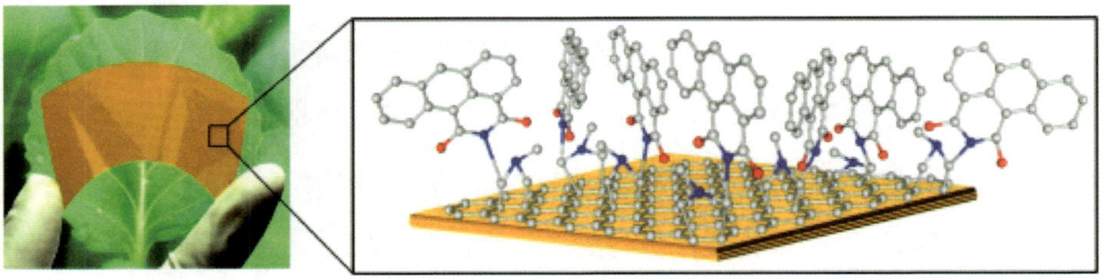

图 6－36　GFPC 的照片以及详细结构（灰色＝C；红色＝O；蓝色＝N）

5. 石墨烯污水检测

石墨烯在电学、物理和光学方面的优越性能 2D 结构非常适合于传感器应用，可用于污水检测。

2018 年，马来西亚研究团队开发石墨烯纳米传感器，可用于检测大肠杆菌（E.coli）。Elmizadeh 等开发了一种简便的方法来制备配体包覆的 CdTe QDs

(CdTe－L QDs)，作为新的光学纳米传感器用于测定水溶液中的 Cr^{3+} 离子。发现与不同的金属离子相比，在痕量 Cr^{3+} 离子存在的情况下，540 nm 处的 CdTe－L QD 的荧光强度（在 380 nm 激发）被选择性地猝灭。此外，设计的纳米传感器很好地用于实际样品中的 Cr^{3+} 离子的定量，具有令人满意的分析结果。

6. 产业化进程

2016 年，美国石墨烯 3D 实验室宣布研发出 1 种具有出色油吸附性能的新一类石墨烯材料，这种新材料可吸附自身质量 3 500%～8 000%的有机溶剂和油类，有效将溢油事故造成的危害降低到最小。

2016 年，江阴嘉润石墨烯光催化技术有限公司与中国科技开发院江苏分院和中国环境科学研究院环境技术工程有限公司共同完成的"石墨烯光催化氧化技术"项目通过专家鉴定。

江阴双良石墨烯光催化技术有限公司借助"具有可见光响应的异质间高效量子转移技术"，已经在安徽省、陕西省、湖南省、广东省等多个地区成功实施了污染河道治理工程，使污水情况得到很好的控制和改善。除此之外，江苏省常州碳星科技有限公司先后推出石墨烯基节能环保产品，主要包括石墨烯基油水分离器、石墨烯基 VOC 吸附海绵、石墨烯基疏水活性炭、石墨烯基吸油海绵以及石墨烯基防霾口罩。相比于市面上现有同功能产品，石墨烯基产品性能更加优良，其吸附、分离速度快，循环使用寿命长。

6.4.3 石墨烯在大气治理领域的发展分析

现阶段石墨烯在大气治理领域主要应用于气体吸附和有害气体检测两个方面。

1. 在气体吸附上的应用

挥发性有机化合物（volatile organic compounds，VOCs）是空气和水中的有害污染物，即使在很低的浓度下，长期暴露也会导致严重健康问题。吸附法被认为是一种治理空气污染的有效方法。

Ding 教授团队制备出一种三维多孔石墨烯气凝胶(graphene aerogel,GA)。该方法可靠、灵敏,可用于环境空气分析,回收率良好。Ji MinKim 等研发了一种微米孔结构的石墨烯基吸附剂,对低浓度的甲苯和乙醛表现出较高吸附性。

2. 在有害气体检测领域的应用

近年来,环境安全和空气污染问题越来越受到人们的广泛关注,设计和开发新型气体检测材料显得尤为重要。

Huang 等研究发现石墨烯场效应管可同时实现射频调制和化学检测,还具有存储记忆功能。该团队研制的大面积背栅场效应管器件能够检测氧化性/还原性气体,甚至对于更为复杂的结构如蛋白生物标记物,都具有可观的电压响应率。同时,该石墨烯晶体管还具备电化学存储记忆功能,该功能在一般的半导体器件上是难以实现的。Liu 等将化学刻蚀法与金属辅助刻蚀法相结合,制备了形貌统一、分布均匀的高质量柔性硅纳米线阵列结构,并用石墨烯量子点对其表面进行修饰,得到了表面稳定且具有强载流子传输能力的柔性石墨烯量子点/硅纳米线核壳结构阵列,这种设备可检测 NO_2 气体(图 6-37)。

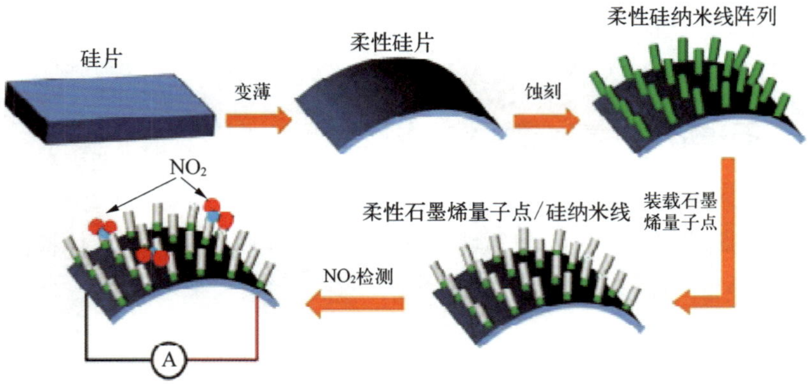

图 6-37 柔性 GQDs/SiNWs 核壳结构阵列制备及 NO_2 检测示意图

石墨烯气体传感器可以检测可燃、爆炸和有毒气体,可广泛用于住宅建筑、工业和矿山的安全监控和过程控制。

在产业化进程方面，2016 年 11 月东南大学孙立涛教授团队研发的“石墨烯基口罩”第一批产品面世，据第三方测试，这种口罩对 $PM_{2.5}$ 的去除率高达 97.1%。2016 年 12 月富士通实验室成功开发出世界首个具有极高灵敏度的石墨烯气体传感器。这项成果为研制可快速、精确测量气体成分的便携式设备铺平了道路。

唐山建华科技发展有限责任公司开发的石墨烯空气净化喷剂、石墨烯口罩、石墨烯复合材料等 10 多项成熟的技术已经实现产业化并进入市场，形成规模效益；厦门烯成石墨烯科技有限公司推出的石墨烯空气净化宝，可以祛味除醛、祛湿防霉、洁净空气，在冰箱去味、室内除甲醛、车内净化空气时都表现出优异的效果。

6.4.4 节能减排

石墨烯具有高导热性，热导率高达 5 300 W/(m・K)，在热工装备及余热利用中具有广泛的应用前景。

1. 热电转换

热电转换材料是一种可以实现热能与电能之间直接相互转换的功能材料，在温差发电和热电制冷方面具有广阔的应用空间。大量研究表明石墨烯优异的电学性能、超大的比表面积以及多样的边界结构有利于材料电、热性能的协同调控，在热电领域有较大的应用潜力。

Tawfique Hasan 等研究报道了可应用于柔性热电器件的石墨烯薄膜的大面积喷墨印刷技术。Lin 等设计并制造了大面积石墨烯热电膜的研究型生产线，制备出了目前世界上热电功率因子最高的、长度大于2 m的连续大面积石墨烯组装热电膜。如图 6－38 所示，研究团队制备的石墨烯电热膜长度达 2 m 的，在室温下的功率因子为 8.4 $\mu W/(cm \cdot K^2)$。

此外，在热处理炉、焦炉等高温设备上，也可以利用石墨烯高导热涂料，来减少燃料消耗。

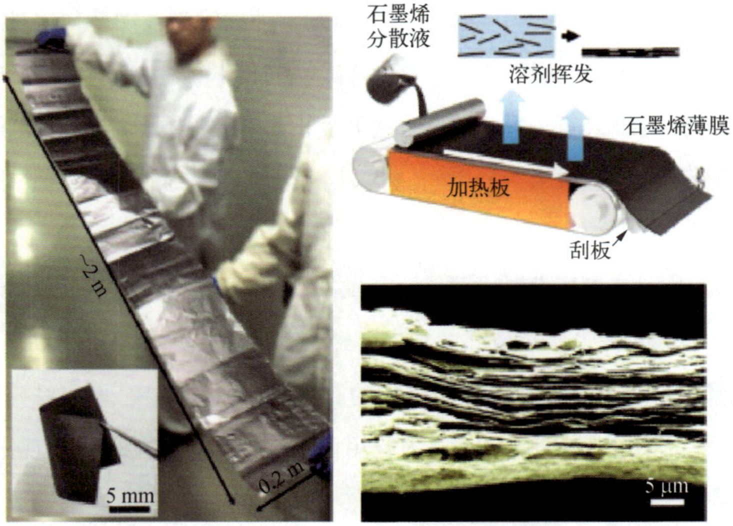

图 6-38 大面积石墨烯电热膜的制备方法及微观、宏观结构图

2. LED 散热领域

发光二极管(light emitting diode, LED)在使用或运作的过程中都会产生热能及温升现象,若不及时将热量导出,将影响 LED 的发光效率和使用寿命。石墨烯具有极高的热导率和热辐射系数,在 LED 散热领域有巨大发展空间。

英国曼彻斯特大学的国家级石墨烯研究所研制出了全新的石墨烯灯泡,灯泡内有灯丝形状的 LED 灯,且 LED 灯丝外层会涂上石墨烯,可减少 10%的能源消耗。

石墨烯制成的散热膜散热性能会大大优于石墨片,实测的热导率可达到 1 000 W/(m·K)以上,同时,膜片具有良好的柔韧性,易于加工。高性能的石墨烯散热薄膜是如智能手机、平板电脑等高性能、超薄电子产品的理想散热材料,目前华为等国内手机厂商已开始规模使用石墨烯散热膜技术。

3. 电能替代

电能具有清洁、安全、便捷等优势,实施电能替代对于推动能源消费革命、落实国家能源战略、促进能源清洁化发展意义重大,是提高电煤比重、控制煤炭消费总量、减少大气污染的重要举措。

石墨烯电热膜是以石墨烯为导电介质，通电后激发自身产生远红外线从而起到加热作用。同普通电热膜相比，升温更加均匀，使用寿命更长，具有远红外理疗效果等优点，随着国家电能替代政策的进一步推广和落实，石墨烯在室内采暖领域发展前景可期。

4. 产业化进程

相对于节能环保其他领域，石墨烯在 LED 散热领域的应用产业化程度较高。飞利浦 MASTER LED MR16 新式灯具作为全球首例大功率 LED 应用，其铝制外壳已经被帝斯曼公司开发出的 Stanyl TC 导热塑料所取代，其效果不仅达到了同等级的散热目的，而且整个灯具更轻、更耐腐蚀。而石墨烯导热塑料的热导率可从普通塑料的 0.2 W/(m · K)提高至 5～15 W/(m · K)，且抗腐蚀，已有 Blue Stone 等公司开发出采用石墨烯导热塑料的大功率 LED 产品，其显示出优异的散热性能。湖州明朔光电科技有限公司已掌握了液晶聚合物(Liquid Crystal Polymer，LCP)型石墨烯复合散热材料的核心技术创新研发，石墨烯导热硅脂、石墨烯相变材料、石墨烯散热材料等，已推出森海系列 LED 产品。此外福建国烯新能源科技有限公司、深圳烯创先进材料研究院有限公司、厦门泰启力飞石墨烯科技有限公司、江苏承煦电气集团有限公司等企业在 LED 照明和散热领域实现了不同程度的市场应用。

目前我国石墨烯电加热膜产业规模已经初具雏形。近几年国家层面大力推进煤改电和电能替代项目，明确提出石墨烯电加热膜在居民取暖等领域的应用重要性，势必将大力推动石墨烯电加热膜市场规模的发展。

在众多企业中，常州二维暖烯科技有限公司、杭州白熊科技公司、宁波柔碳电子科技有限公司等多家国内企业已经在石墨烯瓷砖、发热地板、石墨烯远红外电暖画等电发热领域实现了规模化市场应用。

总体来看，石墨烯在节能环保领域的企业发展是不均衡的。首先就分布地区而言，企业主要集中在东部沿海，以山东、江苏、广东三省为企业集中热点，其次，地方高校对石墨烯的研究热度很高，并且主要聚焦于石墨烯产业化应用，使得东部沿海地区的石墨烯产学研转化程度较高。伴随着节能环保行业的发展浪潮，沿海企业积极布局、开拓市场、占领先机。

6.5 化工新材料领域

6.5.1 石墨烯-橡胶

石墨烯具有优异的物理和电子特性，如超高的强度、超高的电导率和热导率、大的比表面积。作为橡胶纳米填料，石墨烯具有非常高的增强效率和效果，同时还可以赋予橡胶材料其他特性如导电性、导热性，改善其动态性能和气体阻隔性等，对橡胶制品的高性能化和功能化具有特别的意义。

目前影响石墨烯/橡胶复合的两个关键因素为石墨烯的分散以及与基体界面的相互作用。结构完整的石墨烯表面性质稳定，且层片间有较强的范德瓦耳斯力，由于 π－π 堆积，因此易团聚。石墨烯(氧化石墨烯)/橡胶复合材料是一种新型环保的聚合物复合材料，石墨烯超强的力学性能、超高的导热性和导电性等使得石墨烯/天然橡胶复合材料的综合性能，如导电性能、导热性能、力学性能和气阻性能等的提高，被广泛应用于航空航天、电子电气、汽车和绿色能源等行业，尤其是在轮胎工业，可用于制造低生热轮胎、抗静电轮胎等。

1. 改性轮胎

石墨烯具有二维片型结构、超高的比表面积(理论比表面积达 2 630 m^2/g)，以及良好的导电性(电导率为 10^6 S/m)、导热性[热导率为 5 300 W/(m·K)]，应用于轮胎可显著提高轮胎的机械性能、导电性能和导热性能。石墨烯作为橡胶填料生产汽车轮胎，可代替炭黑、白炭黑、碳纳米管等，增强橡胶的拉伸强度、弹性和热导率。石墨烯静电轮胎的电导率达到 10^{-3} S/m，通过轮胎与金属轮毂嵌合，在轮面接地时段导出车体静电，在轮胎 3～5 年的使用寿命内可靠消除静电危害。

青岛双星轮胎工业有限公司在专利 CN105348604A 中公开了一种采用石墨

烯材料的高性能轮胎，其胎面具有高的耐磨性能、导热性能、抗撕裂性能和抗刺扎性能，防止崩花掉块，其基部胶和三角胶具有低生热、高导热等优点。

2016 年 8 月，青岛森麒麟轮胎股份有限公司与青岛华高墨烯科技股份有限公司正式签约，开发生产石墨烯导静电轮胎，主要生产 431.8 mm 以上的轮胎。据了解，石墨烯导静电轮胎采用石墨烯与橡胶复合的制备技术。与普通轮胎相比，这种轮胎的湿地制动距离缩短 1.8 m，抗湿滑性能提高 6%，轮胎安全性能进一步提升；轮胎行驶里程提高 1.5～1.8 倍；轮胎质量减小 10%，实现轮胎轻量化；导热性能提高 1 倍以上。

2018 年，山东欧铂新材料有限公司投资建设 1.1 万吨/年石墨烯改性橡胶填料项目，项目利用石墨烯、白炭黑制备石墨烯改性橡胶填料材料。

2. 橡胶复合材料

2019 年，清华大学 Yang H 研究团队提出基于石墨烯的导电橡胶复合材料集成密封圈，可用于监测接触压力和老化过程。同年，巴基斯坦 Ghulam Ishaq Khan 工程科学与技术研究所 Kh. S. Karimov 和卡塔尔大学先进材料中心 Zubair Ahmad 等组成的研究团队通过摩擦技术制造出弹性层状橡胶-石墨烯复合材料，可应用于多功能传感器，制作过程如图 6－39 所示。研究该橡胶-石墨烯弹性复合材料在位移、频率、温度和压力传感器中具有广泛的应用前景。

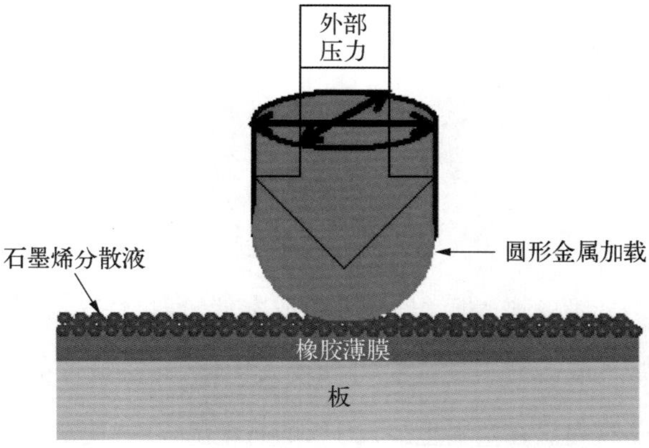

图 6－39　通过摩擦技术制造弹性层状橡胶-石墨烯复合材料制作过程示意图

为了在动态密封环境中延长橡胶产品的使用寿命，迫切需要研究氟代橡胶的良好摩擦性能。2019 年，北京航天材料与加工技术研究所 Wang Hao 和清华大学材料科学与工程学院新陶瓷与精细加工国家重点实验室 Zhang Hui 等组成的研究团队制备出具有蓬松结构的纳米多孔形态的离子液体改性石墨烯（ionic liquid modified graphene，TrGO－IL），改性后的橡胶复合材料中橡胶与石墨烯的相容性和交联密度同时提高，且摩擦系数和磨损率分别下降了 13.1%和 59.8%。同时，对氟橡胶产品的密封应用非常有效。研究团队认为用离子液体改性石墨烯可以开辟一条通过制备具有较低摩擦磨损性的氟醚橡胶复合材料来实现动态密封应用的新道路。IL 法石墨烯/氟醚橡胶复合材料摩擦学性能改善机理示意图见图 6－40。

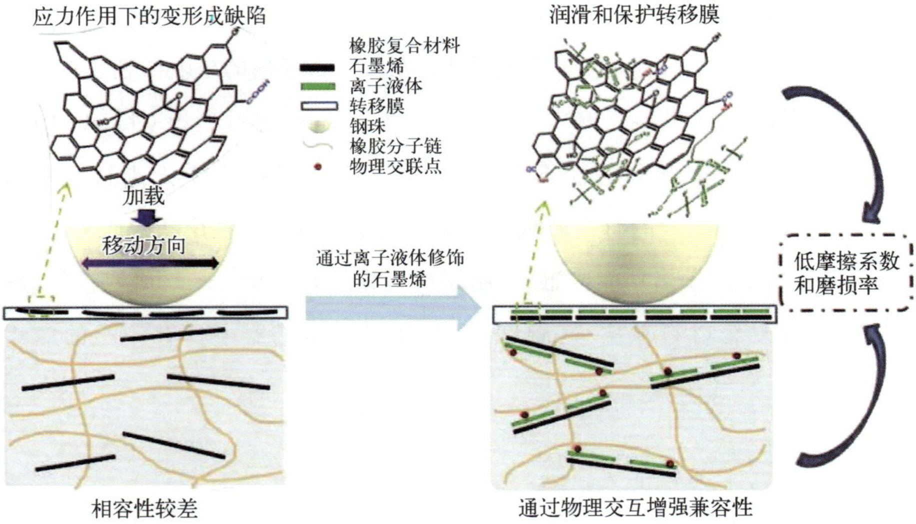

图 6－40　IL 法石墨烯/氟醚橡胶复合材料摩擦学性能改善机理示意图

6.5.2　石墨烯-塑料

石墨烯比碳纳米管的比表面积大、生产成本低、理化性能优异，将其与特定的聚合物复合形成的复合材料性能会得到很大优化，其机械性能和导电性能远优于单纯的高分子材料。在塑料里掺入 1%的石墨烯，就能使塑料具备良好的导电性；加入 1‰的石墨烯，能使塑料的抗热性能提高 30℃。在此基础上可以研制出薄、轻、拉伸性好和超强韧性的新型材料，在导电/防静电功能塑料、导热功能塑料、高强度塑料等领域有较好的应用。

1. 导电/防静电功能塑料

导电塑料是将塑料作为基材和各种导电添加剂混合，用传统塑料的成型方法加工而成的功能型高分子材料，可实现从绝缘体到半导体再到导体的巨大变化。其中用途最广和使用量最大的，是以碳系导电物质为添加剂，用传统塑料的方式进行混炼加工的碳系物填充导电塑料。目前市场上可以用于导电塑料的碳系填充物，包括导电炭黑、乙炔黑、碳纳米管、石墨烯等。

Zhang 等利用熔融共混制备出了聚对苯二甲酸/石墨烯复合材料，发现石墨烯的填充大大提高了复合材料的电导率，含有 3.0%（体积分数）石墨烯的复合材料电导率可以达到 2.11 S/m。然而大多数工业级聚合物的高黏度阻止了熔融共混法在石墨烯/工程塑料复合材料中的应用，而原位聚合法则不存在这种缺陷。Huang 等运用原位聚合法制备了导电性能良好的聚烯烃/石墨烯纳米复合材料，石墨烯含量为 1.2%（体积分数）的复合材料电导率为 3.92 S/m，而石墨烯含量为 10.2%（体积分数）时，电导率可达到 163.1 S/m。

山东鲁泰控股集团的导电聚氯乙烯（polyvinylchloride，PVC）母料的表面电阻能在 101～1 010 Ω 调节，在提高电性能的同时，机械性能、热稳定性也得到了极大提高。

2. 导热功能塑料

塑料的热导率很低，因此限制了其在导热领域的广泛应用。石墨烯添加到塑料中后，能使塑料的热导率由 0.1～0.5 W/(m·K) 增加到 5～10 W/(m·K)，提高 10 倍以上，用于 LED 灯的散热件、汽车散热件、电子电器散热壳体等领域，取代部分金属铝等常用散热材料，推进器件的轻量化，扩展塑料的应用领域。

导热塑胶专用石墨烯粒子 KNG－T181－2（经表面改性），是由厦门凯纳石墨烯技术股份有限公司采用全新一代生产工艺，针对传统粉状导热填料加料难、易污染、堆积密度小的缺点新开发的导热塑胶改性专用石墨烯产品，具有高导热、易加料的特点。其技术参数见表 6－5。

表 6－5 石墨烯粒子 KNG－T181－2 技术参数

石墨烯粒子 KNG－T181－2 技术参数	
参　数	指　标
外观	灰黑色片状物
堆积密度	0.33～0.38 g/mL
平均宏观尺寸	约 4 mm
碳含量	98%
含水率	<2%
改性剂含量	2%
接枝氧含量	极低

数据来源：厦门凯纳

3. 高强度塑料

石墨烯的机械强度是钢的 100 倍，可极大提高塑料的机械性能。普通的泡沫塑料聚苯乙烯泡沫（expanded polystyrene，EPS）机械强度较低，限制了其部分应用领域。石墨烯作为添加剂添加到 EPS 中，其机械强度提高 2 倍以上，目前已经有石墨烯在发泡塑料领域的应用，可应用于包装、军工等领域。也有利用石墨烯的高强度特性，开发新型的石墨烯汽车，使用石墨烯复合塑料作为汽车的骨架及结构件，大幅降低汽车的质量。

Zhao 等通过溶液混合制备了石墨烯含量为 1.8%（体积分数）的聚乙烯醇[poly（vinyl alcohol），PVA]复合材料并研究了其力学性能，他们发现复合材料的抗拉强度提高了 150%，杨氏模量提高了 10 倍左右。Vadukumpully 等也通过溶液混合制备了石墨烯/聚氯乙烯复合材料，他们发现 2%（质量分数）的石墨烯填充物使得复合材料的杨氏模量提高了 58%、抗拉强度提高了 130%。

4. 产业化进程

目前石墨烯在塑料行业的应用技术已逐步成熟，一些企业正在逐渐实现产业化，石墨烯塑料行业即将进入爆发阶段。目前国内外一些知名的企业和研究机构，如常州中超石墨烯电力科技有限公司，正在加大对石墨烯-塑料的资金和研究投入，为抢占市场份额占据先机。该公司重点加强石墨烯复合屏蔽材料的生产、销售和优化，同时瞄准高压电缆的发展趋势，积极开展 110 kV 及以上超高压电缆用屏蔽料、石墨烯复合导电布（带）及聚丙烯基石墨烯复合屏蔽材料的研发工作。

无锡云亭石墨烯技术有限公司专门从事原创性的石墨烯 EPS 基础研究和应用研究，包括石墨烯的改性研究、改性石墨烯与 EPS 的聚合过程即生产工艺的研究、提升石墨烯 EPS 性能的研究。改性石墨烯 EPS 强度达国家标准 3 倍，公司现已成功将改性石墨烯与 EPS 聚合并生产出新型保温节能材料及军工专用包装材料。

目前国外从事石墨烯塑料生产研发的企业不多，在石墨烯-塑料复材实现产业化的企业主要包括 Haydale 集团、Imagine Intelligent Materials 有限公司、Versarien、XG Sciences。其中，XG Sciences、Eagle Industries 和福特集团一起开发生产的石墨烯泡沫材料，应用在燃油轨盖、泵盖和前置发动机盖上，使得耐用性、声音阻力和减轻质量方面的性能显著提升。测试表明，与未使用石墨烯的泡沫相比，石墨烯泡沫可以将噪声降低 17%，机械性能提高了 20%，耐热性能提高了 30%。

6.5.3 石墨烯-涂料领域发展分析

近年来石墨烯作为添加剂，被应用于涂料产品中，效果颇佳。石墨烯涂料分为纯石墨烯涂料和石墨烯复合涂料，前者是指纯石墨烯在金属表面发挥防腐蚀、导电等作用的功能涂料；后者是指石墨烯首先与聚合物树脂复合，然后用复合材料制备出功能涂料。

1. 防腐涂料

2019 年，Gi - Cheol Son 等人组成的研究团队开发出氧化还原石墨烯/氧化石墨烯双层结构组成的防腐涂层，其原理图见图 6-41，是制备石墨烯涂层可行且可拓展的途径。

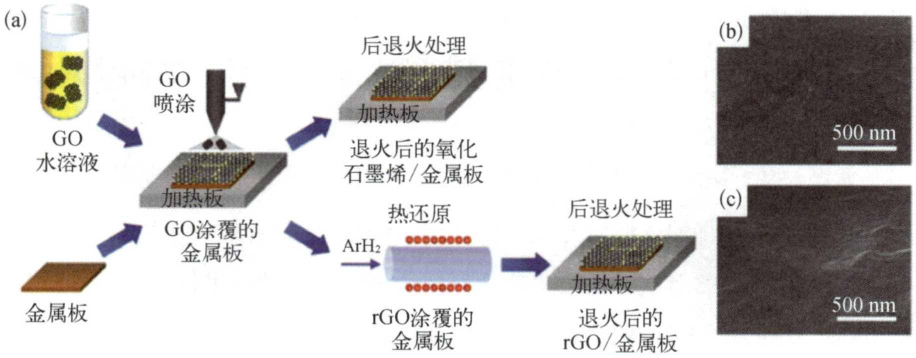

图 6-41 氧化还原石墨烯/氧化石墨烯双层结构组成防腐涂层原理图

Paul C. Uzoma 等组成的团队研究了低成本石墨烯纳米薄片在有机涂层中的应用效果。采用丙烯酸单体溶液聚合法制备疏水性有机硅氧烷-丙烯酸树脂，采用氟硅烷对石墨烯纳米片进行改性，并通过喷涂和两步法涂布在 LY12 铝基板上（图 6-42）。结果表明，添加改性石墨烯可提高表面电导率（≥2 μS/cm）和水接触角（≥152°）以及滑动角度（≤7°）。极化测量表明腐蚀电位发生了正迁移，说明阴极反应受到抑制。通过电化学阻抗参数进一步验证，两步涂覆试样具有良好的防腐蚀性能。该涂料具有良好的耐污附着力和超疏水亲油性，在油水分

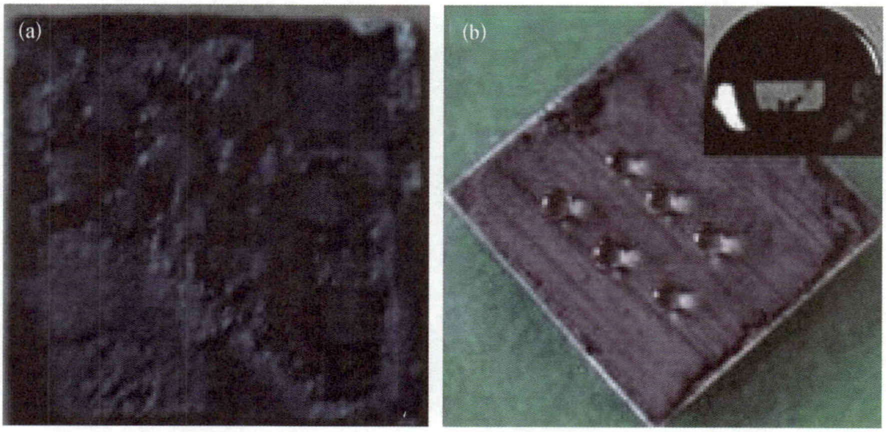

图 6-42 石墨烯纳米薄片上水滴数字图像

（a）未改性粉末被液滴浸湿；（b）水滴很容易从改性粉末表面滚下（插入角度为水接触角图像）

离中具有广阔的应用前景。涂层的物理完整性没有受到广泛的影响，包括在室外暴露于雪、解冻和表面湿润的120天后。(图6-43)

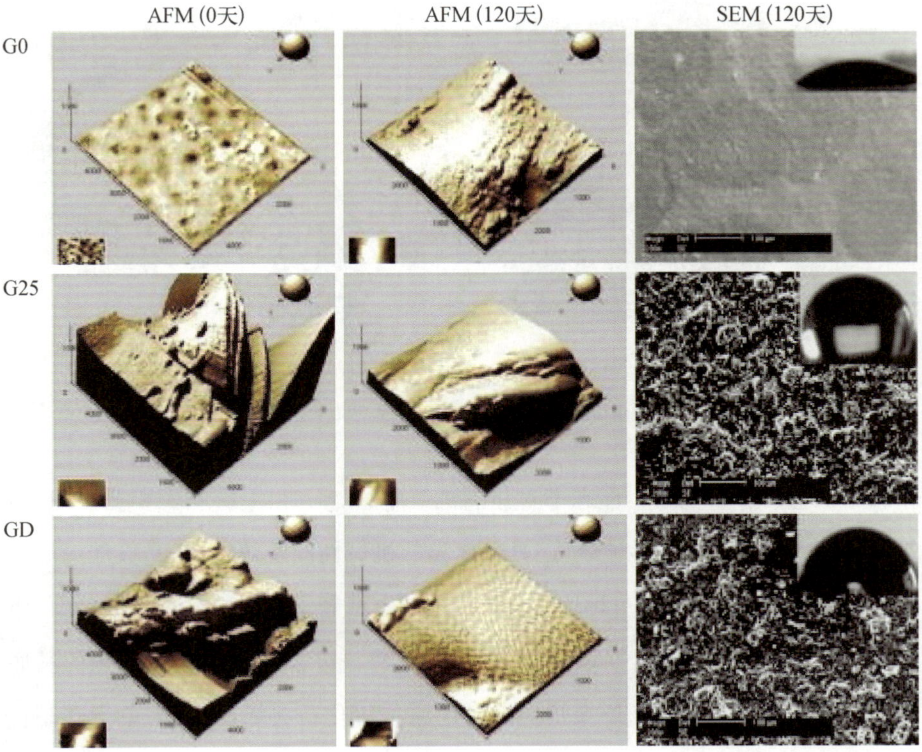

6-43 样品室暴露120天后的FM和SEM图像插入物为水接触图像)

水性环氧涂料具有显著的防腐和自愈性能，能有效抑制金属表面在盐环境中的腐蚀，具有较高的应用价值。2019年，Chunlin Chen研究团队通过静电自组装形成的氧化石墨烯和磷酸盐(PO_4^{3-})嵌入水滑石(phosphate intercalated hydrotalcite，PIH)可以合成水性涂料。Cl^-和PO_4^{3-}之间的离子的持续交换，在金属/涂层界面形成磷酸盐薄膜，基于氧化石墨烯/磷酸盐嵌入PIH的水性环氧涂料具有优异的防腐能力。其合成过程如图6-44所示。

2. 导电涂料

传统的导电涂料通过加入导电性物质来达到涂膜导电的目的，导电性添加剂通常为金属或金属氧化物颗粒(如银粉、铜粉、氧化锌等)，以应用较为广泛的

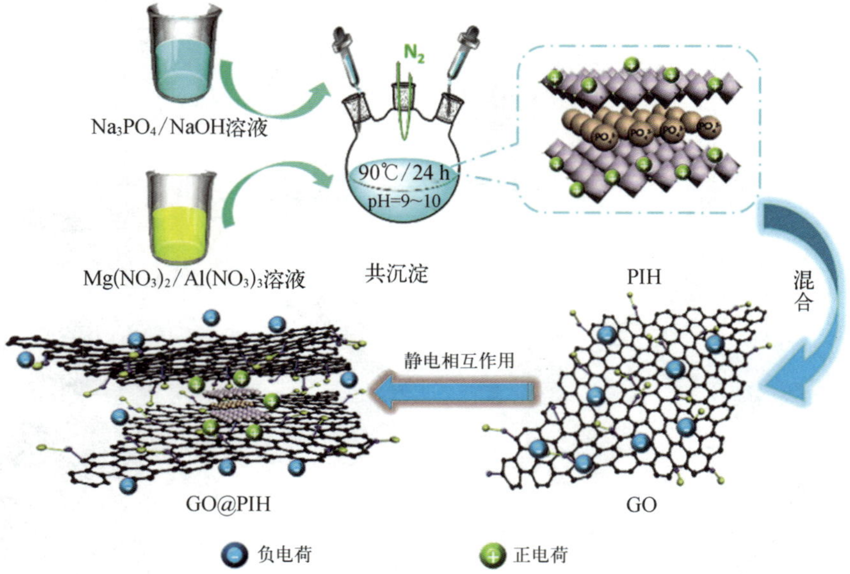

图6-44 GO@P
杂化的合成过程

银粉为例，其用量、粒径和形态都对涂料的导电性能有很大影响。相比银粉，石墨烯除了有很好的导电性能外，还具备优异的机械性能及热性能，是极佳的导电涂料添加剂。Pham 等以一种快捷且低成本的方法制备了导电性石墨烯涂料，将制得的 GO 与还原剂水合肼制成混合分散液，将该分散液喷涂在已预热的基底上。该方法的优点在于制备涂膜的同时还原了氧化石墨烯，通过简单步骤制得致密的导电性石墨烯涂膜，其面电阻为 2.2×10^3 Ω/sq，在波长 550 nm 下的透光率高达 84%。石墨烯导电涂料也可通过旋涂工艺施工，涂膜面电阻可低至 $10^2\sim10^3$ Ω/sq，在 550 nm 波长下的透光率达到 80%。

3. 建筑涂料

石墨烯的热导率高，将其用于建筑隔热涂料可有效降低建筑物的内部温度，增强节能效果。薛刚等采用回流法将石墨烯包裹在红外发射粉末表面，制备了一种含石墨烯、电气石和过渡金属氧化物的复合散热涂料。石墨烯可降低红外颗粒的热阻，与普通散热涂料相比，含石墨烯的复合涂料红外发射率达到 96%，节能 6.37%，体现出良好的节能效果。GO 与石墨烯具有同样优异的力学性能，能显著改善聚合物的抗拉强度与韧性，吕生华等采用溶液共混法将 GO 加入以丙烯酸酯类聚合物与水泥复合而成的聚合物水泥防水涂料中，GO丰富的含氧基团可调节水泥水化产物的生长，使涂膜的物理性能（如拉伸强度、断裂伸长率、抗渗性等）得到明显提升。

4. 抗静电涂料

抗静电涂料广泛用于电子、电器、航空及化工等多个领域，随着现代科技的发展，对其抗静电性能的要求越来越高。石墨烯所具有的高导电性、强力学性能等特点，有利于制备高性能、高强度的抗静电涂料。石墨烯抗静电涂料主要应用在下面两个领域。

第一，轿车静电喷涂淡色底漆。由于轿车组成构件中有很大一部分是塑料制品，为了完成静电喷涂工艺，需要在加工件表面先涂上一层导电底漆，然后再进行静电喷涂。大多采用导电炭黑为涂料导电添加剂。但会导致导电底漆色彩较深，一般会再喷涂一层底漆，然后再进行正式的静电喷涂。这种工艺复杂，也会进一步增加成本。石墨烯导电率高、透光性好，可有效改进轿车静电喷涂工艺。

第二，导静电涂料。石墨烯在导电涂料中的另一个重要运用范畴是导静电涂料。该种涂料表面电阻一般为$10^6 \sim 10^9$ Ω，一般运用于对防火、防爆等要求很高的场合。

5. 其他功能涂料

石墨烯是迄今为止发现的力学性能最好的材料之一，添加石墨烯到各种功能涂料中都能很大程度提高涂膜的力学性能。Wang等用溶胶凝胶法制备的石墨烯-水性聚氨酯涂料，添加2.0%的石墨烯即可使涂膜的抗张强度提高71%，杨氏模量提高86%。

潘炳力等制备的聚苯硫醚（polyphenylene sulfide，PPS）/聚四氟乙烯蜡/石墨烯复合涂料，摩擦学性能测试结果表明，复合涂料的摩擦系数低于纯PPS涂层，而耐磨性明显高于纯PPS涂层。

王乾乾以溶液共混法制得GO/水性聚氨酯共混涂料，用作皮革涂饰剂。结果表明，适量加入 GO 可显著改善被涂饰皮革的耐磨耗性能，耐干擦、湿擦等级分别达到 4.5 级和 4.0 级，优于未改性的水性聚氨酯涂层。

Liang 等发现在热塑性聚氨酯（thermoplastic polyurethanes，TPU）中加入少量（TPU 用量的 1%）的磺化石墨烯时，该复合材料的杨氏模量提高了 120%。

Pan 等以溶液共混方式制备出聚酰胺 11/石墨烯复合涂料，并喷涂在 45 铁基底上研究其摩擦性能。结果表明，随石墨烯用量的增加，涂膜的摩擦寿命增加且增幅显著，摩擦系数基本不变，当石墨烯用量为 0.4%时，摩擦寿命比纯聚酰胺 11 提高 880%。

6. 石墨烯-涂料产业化的进程

目前石墨烯在涂料行业的应用技术已逐步成熟，一些企业正在逐渐实现产业化，石墨烯涂料行业呈现井喷式的增长阶段，中国在全球石墨烯涂料市场处于领先地位。目前产业化的产品主要分为民用家装涂料和工业防腐涂料。目前在石墨烯-防腐涂料领域实现市场化的主要为国内的企业，包括山东欧铂新材料有限公司、绵阳麦思威尔科技有限公司、江苏道蓬科技有限公司、宁波中科银亿新材料有限公司、山东利特纳米技术有限公司、青岛瑞利特新材料科技有限公司、信和新材料股份有限公司和天元羲王材料科技有限公司。这些公司在高端防腐涂料市场占据一部分市场份额，为打破国外企业垄断做出一定的成绩。

其中江苏道蓬科技有限公司是一家专门从事石墨烯重防腐涂料开发、生产的高新技术企业。其研发的石墨烯防腐防锈涂料在 2014 年就获得了国家发明专利，与传统的防腐产品环氧富锌相比，石墨烯涂料不仅环保、对人体无害，而且使用后的产品性能更好。经过对龙源海上风电场两年多的跟踪测试发现，使用石墨烯涂料的产品耐腐蚀达到 3 000 h，比美国重防腐涂料多 2 000 h。目前，石墨烯防腐防锈涂料已运用于如东海上风电场风电机组塔筒的防腐。

中国科学院宁波材料技术与工程研究所与宁波中科银亿新材料有限公司开发的石墨烯改性重防腐涂料已通过成果转移转化实现产业化，在国网世界最高输电铁塔、临海原油储罐、“先导一号”波浪能发电装置、南海热带海洋重要工程与装备等获得大规模应用。

2018 年 8 月，山东海科化工集团旗下的欧铂新材料公司宣布，其创新型石墨烯分散液已成功应用于广西柳工集团有限公司的储罐示范工程防腐涂料中，这也是欧铂公司石墨烯分散液推出后的第一次外部项目成功实施，标志着石墨烯分散液这一新型防腐增强系统在中国取得了里程碑式的成功应用，为中国金属防腐技术的进步奠定了良好基础。

绵阳麦思威尔科技有限公司是一家专业从事水性纳米及石墨烯高端特种涂料研发、生产、销售及技术服务的军民融合高新技术企业，主营产品石墨烯水性功能涂料，同时产品具备超疏水、超导电、抗菌等特性。

2017 年 9 月 12 日，工信部发布《重点新材料首批次应用示范指导目录(2017年版)》，石墨烯改性防腐涂料成功入选。同时，工信部、财政部、保监会三部门联合发布《关于开展重点新材料首批次应用保险补偿机制试点工作的通知》(工信部联原〔2017〕222 号)，决定建立重点新材料首批次应用保险补偿机制，石墨烯防腐涂料也成功入选。

2017 年 6 月，石墨烯 CGIA 发起成立石墨烯防腐涂料推进工作组，瞄准国家重大需求，依托相关科研院所及企业，承担国家重大项目及示范工程。该工作组从技术开发、环境性能考核、标准制定、工程应用和产业化等各个环节全方位推动石墨烯基重防腐涂料的发展，这不仅对石墨烯产业发展具有重大的现实意义，同时将保障海工装备和国家重大基础设施的安全服役，促进我国海洋防腐涂料的产业升级，提升我国石墨烯基防腐涂料在"一带一路"建设中的竞争力，服务于国家安全和海洋经济发展战略。

6.5.4 石墨烯-润滑油

近年来，随着我国工程机械、电力、汽车、钢铁、船舶、机床行业的快速增长，装备技术的不断提升，我国润滑油需求量持续增长，已经成为全球第二大润滑油市场。需求量的增加也将推动润滑油市场竞争的升级。众多国际品牌因为中国巨大的市场以及广阔的发展前景，纷纷进入中国市场，壳牌、美孚、BP、嘉实多等国外一线品牌，凭借其技术和品牌优势，形成了独霸中国润滑油市场的格局。

由于石墨烯具有超薄、坚韧、致密的特性，因而石墨烯润滑油不仅节能减排，没有任何大气污染，而且有利于汽车省油和续航，石墨烯润滑油/脂的出现，将成为润滑油行业一项重大的转折点。目前石墨烯在润滑油行业的应用技术不断改进提升，一些企业正在逐渐实现产业化，中国在石墨烯润滑油市场领域处于领先地位。目前国内代表性石墨烯企业有黑龙江省华升石墨股份有限公司、广东东莞市天润电子材料有限公司、珠海聚碳复合材料有限公司等。

2018 年 5 月 31 日，由石墨烯联盟与广西柳工机械股份有限公司共建的“石墨烯改性润滑剂标准研制与示范应用基地”揭牌仪式在广西柳工集团全球研发中心举行。联盟标委会举办了“石墨烯改性润滑剂技术开发和标准制定研讨会”。其指定的《石墨烯增强极压润滑脂》标准的技术要求将比现有极压润滑脂标准有大幅度提高，并着重关注产品的性能稳定性和可靠性评价。同时，以标准制定为牵引，探索“研发、标准、产业化”同步机制，用标准化相关原理指导石墨烯改性润滑剂产品的研究开发，以标准促进研发成果产业化。

石墨烯加入润滑油/脂中将大大提高传统润滑油/脂的极压抗磨性、耐腐蚀性和热传导性等。随着科学研究的不断深入，石墨烯润滑油/脂具有较高的性价比，将有望替代高端进口润滑油/脂，市场潜力巨大。

第 7 章

石墨烯产业发展预测及投资策略

7.1　中外石墨烯产业发展对比及原因

7.1.1　中外石墨烯产业发展对比

我国和欧美国家/地区石墨烯产业的发展路径不同，主要体现在制备方法、重点应用方向、专利布局、国家资金投入和产业发展模式等方面（表7-1）。国外石墨烯产业发展是自上而下，以国家投入为主，瞄准高端领域布局；而中国是自下而上，以民间投入为主，聚焦传统产业提升。我国是全球制造业大国，传统产业转型升级需求迫切，在石墨烯应用方面具有巨大的市场空间，目前我国石墨烯应用产品主要集中在传统产品改性方面（作为添加剂，添加到各种材料改善其性能），这条路径是基本适合我国国情的。

表7-1　中外石墨烯产业发展路径对比

	国　　内	国　　外
制备方法	采用氧化还原法制备，低成本大规模生产，较难用于芯片、传感器、集成电路等领域	普遍采用CVD法，初步形成量产；制备面积较大，质量较高的单层石墨烯；短期内制备成本较高
重点应用方向	储能、大健康、防腐涂料、石油化工等	单层石墨烯器件、电子信息、生物医药等
专利布局	专利数量全球首位，原创性专利较少；多数集中于涂料、储能等领域。在我国专利数量TOP20申请人中，80%为高校和科研院所	数量上不具有绝对优势，但整体水平较高；申请者主要以IBM，Intel，三星等大型跨国公司，重点布局集成电路、晶体管、传感器等
国家资金投入	无专项，资金少而分散，缺乏长期稳定投入	有专项，资金支持力度大，较集中，长期，持续性投入
产业发展模式	自下而上模式，地方政府投入为主，研发投入较为分散，持续性不强，以中小型企业为主，缺乏龙头企业引领	自上而下模式，国家政府投入较大，研究机构、孵化器和大学技术转让机构、非营利机构和企业等各主体分工明确

数据来源：CGIA Research 整理

7.1.2　与国外存在差距的原因分析

重点支持基础研究，高端应用研发投入不够。对比中外国家对石墨烯产业发展的支持情况发现，美国、欧盟、韩国分别对石墨烯技术进行了战略部署，投入金额分别为2.3亿美元，10.18亿欧元及3.1亿美元，主要支持方向为信息、生物、光电等战略高技术领域。英国国家层面投入金额为8 450万英镑，主要支持方向为石墨烯产学研成果转化及国家级创新中心建设。

我国国家层面对石墨烯的投入金额约为15亿元，支持部门包括国家自然科学基金委、科技部、工信部等。其中，国家自然科学基金项目占比最大，2007年至2016年的支持金额为12亿元，项目数量为2 361个，其中面上项目和青年科学基金项目数量最多，分别占比38.67%和45.32%，资助的重点方向以基础研究为主，承担单位主要为高校及科研院所，很少涉及产业化方面。此外，这些项目投入较为分散，平均每个项目金额约为50万元，且持续时间不长，一般为3年。

科技部、工信部主要支持石墨烯的产业化和高技术研发等方面，但由于没有专项支持，支持力度不大(不到2亿元)，同国外在高端领域的投入相差甚远。目前我国石墨烯产业在信息、生物、光电等高技术领域的布局、规划仍未形成，研发投入较少，国内企业很少涉足，形成我国高技术研发战略被动的局面。

投入以民间为主，主要支持传统产业升级。我国石墨烯产业的发展是从中小制造业企业转型和海外留学人员回国创业中起步的，资金的投入以制造业企业和创投资金为主，地方政府建立平台以作支持。CGIA Research统计，从2014年到2017年，地方石墨烯产业发展基金总额约为56亿元，多由地方政府和创投机构共同发起成立。据不完全统计，2015年以来石墨烯企业投资并购涉及总金额近30亿元。石墨烯产业的民间投资远远多于政府。

同时在地方政府的支持下，石墨烯产业园区、创新中心及研究院纷纷投入建设，据CGIA Research统计，目前国内石墨烯产业园及研究院超过50个，但仅有60%的产业园区(研究院)真正开展了实质产业化及研发工作。由于国家在资金上投入很少，创投企业、地方政府及石墨烯生产企业将目标放在了投入见效快的领域，如石墨烯在纺织、动力锂电池、铅酸蓄电池、防腐涂料、散热材料以及大健康等传统产业转型升级产品。

科学评价机制不健全，科技成果转化效率低。过分量化的评价机制在一定程度上限制了创新，一是忽视了创新所需的积累过程，二是降低了创新的积极性。年复一年地对科研人员考核，而且要与收入挂钩，导致他们的主要精力集中在短、平、快的科学研究、热门研究上，跟随式创新占比过高，从而导致我国石墨烯研发原创性不足，缺乏好的科技成果以供转化。另外，在产学研合作的过程中，科研院所与企业之间的协调管理缺乏有效的制度和机制，导致石墨烯科研成果转化效率较低。

7.2 石墨烯产业发展趋势

1. 绿色、高质量、规模化制备

世界各国都积极将新材料的发展与绿色发展紧密结合，高度重视新材料与资源、环境和能源的协同发展，大力推进与绿色发展密切相关的新材料开发与应用。石墨烯粉体制备主要分为化学法和物理法两种方法，其中化学法制备石墨烯的过程中会使用到浓酸及强氧化剂等，是对环境污染的化学品。《关于加快石墨烯产业创新发展的若干意见》中指出，要推进石墨烯产业绿色、循环、低碳发展。未来应重点发展石墨烯材料清洁生产技术，推行循环型生产方式，实现石墨烯材料生产过程废物的综合利用及达标排放；同时推进智能化生产，加强石墨烯材料生产的污染物排放和能耗、物耗管理，并开展石墨烯材料生物安全性研究，促进产业绿色发展。高质量规模化制备是目前亟待解决的难题。国内吨级以上的石墨烯粉体生产线所制备出的石墨烯多为 4～8 层，而且多采用化学法制备，表面带有缺陷。单层或少层石墨烯的产能依然不高，不能满足下游市场应用的需求，CVD 法制备高质量石墨烯薄膜落后于国外。因此石墨烯高质量、规模化制备技术的研发生产是未来的重点发展方向。

2. 多级次多功能集成创新

随着石墨烯产业的发展，石墨烯在新能源、电子信息、生物医药、节能保环等诸多领域表现出良好的市场价值及应用前景，在应用不断向下游延伸的同时，石墨烯的多级次多功能组装与集成逐渐引起关注。比如石墨烯在汽车领域的应用，可发挥石墨烯在新能源电池、轻量化材料、防腐涂料及润滑油等领域的优势，多学科交叉、多技术融合快速推进石墨烯新应用的突破和传统材料性能的提升。CGIA Research 预测，未来 2～3 年，石墨烯材料应用将充分利用石墨烯的各种优良特性，推进交叉融合创新向多级次多功能集成创新方向发展。

3. 产业资源进一步集聚

随着全球经济一体化进程加快，集成化、集群化和高效化成为石墨烯产业发展的突出特点，石墨烯产业呈现横向纵向同步扩展，上下游产业联系也越来越紧密，产业链日趋完善，产业联盟的桥梁作用及产业汇聚优势日益明显。越来越多的大型企业进入石墨烯产业，以并购、重组等方式构建产业生态圈，把控石墨烯产业优势格局。随着石墨烯产业链的进一步整合，龙头企业将占据主导地位。

4. 标准认证体系建立逐步健全

近年来全球石墨烯行业持续快速发展，市场竞争也日趋激烈，石墨烯市场出现以假乱真、鱼目混珠的现象，严重阻碍了石墨烯行业的健康发展，市场亟须加强标准制定，对石墨烯产品进行监管认证。随着产业化进程的不断加快，未来石墨烯行业标准体系、产品检测认证体系将会逐渐完善，为石墨烯产业健康发展提供保障。

5. 下游应用向高端领域拓展

现阶段石墨烯的应用多以添加剂为主，对石墨烯品质要求较低，技术门槛低，同质化竞争严重；同时，石墨烯发挥“维生素作用”的领域开始出现，比如医疗器械、手机散热膜、铝导线、多功能高性能纤维等，这些领域对石墨烯品质要求较高，技术门槛较高。随着产业整合加剧，资源逐渐向大型龙头企业集聚，越来越多的企业将瞄准高端进行布局如传感器、柔性显示、肿瘤检测碳基芯片等领域，国际合作将会越来越密切。

7.3 石墨烯产业投资策略

1. 布局重点应用领域，把握投资时点

CGIA Research 研究形成的石墨烯产业发展路线图如图 7－1 所示，2018 年至 2020 年，产业化发展重点集中于石墨烯产业链的延伸及对不同领域的引领作用，通过石墨烯材料的开发，全面拓展石墨烯在新能源、大健康、节能环保、化工等领域的产业化产业集群。同时，逐步推进石墨烯在电子薄膜、电子器件等领域的产业化进程；到 2025 年，石墨烯在高品质单层石墨烯薄膜、柔性显示、光电器件、纳米载药等方向实现产业化应用。重点关注石墨烯产业化市场应用领域，布局石墨烯在新能源、电能替代、涂料等领域的市场化应用；同时关注目前尚在研发阶段的电子信息、生物医药领域的应用，抓住石墨烯应用启动良机，按照石墨烯产业发展路线图有序推进。

7－1 石墨烯产业发展路线图

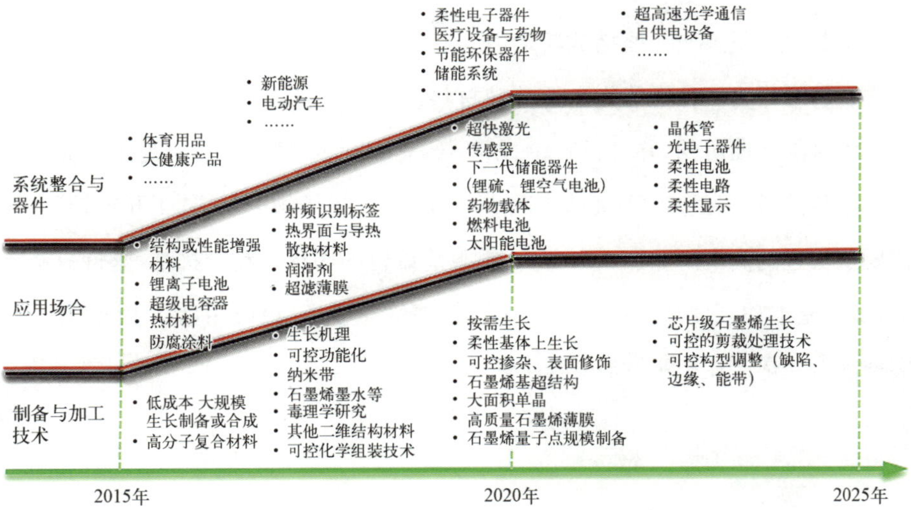

2. 因地制宜，走中国特色道路

2015 年 11 月 30 日，工信部、发改委和科技部三部委联合发布《关于加快石墨烯产业创新发展的若干意见》（以下简称《意见》），在 2020 年形成完善的石墨

烯产业体系，实现石墨烯材料标准化、系列化和低成本化，在多领域实现规模化应用。中国石墨烯产业发展路线同欧美、日韩有较大不同，主要体现在国家支持力度、重点方向布局、创新主体等方面，如中国是采取自下而上的发展模式，以市场为导向，以民间投入为主；欧美是自上而下的模式，以国家支持为主；日韩则是采用了国家重点支持龙头企业的模式。当然，不同的路线必然会引起不同的结果。

3. 瞄准潜力企业，不断培育壮大

只有企业成长壮大，产业才能够快速发展。因此我们仍然需要从政府、市场等多方面加大对潜力企业的培养力度，积极打造从材料制备到终端产品的全产业链，以企业和项目来实际推动产业发展。瞄准在石墨烯领域拥有独立知识产权、有核心竞争力和品牌的创新型企业或创业团队；瞄准孵化系统集成能力较强，具有垂直整合实力的企业；瞄准在产业化初期，在细分应用领域独具特色，具有品牌和渠道优势的潜力企业进行培养。

4. 发扬工匠精神，坚持战略定力

石墨烯作为一种性能优良的基础材料，其发展路径和其他高新技术一样也是充满挑战和曲折的，并且石墨烯的应用研究刚刚走出实验室，仍处于产业化前期的起步阶段，仍然需要耐心坚持和脚踏实地，石墨烯领域需要“工匠精神”。我们要从长远的高端产业布局考虑，不被眼前短暂的困难和利益扰乱，坚持战略定力，做好基本功，以质量为本，争取做高尖端的“杀手锏”级应用，以“工匠精神”切实推动石墨烯产业稳步发展。

附录 1

中国重点企业简介

1. 宝泰隆新材料股份有限公司

宝泰隆新材料股份有限公司成立于2003年6月，股票代码601011。现产业覆盖“煤、电、化、油、材”等多个领域，形成完整的煤化工循环经济产业链。公司将继续大力实施“转型升级战略”，采取合资、合作、供原料等方式，推动实施七台河负极材料、石墨烯应用、高端石墨深加工三大产业集群和21个产业项目。

公司开展了石墨烯及相关产品的研究和开发，正积极打造以石墨烯为核心的新材料产业，显示出良好的发展前景；同时作为技术储备，公司与中国科学院苏州纳米技术与纳米仿生研究所南昌研究院在锂电用石墨烯导电浆料、石墨负极方面的研发和石墨烯导电油墨等方面开展合作；2018年与北京石墨烯研究院有限公司及七台河市政府合作成立了“宝泰隆新材料股份有限公司北京技术研发中心”，重点开展石墨矿资源深加工与新型石墨建材、高端石墨烯装备等九个方向的研究，打造石墨烯智能交通、超级石墨烯光纤、“烯碳金刚”未来士兵系统、石墨烯基半导体照明、石墨烯智能窗玻璃五大专项研发代工平台，打造石墨烯众创空间，构建石墨烯领域良好的创新创业生态。

2. 常州第六元素材料科技股份有限公司

常州第六元素材料科技股份有限公司成立于2011年11月，由瞿研博士团队创立，是专业从事石墨烯研发、生产和销售的国家级高新技术企业。公司于2014年成功挂牌全国中小企业股份转让系统(新三板证券代码831190)，目前具备年产100吨石墨烯/300吨氧化石墨生产能力。

公司已成功研发并生产出六大系列石墨烯粉体产品，广泛应用于涂料、塑料、树脂、橡胶、锂电等复合材料领域，其中联合研发的国内首款石墨烯重防腐涂料，打破了国外的垄断，率先实现产业化应用；公司与四川大学、江南石墨烯研究院、中国科学技术大学等多家科研院所建立了长期稳定的应用技术研发合作关系，专利数量在石墨烯粉体行业位居前列。

公司下游客户利用第六元素的石墨烯产品的自支撑成膜的特点，生产10～200 μm 石墨烯的薄膜材料，用作电子产品的散热膜。该石墨烯膜具有较高的热导率，实际散热效果优于市面上的烧结型石墨膜，已成功配套国内一线品牌手机厂商（如华为）。

3. 常州二维碳素科技股份有限公司

常州二维碳素科技股份有限公司（证券代码 833608，以下简称“二维碳素”）成立于 2011 年 12 月，是一家专业从事大面积石墨烯薄膜及石墨烯触控模组的研发、制造高科技上市企业，2015 年 9 月成功登陆新三板。

二维碳素技术团队用化学气相沉积的方法合成石墨烯，成功生长出大尺寸的高质量石墨烯薄膜；2012 年发布石墨烯电容式触摸屏；2013 年建成年产 3 万平方米石墨烯薄膜生产线；2014 年石墨烯薄膜的生产能力达到 20 万平方米并成立石墨烯下游应用企业常州二维光电科技有限公司，专注于石墨烯触控产品的研发生产；2015 年石墨烯触控产品在智能穿戴、车载触控、工业控制、家电等领域，已实现千万元规模的主营业务收入；2015 年 11 月，发布的石墨烯压力触控传感器，将广泛应用于 3D 触控、机器人仿生皮肤、人体医学监测及其他军工领域。同时，二维碳素团队开发了石墨烯发热膜系列产品，该系列产品具有超强导热性、最小热容、加热速率快、良好电稳定性及平整度、厚度薄、加热均匀等特点，使得该产品在家用取暖、中医理疗、医疗加热、工业精确分区温度管理等方面应用广泛。

4. 宁波墨西科技有限公司

宁波墨西科技有限公司是北京墨烯控股集团股份有限公司旗下子公司，成立于 2012 年 4 月。公司专注于石墨烯材料的生产、销售和应用技术研发，通过引进中国科学院宁波材料技术与工程研究所的石墨烯产业化技术，于 2013 年年底建成了首期年产 300 吨石墨烯生产线，2015 年通过技改产能达 500 吨。

公司依托中科院宁波材料技术与工程研究所的技术团队组建石墨烯应用技

术研发中心，由刘兆平教授为首的研发团队，深入地研究石墨烯量产制备技术，并在石墨烯的应用上开展了广泛的研究，如石墨烯在锂电池、超级电容器、功能复合材料、导电、导热涂层等领域的应用。

5. 青岛昊鑫新能源科技有限公司

青岛昊鑫新能源科技有限公司(以下简称“昊鑫科技”)成立于2012年，是广东道氏技术股份有限公司(股票简称道氏技术，股票代码300409)的全资子公司。昊鑫科技是国内目前能够实现石墨烯导电剂规模化生产销售的少数企业之一，具有完整的导电剂产品线，技术和质量优势突出，多家国内锂电池行业龙头为昊鑫科技的战略客户。

昊鑫科技专注于二次电池用碳材料(包括锂离子电池用天然石墨、人造石墨、硅碳和锡碳负极；二次电池用碳纳米管和石墨烯导电剂)的研发、生产和销售。昊鑫科技拥有从石墨原矿开采到最终产品的全套现代化工艺和设备，年产天然石墨负极8 000吨、人造石墨负极5 000吨、碳纳米管500吨、石墨烯500吨。

目前公司主营业务为针对动力锂离子电池用的石墨烯导电剂、碳纳米管导电剂和石墨负极产品。这些产品均已在全球多家知名电池公司取得实际应用，用量在不断提升中。后续将继续扩展产品的应用领域，例如在橡胶共混、导电涂层、增强填料、防静电涂料等行业中的应用。

6. 青岛华高墨烯科技股份有限公司

青岛华高墨烯科技股份有限公司于2012年12月成立，2016年1月在新三板挂牌(股票代码835672)，是专注从事高品质石墨烯研发、生产、销售，以及下游产品开发应用的高新技术企业，面向“海洋”与“军工”两大领域，致力于复合材料、安全防护、环境工程等方向上石墨烯的技术与产品开发。公司自主研发了石墨烯粉体、氧化石墨烯粉体及分散液、石墨烯复合导电浆料、石墨烯导静电轮胎等12个牌号的高品质石墨烯材料及应用产品。

2017年10月，公司与青岛森麒麟轮胎股份有限公司合作开发的石墨烯导静电轮胎顺利通过了中国橡胶工业协会主持的产品鉴定；2018年年产1 200吨的石墨烯复合导电浆料生产线完成首批供货；2018 年公司重要发展项目石墨烯电热保暖救生衣完成首次新闻发布会；2018 年公司的石墨烯电加热产品形成批量供货。公司拥有石墨烯改性核心技术，可根据应用需求优化材料性能，实现最佳应用效果。

7. 山东利特纳米技术有限公司

山东利特纳米技术有限公司（以下简称“利特纳米”）成立于 2011 年，是国内率先从事石墨烯材料及其应用产品的研发、生产和推广的国家级高新技术企业。旗下有山东金利特新材料有限责任公司、青岛瑞利特新材料科技有限公司和济宁利特纳米防腐材料有限公司三个子公司，年产 20 吨石墨烯粉体、20 000 吨石墨烯健康家居产品、50 000 吨石墨烯防腐涂料和 30 000 吨高分子复合材料。主营业务是石墨烯及相关碳纳米材料的产业化开发、生产和应用。

2018 年 6 月，在德国德累斯顿举行的“Graphene 2018”全球石墨烯春季大会上，公司获得了国际石墨烯产品认证中心（International Graphene Products Certification Centre，IGCC）颁发的 IGCC“石墨烯材料”产品认证证书。

8. 烯旺新材料科技股份有限公司

烯旺新材料科技股份有限公司（以下简称“烯旺科技”）是由石墨烯产业奠基人、深圳市石墨烯协会会长、深圳清华大学研究院创始院长冯冠平教授于 2015 年创办。自成立以来，烯旺科技一直致力于石墨烯发热技术的研发和产品应用，独创了领先世界的石墨烯发热膜专利技术，并创建了全球石墨烯发热应用领先品牌烯时代，旗下产品线涵盖智能穿戴、家庭智能取暖和工业应用领域，研发生产了石墨烯护具、石墨烯发热服、家庭取暖画、石墨烯智能家纺和光波房等多款全球首款石墨烯智能产品。

烯旺科技在 2016 年 6 月推出石墨烯理疗护颈、石墨烯理疗 U 型枕、石墨烯理疗护肩等系列新品；2017 年 1 月，开发了一种石墨烯智能坐垫；2018 年平昌冬奥会闭幕式为《北京 8 分钟》表演提供石墨烯抗寒单衣，利用石墨烯电热膜技术，在零下 20℃的条件下发热 4 小时；2018 年 9 月，烯旺科技又发布了进军中医领域的一项重大成果——人体阳气(能量)测试仪;2019 年 4 月,烯旺科技发布石墨烯甲状腺治疗仪,其发现石墨烯物理疗法对甲状腺结节具有很好的疗效,推翻了以往采用药物和手术方式不能根治和具有副作用的弊端。

9. 厦门凯纳石墨烯技术股份有限公司

厦门凯纳石墨烯技术股份有限公司(以下简称“厦门凯纳”)自 2006 年启动石墨烯产业化进程,正式成立于 2010 年 5 月,集石墨烯的研发、生产、销售和应用开发于一体,在技术水平、品牌知名度等方面位居行业前列。

厦门凯纳石墨烯产品包括石墨烯及石墨烯基锂电池导电剂、石墨烯基高导热碳塑合金材料以及石墨烯浆料等。石墨烯粉体采用自主创新的第六代机械剥离法工艺,产品品质在国内同类产品中处于领先水平,现已具备 200 吨/年的石墨烯粉体产能。

厦门凯纳的石墨烯锂电池导电剂可作为正极导电剂、负极导电剂、涂碳铝箔浆料,在提升电池充放电倍率、循环性能以及低温性能方面效果显著,已成功导入国内多家大型锂电池企业。其生产的石墨烯基高导热“碳塑合金”,具有优异的导散热性能,现已推出多种类型石墨烯散热器件,在照明领域率先取得突破,市场需求快速增长。

10. 杭州高烯科技有限公司

杭州高烯科技有限公司创建于 2016 年,致力于单层石墨烯及其宏观组装材料的研发、生产及技术服务。目前该公司已申请专利七十余项,发明型专利五十余项。成立至今,已开发出六大核心技术:单层氧化石墨烯、石墨烯多功能复合纤维、石墨烯电热布、石墨烯电池材料、石墨烯超级电容器、石墨烯液晶艺术。公司创始团队的研发成果影响广泛。如,“石墨烯纤维打结图”入选 *Nature* 2011 年度图片,显示了石墨烯纤维的原创性、重要性和发展前景,并被英国广播公司(British Broadcasting Corporation,BBC)列为重点关注石墨烯材料。石墨烯超轻气凝胶获得“世界最轻材料”吉尼斯世界纪录认证,被英国 *Nature* 配图评论。

公司研发的石墨烯复合纤维织物已通过国家纺织服装产品质量监督检验中

心（浙江）检测，其抗紫外及远红外发射性能成功跃居功能性织物前列，可带动传统纺织业转型升级发展，市场价值巨大。

在 2019 年 6 月 6 日“首届国际石墨烯日（International Graphene Day）”上，公司建成的全球首条纺丝级单层氧化石墨烯十吨生产线并试车成功，所产单层氧化石墨烯及其应用产品——多功能石墨烯复合纤维获得国际石墨烯产品认证中心产品认证。

附录 2

国外重点企业简介

1. Advanced Micro Devices

Advanced Micro Devices创立于1969年，是一家专注于微处理器及相关技术设计的跨国公司，总部位于美国加州旧金山湾区硅谷内的森尼韦尔市，是全球第十二大半导体制造商以及PC和服务器微处理器的第二大供应商。该公司还生产嵌入式处理器和其他芯片的通信和网络应用。AMD公司正在研究石墨烯作为一种可能替代硅的未来产品。Advanced Micro Devices公司已经获得3项以石墨烯为基础的美国专利技术，并且拥有很多正在申请的专利。

2. Angstron Materials Inc.

Angstron Materials公司成立于2007年，位于美国俄亥俄州，是Nanotek Instruments的子公司。公司是面向全球的纳米石墨烯薄片（NGPs）生产商，该产品主要用于增强高分子的电学、热学、力学及阻隔等性能，每年产能为300吨。公司主要产品包括：大规模制备的石墨烯和氧化石墨烯、纳米复合物母粒、储能溶液、热管理和热界面材料、防腐及阻隔涂料和油漆。

2014年11月，Angstron宣布能提供用于增强高分子性能的超薄石墨烯母料，该复合材料可广泛应用于各个领域。与未添加石墨烯的高分子相比，石墨烯纳米复合材料力学性能、热导率和电导率增强，尺寸稳定性提高，阻抗微观裂纹及阻隔性能增强。此外，Angstron能提供用于FDM 3D打印的颗粒或线状石墨烯母粒。

3. Carbon Science

Carbon Sciences公司成立于2006年，位于美国圣塔芭芭拉，是一家专注于开发石墨烯材料相关突破性技术的上市公司。公司开发的石墨烯制备工艺技术源于加利福尼亚大学圣塔芭芭拉分校（UCSB）的发明，该方法是将天然气转化为商业化的石墨烯片。

2015 年 5 月，公司宣布采用新型低成本 CVD 工艺成功制备出高质量的石墨烯，并宣布将为云计算开发石墨烯设备，以确保云计算数据中心超快的通信。摩尔定律确保计算机以极快的速度处理信息。然而，云计算机之间的数据移动速度受目前光纤技术的根本限制。通过利用石墨烯光学和电学的突破，公司计划开发下一代超快、低功耗和低成本的光纤组件。

4. Cabot Corporation

Cabot Corporation 成立于 1882 年，是全球性的特种化学品和高性能材料公司，总部位于美国马萨诸塞州波士顿。130 多年来，经营范围包括橡胶与特种炭、甲酸铯盐水、活性炭、气凝胶、精细铯化学品、气相金属氧化物、石墨烯、喷墨色浆、母料和导电混料等产品。公司与石墨烯相关产品包括：石墨烯导电添加剂（LITX™ G700）、用于散热介质材料的特种石墨烯。

5. CVD Equipment Corporation

CVD Equipment 公司是先进设备的设计和制造商，提供一系列化学气相沉积、气体控制及其他设备，主要用于研究、设计和制备半导体、太阳能电池、石墨烯、碳纳米管、纳米线、LEDs、MEMS、电池、超级电容器、工业涂料及用于印刷电路版组件的表面安装。CVD 应用实验室主要从事纳米、纳米到微米材料的更高效率的制备，致力于加速材料在纳米/太阳能/能源领域的商业化。全资子公司 CVD 材料公司主要从事纳米材料的商品化，即纳米材料从纳米到宏观的转变及纳米材料的产品化。

6. Graphene 3D Lab

Graphene 3D Lab 公司成立于 2011 年，是全球石墨行业巨头 Lomiko Metals 公司与 Graphene Labs 共同成立的合资公司，目前专注于开发基于石墨烯纳米复合材料的各类高性能 3D 打印材料，包括可用于 FDM 技术的丝材。根据战略合作协议，Lomiko 成为 Graphene 3D Lab 所需石墨材料的独家供应商，Lomiko

和 Graphene 3D Lab 将致力于石墨烯产品在下游领域的应用开发。

2013 年 5 月，Lomiko、SBUY 和 Graphene Labs 签署一项基于石墨烯应用的协议，主要是集中在超级电容器和电池产品的开发。目前，公司已经申请两项与 3D 打印和石墨烯相关的美国专利。2014 年 9 月，公司宣布成功开发出世界上第一款 3D 打印的石墨烯电池原型，由石墨烯纳米片添加到聚合物中而制成，产量可以满足生产常见的 AA 电池所需用量。2014 年 8 月，公司在加拿大创业交易所（TSX Venture Exchange）成功挂牌上市，并于 2014 年 10 月登陆股票场外交易市场—OTCQB（R）挂牌交易。

7. Graphene Technologies

Graphene Technologies（GT）成立于 2009 年，位于美国旧金山湾区。公司利用少层石墨烯和介电纳米氧化镁（MgO）的性质开发先进复合材料和涂料，公司拥有具有自主知识产权的石墨烯和纳米氧化镁（MgO）的制备工艺。

2014 年 9 月，公司宣布新产品开发计划，目的是将石墨烯从实验室推向市场，利用具有自主知识产权的石墨烯制备工艺来开发先进高分子复合材料。同时，公司与行业巨头进行合作研发包括结构 3D 打印材料、高强度高分子复合物、透明导电涂料和纳米介电高分子复合材料等项目。

8. Graphene Frontiers

Graphene Frontiers 是 2011 年在宾夕法尼亚大学（University of Pennsylvania）开发的新型石墨烯生产技术基础上成立的宾夕法尼亚州初创企业，主要从事石墨烯产品的商业化和产业化应用。具有自主知识产权的生产技术获得了美国国家科学基金会奖项。与其他公司采用昂贵的真空条件的工艺相比，公司专有的化学气相沉积（CVD）工艺工作条件为常压。因此，公司具备低成本、规模化制备石墨烯的优势，同时该工艺也能够将石墨烯转移到几乎任何基底上。

2014 年 8 月，公司宣布增加 160 万美元用于石墨烯功能化石墨烯场效应晶体管（GFET）传感器的研制。公司商品名为“Six Sensors SixTM”的产品是高灵敏化学和生物石墨烯传感器，能够被用于诊断疾病，其灵敏度和效率远远高于传统传感器。

9. Nanotek Instruments

Nanotek Instruments 公司成立于 1997 年,位于美国俄亥俄州,是一家以研发新型纳米材料和能源材料的高科技企业,核心业务涉及储能器件,如超级电容器、燃料电池和下一代电池。Nanotek Instruments 是世界上最早实现石墨烯量产的公司之一,并早在 2002 年就已申请了第一个石墨烯制备工艺及组成技术的美国专利。公司开发的石墨烯基超级电容器功能类似于普通电双层电容器,其中电极中的活性炭被石墨烯取代。在室温下,该种超级电容器的特定能量密度为85.6 Wh/kg,与 Ni 金属氢化物电池相同,放电只需要几秒或几分钟。

10. Vorbeck Materials

Vorbeck Materials 公司成立于 2006 年。2007 年,Vorbeck 与普林斯顿大学签署全球技术许可协效。Vorbeck 与太平洋西北国家实验室(Pacific Northwest National Labs, PNNL)及普林斯顿大学合作利用石墨烯特性来改进锂离子电池的性能,并将其应用于笔记本电脑、智能手机和电动汽车。Vorbeck 创新产品——石墨烯基导电油墨(Vor-ink™)是世界上第一个商业化的石墨烯产品,可用于电子器件,公司也因此获得了许多国家和国际奖项。

2014 年 6 月,Vorbeck 宣布与美国高科技风险投资公司 In-Q-Tel 公司(In-Q-Tel 公司是一家独立的非营利机构,为中央情报局提供风险投资服务)进行战略合作,将使用石墨烯技术开发导电化合物,从而拓展其在电子行业的广泛应用;IQT 资助技术转移为制备技术向产业化发展提供可能。

11. Haydale

Haydale 公司位于英国南威尔士,是一家专注于石墨烯和其他纳米材料的商业化应用的企业。公司将石墨烯和其他纳米材料应用在油墨、传感器、储能、光伏、复合材料、油漆和涂料等领域。

2014 年 3 月 Haydale 的商用化石墨烯的分裂等离子功能化工艺获得了

ISO9001：2008 质量管理体系认证。2015 年 6 月，Haydale 公司与英国的加工与创新中心（CPI）签署一项供应协议，Haydale 为 CPI 提供一个标准的 HT60 研发反应器，并为 CPI 提供相关培训和技术支持。

12. Applied Graphene Materials

Applied Graphene Materials 公司由杜伦大学 Karl Coleman 教授创建于 2010 年。公司的石墨烯粉体产品采用可持续及专有“自下而上”的制备方法。石墨烯制备过程中没有采用石墨或使用任何氧化过程，因此得到的石墨烯几乎是没有石墨化杂质、氧化石墨烯或过渡金属。石墨烯粉体可分散于一系列高分子基体（热塑性和热固性）以及黏结剂、弹性体、油、水及非水溶液。石墨烯纳米片未来可应用于先进复合材料和高分子涂层、功能液体包括油和润滑油、超级电容及电池、阻隔及防渗膜、显示材料及包装、油墨及 3D 打印材料等。

2013 年，Applied Graphene Materials 在英国 AIM 股票交易所上市。2015 年 3 月，比利时 BfB 石油研究机构对石墨烯改性原油性能进行的研究结果表明，在原油中添加少量 AGM 石墨烯纳米片，能够减少金属表面的摩擦和磨损。2015 年 4 月，涂料研究协会（PRA）对石墨烯改性聚氨酯涂料进行研究，结果表明，在聚氨酯涂料中添加少量 AGM 石墨烯纳米片能大大提高聚氨酯清漆的抗划伤性和抗拉强度，更重要的是其对透明度和颜色的影响也很小。

13. Graphene Industries

Graphene Industries 公司成立于 2007 年 3 月，总部位于英国曼彻斯特，是石墨烯的商业供应商，用于微电子和纳米电子制造和研究。该公司向 2 - DTech 供应石墨烯材料。

14. Aixtron AG

Aixtron AG 公司成立于 1983 年，是以德国为基地的国际上市公司，是半导体行业沉积设备的供应商，主要提供 BM Pro 系统（之前称为黑色魔法系统）。利用化学气相沉积（CVD）和等离子体增强化学气相沉积（PECVD），BM Pro 系统能够用于沉积石墨烯。

15. AMO GmbH

AMO公司成立于1993年，主要从事微米、纳米及光电子的应用研究，进而将技术和器件用于未来新兴领域的企业。AMO提供广泛的石墨烯产品，包括石墨烯片、石墨烯晶体管、催化制备的石墨烯及定制基底的石墨烯。同时，AMO是欧洲石墨烯旗舰计划项目的承担单位之一。

2014年9月，AMO开发出超快石墨烯基光电探测器用于集成硅光子系统，数据传输速率可高达50 Gbit/s。2015年1月，AMO和Graphenea SE研发人员已经证实先进的封装技术可以使石墨烯器件在正常气压下延长工作几个月。2015年5月，来自亚琛工业大学（RWTH Aachen University）和AMO公司的研究人员利用嵌入六方氮化硼中的最高质量石墨烯开发出霍尔传感器，该传感器具有打破世界纪录的灵敏度。

16. Graphenea

Graphenea公司成立于2010年，是欧洲石墨烯的主要生产厂商之一。公司产品包括：单层石墨烯、双层石墨烯、三层石墨烯、氧化石墨烯及还原氧化石墨烯。公司向40多个国家出口石墨烯材料，为大学、研究中心和工业界提供产品。公司是基于纳米技术研究中心（CIC nanoGUNE）的纳米技术公司集群中的一部分，也是石墨烯旗舰合作伙伴。

2014年7月，来自Philips、Graphenea和剑桥大学的研究人员开发出一种新型的石墨烯基透明电极，其性能优于OLED器件中的ITO。研究人员利用金属氧化物膜（氧化钼）作为石墨烯和OLED层之间的中间层，来提高石墨烯载流子的密度。该项目作为欧盟项目GRAFOL的一部分，目标是辊对辊石墨烯的批量制备。

17. Abalonyx AS

Abalonyx AS公司由Rune Wendelbo博士与奥斯陆创新中心AS于2005年

合作创立。由挪威研究理事会、挪威创新中心和欧盟资助的几个主要项目已经完成，现在有一系列技术和产品已进入商品化阶段。

公司主要采用 Hummers 方法制备高质量公斤级的氧化石墨烯，产品的形式为水溶液酸化浆料。此外，也有干燥 GO 粉末、冷冻干燥 GO、GO 纸、单层 GO 分散液，rGO 及 rGO - beads。另外，目前正在开发碳柱状 GO，该 GO 能够转换为高导电率的柱状 rGO。目前，公司氧化石墨烯的产能是 1 吨，未来将达到每年 10 吨的产能。

18. Directa Plus

Directa Plus 集团旨在开发创新的纳米材料生产工艺，是全球最大的石墨烯纳米片产品生产商和供应商之一，集团由 Directa Plus Plc，Directa Plus Spa 和 Directa Textile Solutions Srl 组成，其中，Directa Textile Solutions Srl 是 Directa Plus Spa 的子公司，负责功能性和石墨烯基纺织膜的商业化。

公司主要有两大技术，包括 G+ 技术和 D+ 技术。G+ 技术是连续、简单和批量的生产工艺，用于 Pristine 石墨烯纳米片可控制备。D+ 技术是连续低温生产工艺，利用通用原料如金属羰基化合物制备应用于催化剂领域的纳米金属颗粒和纳米合金。

采用 G+ 技术制备的产品包括：超膨胀石墨产品（BASIC G+）、超膨胀石墨超细粉体（ULTRA G+）、Pristine 石墨烯纳米片水溶液（质量分数 35%，LIQUID G+）、Pristine 石墨烯纳米片超细粉体（PURE G+）、由 Pristine 石墨烯纳米片母料和聚烯烃组成的母料（质量分数为 70%，ZAPP G+）、高浓度 Pristine 石墨烯纳米片水浆料（质量分数 35%，PASTE G+）。

19. Talga Resources

Talga Resources 是一家跨国公司，专注于石墨开采和石墨烯的供应与应用开发。该公司在瑞典开采石墨，在德国 Talga Advanced Materials GmbH 下经营一家测试加工厂，并在英国剑桥设有产品开发部门 Talga Technologies UK Ltd. Talga 正在开发石墨烯产品，用于涂料、电池、混凝土和环氧复合材料的添加剂。

Talga 材料和产品的测试正在与一系列公司进行，包括工业集团 Tata 和巴斯夫子公司 Chemetall，英国上市的 Haydale，柔性电池制造商 Zinergy 和德国 Jena 电池。

20. Samsung

Samsung 利用集团的力量，投入各面向石墨烯技术的开发，除开发最积极的三星电子(Samsung Electronics)以外，尚有三星 SDI、三星 Techwin、三星电机、及甫于 2014 年 7 月 1 日与三星 SDI 合并的第一毛织，以及成均馆大学，展现集团研发石墨烯相关技术的雄心。三星认为石墨烯是开发柔性显示屏、可穿戴计算设备和其他下一代电子设备的完美材料，石墨烯可被用于该公司最重要的三类产品：智能手机、内存芯片和电视机。

2010 年，韩国三星公司和成均馆大学的研究人员成功制备出电视机大小的纯石墨烯，并用该石墨烯制造了柔性触摸屏。2014 年 2 月，三星与首尔大学成功开发出利用大尺寸石墨烯薄膜制造的触控屏幕，并将其安装到三星电子的 Galaxy 智能手机上。2014 年 4 月，三星 SAIT 高级技术研究所和韩国成均馆大学研发出一种能够以更大规模加速石墨烯商用的合成技术，可以让单晶石墨烯在更大面积上保持导电性和机械性，相关研究成果已发表于 *Science Express* 上。2014 年 6 月，三星电子和韩国庆熙大学的研究人员开发了基于石墨烯量子点(GQDs)的闪存器件。与半导体和金属纳米晶体储存器相比，这种具有单电子密度的器件有一定的应用前景，这些闪存存储器也可以制成柔性和透明的。2015 年 6 月，三星研发人员开发出可用于锂离子电池双层电容的材料，而更高效的电池关键是新型石墨烯基正极材料，这是一种新的硅正极材料“高结晶石墨烯”。

21. Tata

Tata 集团是一家全球性企业，总部位于印度，由 100 多家独立运营公司组成。该集团在六大洲的 100 多个国家开展业务，其使命是“通过基于领导与信任的长期利益相关者价值创造，改善我们服务于全球的社区的生活质量”。

Tata 集团的旗舰公司塔塔钢铁公司拥有每年近 3 000 万吨(MnTPA)的粗钢

产能是全球第二大钢铁生产商。塔塔钢铁公司积极参与石墨烯研发领域，与英国工程与物理科学研究委员会（EPSRC）签署了战略合作伙伴关系，共同开发石墨烯涂层钢和其他创新产品。塔塔还与 Talga 签署了合作协议，以探索石墨烯供应、加工和应用方面的机遇。

22. Graphene Platform Corp

Gaphene Platform 公司（原 iTRIX）成立于 2000 年，总部位于日本东京，从 2012 年开始把业务调整为石墨烯。该公司在日本横滨设有一个设备齐全的应用实验室，并在 SiC 上生产 CVD 石墨烯和外延石墨烯，用于商业和研发使用。GPC 在美国有一家名为 Graphene Platform 的石墨烯子公司，也是剑桥石墨烯平台的主要股东。

参考文献

[1] 孙丽娟，杨程.原料纯度对氧化石墨烯性能的影响[J].材料导报，2015，29(S2)：321-324.

[2] 赵天宇，杨程，宋洪松.原料尺寸对氧化石墨与石墨烯性能的影响[J].材料工程，2014(09)：76-82.

[3] Zu S. A review of potential applications of graphene composites in anode materials for lithium ion batteries[J]. Material Sciences, 2018, 8, 188-201.

[4] 杨全红，陈学成，魏伟，等.高功率型锂离子电池负极材料及其制备方法和负极片：中国，CN201210114431.1[P].2012-08-01.

[5] Thomas Woehrle, Joachim Fetzer. Galvanic Element: US, US2012251881(A1)[P]. 2012-10-04.

[6] Zhan Y, Zhang B, Cao L, et al. Iodine doped graphene as anode material for lithium ion battery[J]. Carbon, 2015, 94: 1-8.

[7] Han J, Kong D, Lv W, et al. Caging tin oxide in three-dimensional graphene networks for superior volumetric lithium storage[J]. Nature Communications, 2018, 9(1): 402.

[8] Lefrançois Perreault L, Colò F, Meligrana G, et al. Spray-dried mesoporous mixed Cu-Ni oxide@ graphene nanocomposite microspheres for high power and durable Li-ion battery anodes[J]. Advanced Energy Materials, 2018, 8(35): 1802438.

[9] Liu W, Jiang J, Yang K R, et al. Ultrathin dendrimer-graphene oxide composite film for stable cycling lithium-sulfur batteries[J]. Proceedings of the National Academy of Sciences, 2017, 114(14): 3578-3583.

[10] Zhang B, Yu Y, Liu Y, et al. Percolation threshold of graphene nanosheets as conductive additives in $Li_4Ti_5O_{12}$ anodes of Li-ion batteries[J]. Nanoscale, 2013, 5(5): 2100-2106.

[11] Liu T, Sun S, Zang Z, et al. Effects of graphene with different sizes as conductive additives on the electrochemical performance of a $LiFePO_4$ cathode[J]. RSC Advances, 2017, 7(34): 20882-20887.

[12] Shi Y, Wen L, Pei S, et al. Choice for graphene as conductive additive for

cathode of lithium-ion batteries[J]. Journal of energy chemistry, 2019, 30: 19 - 26.

[13] Du Z, Guo C, Wang L, et al. Atom-thick interlayer made of CVD - grown graphene film on separator for advanced lithium-sulfur batteries[J]. ACS Applied Materials & Interfaces, 2017, 9(50): 43696 - 43703.

[14] Kim J Y, Shin D O, Kim K M, et al. Graphene oxide induced surface modification for functional separators in lithium secondary batteries[J]. Scientific Reports, 2019, 9(1): 2464.

[15] Sun G, Zheng L, Zhan Z, et al. Actuation triggered exfoliation of graphene oxide at low temperature for electrochemical capacitor applications[J]. Carbon, 2014, 68: 748 - 754.

[16] Yang H, Kannappan S, Pandian A S, et al. Graphene supercapacitor with both high power and energy density[J]. Nanotechnology, 2017, 28(44): 445401.

[17] Down M P, Banks C E. Freestanding Three-Dimensional Graphene Macroporous Supercapacitor[J]. ACS Applied Energy Materials, 2018, 1(2): 891 - 899.

[18] Qu G, Cheng J, Li X, et al. A fiber supercapacitor with high energy density based on hollow graphene/conducting polymer fiber electrode[J]. Advanced Materials, 2016, 28(19): 3646 - 3652.

[19] Ke F, Liu Y, Xu H, et al. Flower-like polyaniline/graphene hybrids for high-performance supercapacitor[J]. Composites Science and Technology, 2017, 142: 286 - 293.

[20] Huang T, Chu X, Cai S, et al. Tri-high designed graphene electrodes for long cycle-life supercapacitors with high mass loading[J]. Energy Storage Materials, 2019, 17: 349 - 357.

[21] 胡光武,李曦,张超灿.石墨烯基复合电极在非对称超级电容器中的研究进展[J].化工进展,2017,36(8): 2978 - 2985.

[22] Wu S, Hui K S, Hui K N, et al. Ultrathin porous NiO nanoflake arrays on nickel foam as an advanced electrode for high performance asymmetric supercapacitors [J]. Journal of Materials Chemistry A, 2016, 4(23): 9113 - 9123.

[23] Yang J, Yu C, Fan X, et al. Electroactive edge site-enriched nickel-cobalt sulfide into graphene frameworks for high-performance asymmetric supercapacitors[J]. Energy & Environmental Science, 2016, 9(4): 1299 - 1307.

[24] 滕瑜,陈福亮,张文莉,等.石墨烯突破性应用之超级电容器[J].云南冶金,2018,47(4): 67 - 72.

[25] Yeung K K, Zhang X, Kwok S C T, et al. Enhanced cycle life of lead-acid battery using graphene as a sulfation suppression additive in negative active material[J]. RSC Advances, 2015, 5(87): 71314 - 71321.

[26] Tateishi H, Koga T, Hatakeyama K, et al. Graphene oxide lead battery (GOLB) [J]. ECS Electrochemistry Letters, 2014, 3(3): A19 - A21.

[27] Tao L Q, Tian H, Liu Y, et al. An intelligent artificial throat with sound-sensing

ability based on laser induced graphene[J]. Nature Communications, 2017, 8: 14579.

[28] Thangavel P, Kannan R, Ramachandran B, et al. Development of reduced graphene oxide (rGO)-isabgol nanocomposite dressings for enhanced vascularization and accelerated wound healing in normal and diabetic rats[J]. Journal of Colloid and Interface Science, 2018, 517: 251-264.

[29] He J, Xiao P, Lu W, et al. A Universal high accuracy wearable pulse monitoring system via high sensitivity and large linearity graphene pressure sensor[J]. Nano Energy, 2019, 59: 422-433.

[30] Qiao Y, Wang Y, Tian H, et al. Multilayer graphene epidermal electronic skin [J]. ACS Nano, 2018, 12(9): 8839-8846.

[31] Lipani L, Dupont B G R, Doungmene F, et al. Non-invasive, transdermal, path-selective and specific glucose monitoring via a graphene-based platform[J]. Nature Nanotechnology, 2018, 13(6): 504-511.

[32] Karahan H E, Wiraja C, Xu C, et al. Graphene materials in antimicrobial nanomedicine: current status and future perspectives[J]. Advanced Healthcare Materials, 2018, 7(13): 1701406.

[33] 冯欣悦.石墨烯产业发展现状及发热膜的应用[J].新材料产业,2017(1): 44-47.

[34] 冯冠平,袁凯杰,胡益民.石墨烯基低电压透明辐射电热膜器件[C]//全国第十六届红外加热暨红外医学发展研讨会论文及论文摘要集.2017.

[35] Ma Y, Zhi L. Graphene-based transparent conductive films: material systems, preparation and applications[J]. Small Methods, 2019, 3(1): 1800199.

[36] Bae S, Kim H, Lee Y, et al. Roll-to-roll production of 30-inch graphene films for transparent electrodes[J]. Nature Nanotechnology, 2010, 5(8): 574-578.

[37] Sun J, Chen Z, Yuan L, et al. Direct chemical-vapor-deposition-fabricated, large-scale graphene glass with high carrier mobility and uniformity for touch panel applications[J]. ACS Nano, 2016, 10(12): 11136-11144.

[38] Zhang Z, Du J, Zhang D, et al. Rosin-enabled ultraclean and damage-free transfer of graphene for large-area flexible organic light-emitting diodes[J]. Nature Communications, 2017, 8: 14560.

[39] Dong H, Wu Z, Jiang Y, et al. A flexible and thin graphene/silver nanowires/polymer hybrid transparent electrode for optoelectronic devices[J]. ACS Applied Materials & Interfaces, 2016, 8(45): 31212-31221.

[40] Large M J, Ogilvie S P, Alomairy S, et al. Selective mechanical transfer deposition of Langmuir graphene films for high-performance silver nanowire hybrid electrodes[J]. Langmuir, 2017, 33(43): 12038-12045.

[41] Xu Y, Yu H, Wang C, et al. Multilayer graphene with chemical modification as transparent conducting electrodes in organic light-emitting diode[J]. Nanoscale Research Letters, 2017, 12(1): 254.

[42] Jia S, Sun H D, Du J H, et al. Graphene oxide/graphene vertical heterostructure

electrodes for highly efficient and flexible organic light emitting diodes [J]. Nanoscale, 2016, 8(20): 10714 - 10723.
[43] 赵淑平,何栩翊.基于石墨烯材料的传感器研究概述[J].技术与市场,2018,25(1): 76 - 77.
[44] Smith A D, Vaziri S, Delin A, et al. Strain engineering in suspended graphene devices for pressure sensor applications[C]//2012 13th International Conference on Ultimate Integration on Silicon (ULIS). IEEE, 2012: 21 - 24.
[45] Smith A D, Niklaus F, Paussa A, et al. Electromechanical piezoresistive sensing in suspended graphene membranes[J]. Nano Letters, 2013, 13(7): 3237 - 3242.
[46] Yao H B, Ge J, Wang C F, et al. A flexible and highly pressure-sensitive graphene-polyurethane sponge based on fractured microstructure design [J]. Advanced Materials, 2013, 25(46): 6692 - 6698.
[47] Tao L Q, Zhang K N, Tian H, et al. Graphene-paper pressure sensor for detecting human motions[J]. ACS Nano, 2017, 11(9): 8790 - 8795.
[48] Tang D, Wang Q, Wang Z, et al. Highly sensitive wearable sensor based on a flexible multi-layer graphene film antenna[J]. Science Bulletin, 2018, 63(9): 574 - 579.
[49] Huang C B, Witomska S, Aliprandi A, et al. Molecule-graphene hybrid materials with tunable mechanoresponse: highly sensitive pressure sensors for health monitoring[J]. Advanced Materials, 2019, 31(1): 1804600.
[50] Novoselov K S, Fal V I, Colombo L, et al. A roadmap for graphene[J]. Nature, 2012, 490(7419): 192 - 200.
[51] Xia F, Mueller T, Lin Y M, et al. Ultrafast graphene photodetector[J]. Nature Nanotechnology, 2009, 4(12): 839 - 843.
[52] Freitag M, Low T, Xia F, et al. Photoconductivity of biased graphene[J]. Nature Photonics, 2013, 7(1): 53 - 59.
[53] Deng T, Zhang Z, Liu Y, et al. Three-dimensional graphene field-effect transistors as high-performance photodetectors[J]. Nano Letters, 2019, 19(3): 1494 - 1503.
[54] Dong X, Shi Y, Huang W, et al. Electrical detection of DNA hybridization with single-base specificity using transistors based on CVD-grown graphene sheets[J]. Advanced Materials, 2010, 22(14): 1649 - 1653.
[55] Zhang M, Liao C, Yao Y, et al. High-performance dopamine sensors based on whole-graphene solution-gated transistors [J]. Advanced Functional Materials, 2014, 24(7): 978 - 985.
[56] Xu S, Zhan J, Man B, et al. Real-time reliable determination of binding kinetics of DNA hybridization using a multi-channel graphene biosensor [J]. Nature Communications, 2017, 8: 14902.
[57] 屠海令,赵鸿滨,魏峰,等.新型传感材料与器件研究进展[J].稀有金属,2019,43(1): 1 - 24.

[58] Schedin F，Geim A K，Morozov S V，et al. Detection of individual gas molecules adsorbed on graphene[J]. Nature Materials，2007，6(9)：652－655.
[59] Sun J，Muruganathan M，Mizuta H. Room temperature detection of individual molecular physisorption using suspended bilayer graphene[J]. Science Advances，2016，2(4)：e1501518.
[60] 李辉，高致慧，林伟豪，等.石墨烯气体传感解吸附特性研究[J].传感技术学报，2016，29(7)：990－993.
[61] 丁樊，顾雁鸣，沈彦平，等.电化学电镀 ZnO 对石墨烯基 NO_2 气敏传感器的气敏性影响[J].物理与工程，2017，27(1)：88－92.
[62] Pan K，Fan Y，Leng T，et al. Sustainable production of highly conductive multilayer graphene ink for wireless connectivity and IoT applications[J]. Nature Communications，2018，9(1)：5197.
[63] Chyan Y，Ye R，Li Y，et al. Laser-induced graphene by multiple lasing：toward electronics on cloth，paper，and food[J]. ACS Nano，2018，12(3)：2176－2183.
[64] Lin Y M，Valdes Garcia A，Han S J，et al. Wafer-scale graphene integrated circuit[J]. Science，2011，332(6035)：1294－1297.
[65] Guo D，Hen S J，Lin C H，et al. Graphene based three-dimensional integrated circuit device：US，US8450779(B2)[P].2013－5－28.
[66] Das S R，Srinivasan S，Stromberg L R，et al. Superhydrophobic inkjet printed flexible graphene circuits via direct-pulsed laser writing[J]. Nanoscale，2017，9(48)：19058－19065.
[67] Bandurin D A，Svintsov D，Gayduchenko I，et al. Resonant terahertz detection using graphene plasmons[J]. Nature Communications，2018，9(1)：5392.
[68] Yang X，Vorobiev A，Generalov A，et al. A flexible graphene terahertz detector[J]. Applied Physics Letters，2017，111(2)：021102.
[69] 张勇，刘建影.石墨烯在散热及热管理中的应用[J].电子元件与材料，2017，36(9)：88－93.
[70] Yan Z，Liu G，Khan J M，et al. Graphene quilts for thermal management of high-power GaN transistors[J]. Nature Communications，2012，3(5)：827.
[71] Li X，Fang M，Wang W，et al. Graphene heat dissipation film for thermal management of hot spot in electronic device[J]. Journal of Materials Science Materials in Electronics，2016，27(7)：7715－7721.
[72] Bae S H，Shabani R，Lee J B，et al. Graphene-based heat spreader for flexible electronic devices[J]. IEEE Transactions on Electron Devices，2014，61(12)：4171－4175.
[73] Malekpour H，Chang K H，Chen J C，et al. Thermal conductivity of graphene laminate[J]. Nano Letters，2014，14(9)：5155－5161.
[74] Zhang Y，Edwards M，Samani M K，et al. Characterization and simulation of liquid phase exfoliated graphene-based films for heat spreading applications[J]. Carbon，2016，106：195－201.

[75] Song N J, Chen C M, Lu C, et al. Thermally reduced graphene oxide films as flexible lateral heat spreaders[J]. Journal of Materials Chemistry A, 2014, 2(39): 16563 - 16568.
[76] Peng L, Xu Z, Liu Z, et al. Ultrahigh thermal conductive yet superflexible graphene films[J]. Advanced Materials, 2017, 29(27): 1700589.
[77] Pei S, Zhao J, Du J, et al. Direct reduction of graphene oxide films into highly conductive and flexible graphene films by hydrohalic acids[J]. Carbon, 2010, 48 (15): 4466 - 4474.
[78] Kumar P, Shahzad F, Yu S, et al. Large-area reduced graphene oxide thin film with excellent thermal conductivity and electromagnetic interference shielding effectiveness[J]. Carbon, 2015, 94: 494 - 500.
[79] Wang N, Samani M K, Li H, et al. Tailoring the thermal and mechanical properties of graphene film by structural engineering [J]. Small, 2018, 14 (29): 1801346.
[80] Kong Q Q, Liu Z, Gao J G, et al. Hierarchical graphene-carbon fiber composite paper as a flexible lateral heat spreader[J]. Advanced Functional Materials, 2014, 24(27): 4222 - 4228.
[81] Dai W, Lv L, Lu J, et al. A paper-like inorganic thermal interface material composed of hierarchically structured graphene/silicon carbide nanorods[J]. ACS Nano, 2019, 13(2): 1547 - 1554.
[82] Feng S, Yao T, Lu Y, et al. Quasi-industrially produced large-area microscale graphene flakes assembled film with extremely high thermoelectric power factor [J]. Nano Energy, 2019, 58: 63 - 68.
[83] Shi L, Wang Y, Zhang L, et al. Rational design of a bi-layered reduced graphene oxide film on polystyrene foam for solar-driven interfacial water evaporation[J]. Journal of Materials Chemistry A, 2017, 5(31): 16212 - 16219.
[84] Yang Y, Zhao R, Zhang T, et al. Graphene-based standalone solar energy converter for water desalination and purification[J]. ACS Nano, 2018, 12(1): 829 - 835.
[85] Li H, Lu T, Pan L, et al. Electrosorption behavior of graphene in NaCl solutions [J]. Journal of Materials Chemistry, 2009, 19(37): 6773 - 6779.
[86] Yan C, Kanaththage Y W, Short R, et al. Graphene/polyaniline nanocomposite as electrode material for membrane capacitive deionization [J]. Desalination, 2014, 344: 274 - 279.
[87] Zahed M, Parsamehr P S, Tofighy M A, et al. Synthesis and functionalization of graphene oxide (GO) for salty water desalination as adsorbent [J]. Chemical Engineering Research and Design, 2018, 138: 358 - 365.
[88] Lohrasebi A, Rikhtehgaran S. Ion separation and water purification by applying external electric field on porous graphene membrane[J]. Nano Research, 2018, 11 (4): 2229 - 2236.

[89] Liu H, Wang H, Zhang X. Facile fabrication of freestanding ultrathin reduced graphene oxide membranes for water purification[J]. Advanced Materials, 2015, 27(2): 249-254.
[90] Qian X, Li N, Wang Q, et al. Chitosan/graphene oxide mixed matrix membrane with enhanced water permeability for high-salinity water desalination by pervaporation[J]. Desalination, 2018, 438: 83-96.
[91] Ning G, Ma X, Wang M, et al. High capacity oil adsorption by graphene capsules [J]. Nanoscale, 2017, 9(34): 12647-12651.
[92] Sham A Y W, Notley S M. Adsorption of organic dyes from aqueous solutions using surfactant exfoliated graphene [J]. Journal of environmental chemical engineering, 2018, 6(1): 495-504.
[93] Yang S, Chen L, Wang C, et al. Surface roughness induced superhydrophobicity of graphene foam for oil-water separation[J]. Journal of Colloid and Interface Science, 2017, 508: 254-262.
[94] Sitko R, Musielak M, Zawisza B, et al. Graphene oxide/cellulose membranes in adsorption of divalent metal ions[J]. RSC Advances, 2016, 6(99): 96595-96605.
[95] Zhu H, Chen T, Liu J, et al. Adsorption of tetracycline antibiotics from an aqueous solution onto graphene oxide/calcium alginate composite fibers[J]. RSC Advances, 2018, 8(5): 2616-2621.
[96] Wang J, Duan X, Dong Q, et al. Facile synthesis of N-doped 3D graphene aerogel and its excellent performance in catalytic degradation of antibiotic contaminants in water[J]. Carbon, 2019, 144: 781-790.
[97] Lv F, Wang H, Li Z, et al. Fabrication and photocatalytic ability of an Au/TiO_2/reduced graphene oxide nanocomposite[J]. Frontiers of Environmental Science & Engineering, 2018, 12(1): 4.
[98] Yadav R K, Lee J O, Kumar A, et al. Highly improved solar energy harvesting for fuel production from CO_2 by a newly designed graphene film photocatalyst[J]. Scientific Reports, 2018, 8(1): 16741.
[99] Elmizadeh H, Soleimani M, Faridbod F, et al. A sensitive nano-sensor based on synthetic ligand-coated CdTe quantum dots for rapid detection of Cr(III) ions in water and wastewater samples[J]. Colloid and Polymer Science, 2018, 296(9): 1581-1590.
[100] Han Q, Yang L, Liang Q, et al. Three-dimensional hierarchical porous graphene aerogel for efficient adsorption and preconcentration of chemical warfare agents [J]. Carbon, 2017, 122: 556-563.
[101] Kim J M, Kim J H, Lee C Y, et al. Toluene and acetaldehyde removal from air on to graphene-based adsorbents with microsized pores[J]. Journal of Hazardous Materials, 2018, 344: 458-465.
[102] Huang H, Tao L, Liu F, et al. Chemical-sensitive graphene modulator with a memory effect for internet-of-things applications [J]. Microsystems &

Nanoengineering, 2016, 2: 16018.
[103] 潘乾,尚文喻,朱蓉鑫,等.石墨烯量子点修饰柔性硅纳米线阵列用于 NO_2 检测.过程工程学报,2018,18(5): 1061-1067.
[104] Juntunen T, Jussila H, Ruoho M, et al. Inkjet printed large-area flexible few-layer graphene thermoelectrics[J]. Advanced Functional Materials, 2018, 28(22): 1800480.
[105] Feng S, Yao T, Lu Y, et al. Quasi-industrially produced large-area microscale graphene flakes assembled film with extremely high thermoelectric power factor[J]. Nano Energy, 2019, 58: 63-68.
[106] Yang H, Yao X F, Zheng Z, et al. Graphene rubber composites integrated sealing rings for monitoring contact pressure and the aging process[J]. Composites Part A: Applied Science and Manufacturing, 2019, 118: 171-178.
[107] Karimov K S, Ahmad Z, Khan M I, et al. Elastic layered rubber-graphene composite fabricated by rubbing-in technology for the multi-functional sensors[J]. Heliyon, 2019, 5(1): e01187.
[108] Wang H, Zhang H, Zhang J, et al. Improving tribological performance of fluoroether rubber composites by ionic liquid modified graphene[J]. Composites Science and Technology, 2019, 170: 109-115.
[109] Zhang H B, Zheng W G, Yan Q, et al. Electrically conductive polyethylene terephthalate/graphene nanocomposites prepared by melt compounding[J]. Polymer, 2010, 51(5): 1191-1196.
[110] Huang Y, Qin Y, Wang N, et al. Reduction of graphite oxide with a grignard reagent for facile in situ preparation of electrically conductive polyolefin/graphene nanocomposites[J]. Macromolecular Chemistry and Physics, 2012, 213(7): 720-728.
[111] Zhao X, Zhang Q, Chen D, et al. Enhanced mechanical properties of graphene-based poly(vinyl alcohol) composites[J]. Macromolecules, 2010, 43(5): 2357-2363.
[112] Vadukumpully S, Paul J, Mahanta N, et al. Flexible conductive graphene/poly(vinyl chloride) composite thin films with high mechanical strength and thermal stability[J]. Carbon, 2011, 49(1): 198-205.
[113] Son G C, Hwang D K, Jang J, et al. Solution-processed highly adhesive graphene coatings for corrosion inhibition of metals[J]. Nano Research, 2019, 12(1): 19-23.
[114] Uzoma P C, Liu F, Xu L, et al. Superhydrophobicity, conductivity and anticorrosion of robust siloxane-acrylic coatings modified with graphene nanosheets[J]. Progress in Organic Coatings, 2019, 127: 239-251.
[115] Chen C, He Y, Xiao G, et al. Synergistic effect of graphene oxide@ phosphate-intercalated hydrotalcite for improved anti-corrosion and self-healable protection of waterborne epoxy coating in salt environments[J]. Journal of Materials

Chemistry C, 2019, 7(8): 2318 - 2326.

[116] Pham V H, Cuong T V, Hur S H, et al. Fast and simple fabrication of a large transparent chemically-converted graphene film by spray-coating[J]. Carbon, 2010, 48(7): 1945 - 1951.

[117] 薛刚,梁金生,张学亮,等.一种含石墨烯或氧化石墨烯的复合强化散热涂料及其制备方法: 中国,CN102964972A[P].2013 - 03 - 13.

[118] 吕生华,巨浩波.一种氧化石墨烯改性聚合物水泥防水涂料的制备方法: 中国,CN103193426A[P].2013 - 07 - 10.

[119] Wang X, Xing W, Song L, et al. Fabrication and characterization of graphene-reinforced waterborne polyurethane nanocomposite coatings by the sol-gel method[J]. Surface and Coatings Technology, 2012, 206(23): 4778 - 4784.

[120] 潘炳力,邢雅丽,刘敬超,等.石墨烯改性聚苯硫醚涂层的摩擦学行为[J].摩擦学学报,2011,31(2): 150 - 155.

[121] 王乾乾.氧化石墨烯的制备及其对聚氨酯材料的改性研究[D].烟台: 烟台大学,2012.

[122] Liang J, Xu Y, Huang Y, et al. Infrared-triggered actuators from graphene-based nanocomposites[J]. The Journal of Physical Chemistry C, 2009, 113(22): 9921 - 9927.

[123] Pan B, Xu G, Zhang B, et al. Preparation and tribological properties of polyamide 11/graphene coatings [J]. Polymer-Plastics Technology and Engineering, 2012, 51(11): 1163 - 1166.

索 引

C

D

E

G

H

J

K

L

N